物流管理合理化及创新发展模式研究

申作兰◎著

时代文艺出版社
SHIDAI WENYI CHUBANSHE

图书在版编目（CIP）数据

物流管理合理化及创新发展模式研究 / 申作兰著.
长春：时代文艺出版社，2024. 8. -- ISBN 978-7-5387-7574-7

Ⅰ. F252

中国国家版本馆CIP数据核字第202401NX33号

物流管理合理化及创新发展模式研究
WULIU GUANLI HELIHUA JI CHUANGXIN FAZHAN MOSHI YANJIU

申作兰　著

| 出 品 人：吴　刚 |
| 责任编辑：卢宏博 |
| 装帧设计：文　树 |
| 排版制作：隋淑凤 |

出版发行：时代文艺出版社
地　　址：长春市福祉大路5788号　龙腾国际大厦A座15层（130118）
电　　话：0431-81629751（总编办）　　0431-81629758（发行部）
官方微博：weibo.com/tlapress
开　　本：710mm×1000mm　1/16
印　　张：17
字　　数：248千字
印　　刷：廊坊市广阳区九洲印刷厂
版　　次：2024年8月第1版
印　　次：2024年8月第1次印刷
书　　号：ISBN 978-7-5387-7574-7
定　　价：86.00元

图书如有印装错误　请与印厂联系调换　（电话：0316-2910469）

前　　言

随着全球经济一体化进程的不断加快,物流管理在各行各业中发挥着日益重要的作用。高效的物流管理不仅关乎企业内部的运营效率,更直接影响着企业的市场竞争力。物流管理合理化是指通过科学的方法和手段,对物流过程中的各个环节进行优化,以提高物流效率、降低成本并提升服务质量。在当前竞争激烈的市场环境下,物流管理合理化已成为企业提升核心竞争力的重要途径。

因此,物流管理合理化及创新发展模式成为了当前亟待研究和探索的重要课题。在传统的物流管理模式下,企业往往面临着流程烦琐、信息不对称、资源浪费等问题,这严重制约了物流效率的提升。为此,我们亟须对物流管理进行合理化改革,通过优化流程、提高信息化水平、降低运营成本等手段,实现物流资源的合理配置和高效利用。

同时,创新发展模式也是推动物流管理不断前进的关键。在新技术不断涌现的今天,物联网、大数据、人工智能等先进技术为物流管理提供了全新的解决方案。这些技术的应用,不仅可以提高物流管理的智能化水平,还可以为企业带来更大的商业价值。此外,笔者还将关注绿色物流的发展。在环保理念日益深入人心的背景下,绿色物流已成为未来物流管理的重要趋势。我们将研究如何通过绿色包装、绿色运输、绿色仓储等手段,降低物流活动对环境的影响,实现物流管理与可持续发展的有效结合。

相信在物流管理合理化及创新发展模式的推动下,企业将能够更好地应对市场竞争,实现可持续发展。同时,这也将为社会经济的繁荣和进步做出积极的贡献。

目　录

第一章　物流基础理论

第一节　物流概述 ……………………………………………… 001

第二节　物流系统 ……………………………………………… 018

第三节　物流要素 ……………………………………………… 031

第四节　现代物流管理 ………………………………………… 044

第五节　现代物流的发展领域与趋势 ………………………… 054

第二章　物流基本业务合理化管理

第一节　物流运输合理化管理 ………………………………… 061

第二节　物流储存合理化管理 ………………………………… 076

第三节　物流配送合理化管理 ………………………………… 089

第四节　物流装卸搬运、包装与流通加工合理化管理 ……… 101

第三章　现代物流成本合理化管理

第一节　物流成本管理的内涵与意义 ………………………… 115

第二节　物流成本管理的内容、目标与方法 ………………… 120

第三节　物流成本的分类 ……………………………………… 129

第四节 物流成本管理的方法 ………………………………… 136
第五节 物流成本管理的策略 ………………………………… 145

第四章 现代物流质量合理化管理

第一节 物流质量管理概述 …………………………………… 149
第二节 物流全面质量合理化管理 …………………………… 160
第三节 物流服务质量的控制与改进 ………………………… 166

第五章 物流管理方式优化路径

第一节 物流管理系统化路径 ………………………………… 177
第二节 物流管理社会化路径 ………………………………… 183
第三节 物流管理信息化路径 ………………………………… 194

第六章 绿色物流管理模式创新发展

第一节 绿色物流的基本概念 ………………………………… 209
第二节 生产企业物料回收物流 ……………………………… 214
第三节 产品的退回物流管理 ………………………………… 218

第七章 智慧物流商业模式与支撑平台

第一节 智慧物流商业模式融合与转型 ……………………… 231
第二节 基于感知模式的预警机制 …………………………… 241
第三节 支撑平台 ……………………………………………… 250

参考文献 …………………………………………………………… 263

第一章 物流基础理论

　　物流是一个现代化的概念,当前它对商务活动的影响日益明显,并越来越引起人们的注意。同时,物流科学是当代最有影响力的新学科之一。它以物的动态流转过程为主要研究对象,揭示了物流活动(运输、储存、包装、装卸搬运、流通加工、物流信息等)的内在联系,使物流系统在经济活动中显现出来,成为独立的研究领域和学科范围。物流科学是管理工程与技术工程相结合的综合学科,应用了系统工程的科学成果,提高了物流系统的效率,从而更好地实现了物流的时间效益和空间效益。物流科学的产生和应用已经给国民经济和企业的生产经营带来显著的经济效益,因此,它引起了学术界和企业界的重视,从而得到了迅速的发展。

　　本章着重介绍物流科学的基本理论和基本知识,包括物流的基本概念、物流科学的产生及发展、物流系统和物流要素等若干问题。

第一节 物流概述

一、物流概念及其渊源

　　物流(Physical Distribution)一词源于国外,最早出现于美国,1915年阿奇·萧在《市场流通中的若干问题》一书中就提到物流一词,并指出

"物流是与创造需求不同的一个问题"。1935年,美国销售协会阐述了实物分配的概念,即"实物分配是指在销售过程中的物质资料和服务,从生产场所到消费场所的流动过程中所伴随发生的种种经济活动"。德国人R.尤尼曼认为"物流学是研究对系统(企业、地区、国家、国际)的物料流及有关的信息流进行规划与管理的科学理论"。日本学者林周二对物流的定义比较详细,他认为"物流是包含物质资材的废弃与还原,连接供给主体与需求主体,克服空间与时间距离,并且创造一部分形质效果的物理性经济活动,具体包括运输、保管、包装、装卸搬运、流通加工等活动以及有关的信息活动"。

物流问题不仅停留在学术界,企业界也提出了他们的看法。在20世纪初,西方一些国家已出现生产大量过剩、需求严重不足的经济危机,因此企业界提出了销售和物流的问题,不过此时的物流主要指的是销售过程中的物流。

第二次世界大战中,围绕战争资源供给,美国军队建立了"后勤"理论,并将其用于战争活动中。这时所提出的"后勤"是指将战时物资生产、采购、运输、配给等活动作为一个整体进行统一布置,以求战略物资补给的费用更低、速度更快、服务更好。后来"后勤"一词在企业中广泛应用,又有商业后勤、流通后勤的提法,这时的后勤包含了生产过程和流通过程的物流,因而是一个包含范围更广泛的物流概念。

第二次世界大战以后,西方经济进入大量生产、大量销售的时期,降低流通成本的重要性引人注目,实物分配的概念更为系统化。物流概念从1915年提起,经过70多年的时间才有定论,现在欧美国家把物流称作Logistics的多于称作Physical Distribution的。当然,我国还有些学者将Logistics一词译为后勤学,但多数学者仍将其译为物流或物流学。目前国内外对物流的定义很多,较具代表性的有以下几个:

"物流是一个控制原材料、制成品、产成品和信息的系统。"

"从供应开始经各种中间环节的转让及拥有而到达最终消费者手中的实物运动,以此实现组织的明确目标。"

"物质资料从供给者到需求者的物理运动,是创造时间价值、场所价值和一定的加工价值的活动。"

"物流是指物质实体从供应者向需求者的物理移动,它由一系列创造时间价值和空间价值的经济活动组成,包括运输、保管、配送、包装、装卸、流通加工及物流信息处理等多项基本活动,是这些活动的统一。"

可以肯定,物流学的概念包含以下要点:第一,物流学的研究对象是贯穿流通领域和生产领域的一切物料流以及有关的信息流,研究目的是对其进行科学规划、管理与控制;第二,物流的作用是将物资由供给主体向需求主体转移(包含物资的废弃与还原),创造时间价值和空间价值,并且创造部分形质效果;第三,物流的活动包括运输、保管、装卸搬运、包装、流通加工以及有关的信息活动等。

物流概念主要通过两条途径从国外传入我国,一条是在20世纪80年代初随"市场营销"理论的引入而从欧美传入,因为在欧美的所有市场营销教科书中,都毫无例外地要介绍"Physical Distribution",这两个单词直译为中文即为"实体分配"或"实物流通",我们普遍接受"实体分配"的译法。所谓"实体分配"指的就是商品实体从供给者向需求者进行的物理性移动。另一条途径是"Physical Distribution"的概念从欧美传入日本,日本人将其译为日文"物流",80年代初,我国从日文直接引入"物流"这一概念至今。

在物流概念传入我国之前,我国实际上一直存在着物流活动,即运输、保管、包装、装卸、流通加工等物流活动,其中主要是存储运输,即储运活动。国外的物流业基本上相当于我国的储运业,但两者并不完全相同,主要差别在于:

首先,物流比储运所包含的内容更广泛,一般认为物流包括运输、保管、配送、包装、装卸、流通加工及相关信息活动，而储运仅指储存和运输两个环节，虽然其中也涉及包装、装卸、流通加工及信息活动，但这些活动并不包含在储运概念之中。

其次，物流强调各种活动的系统化，从而达到整个物流活动的整体最优化，储运概念则不涉及存储与运输及其他活动整体的系统化和最优化问题。

另外，物流是一个现代的概念，在第二次大战后才在各国兴起，而在我国储运是一个十分古老、传统的概念。

二、物流与流通

（一）流通在社会经济生活中的地位

流通是联结生产和消费的纽带。现代社会经济生活是一个极为庞大，极为复杂的系统。人类为了满足生活和生产的需要，不断地消费着各种各样的物质资料；同时也有无数的工厂或其他制造系统不停地生产和制造人类所需要的商品。消费者如果不能得到所需要的物资，社会经济生活将会发生紊乱。生产者只有将产品转移给消费者才能实现产品的使用价值，同时可以获得收益，使劳动组织者的各种劳动消耗得到补偿，并且才能有条件组织再生产。因此，在生产与消费之间必须建立通畅的渠道，这就是流通的任务，所以流通被称为联结生产和消费的纽带。

流通作为一种经济形式而存在是伴随着商品生产和商品交换的历史而产生和发展的。在商品经济的初级阶段，由于产品的品种、数量很少，生产者和消费者往往通过比较直接的渠道建立交换关系，流通的形态是初级的。随着生产水平的提高，专业化的工厂越来越多，规模也越来越大，产品的品种和数量都大大地增加了。由于生产地点和消费地点逐渐分离，生产者想要直接和消费者见面销售自己的产品是很困难的，往往要通过市场这个环节，即流通领域的过渡，才能将产品转移到消费者手中。

随着经济水平的提高，人类的物质生活需要多样化，生产方式趋向多品种、小批量的形态，生产规模大型化，分工专业化，商品的经济圈越来越大，走向国际化。为了适应时代的需要，流通领域现代化已是必然的趋势。

流通对生产的反作用。生产决定流通，生产方式的性质决定流通的性质，生产的发展水平决定流通的规模和方式。生产是流通的物质基础，没有生产就没有源源不断地供给市场的商品，当然也就没有流通。

反之，流通也对生产有反作用，流通的状况制约着生产的规模、范围和发展速度。由于生产方的产品要进入市场，只有通过流通领域到达消费者（用户）手中，产品才能实现其使用价值。生产者不能及时收到回款，也就失去了再生产的条件，销售不出去的产品越多，生产者蒙受的损失就越大，这是明显的道理。另一方面，生产的原材料也要通过流通从市场获取，流通渠道不畅，不能及时得到原材料，生产也会陷入困境。或者在流通领域由于某种原因导致原材料价格上涨，将使产品成本随之上升，生产者也会在经营方面产生困难。

生产越发展，社会财富越丰富，流通的制约也就越显著。日本在20世纪50年代末期进入高速增长时期，但由于流通未及时发展，以致造成市场供应紧张，价格混乱，并严重地阻碍生产的发展，以后经过十几年的努力才扭转了流通落后的局面。

我国在向社会主义市场经济体制的过渡中，流通对生产的制约作用也日益明显。企业走出困境一方面要依靠自身，适应市场的需求，增强竞争能力；另一方面流通大系统也要进行改革，适应生产发展的需要，为企业创造良好的发展条件，使流通对生产的制约作用转化为促进作用。

流通是国民经济现代化的支柱。国民经济现代化的标志就是发展生产力，使产品极大地丰富，充分满足人民日益增长的、多样化的需求。由于社会产品数量的增长和品种的增多，给流通领域提出了更高的要求。如果众多的产品不能及时送到用户手里，或者生产厂家的原材料供应没有保障，提高生产率就是句空话。因此，国民经济现代化水平越高，对流通的要求也就越高。可以说，没有现代化的流通，就没有国民经济的现代化。

（二）流通的内容

流通过程要解决两方面问题：一是产成品从生产者所有转变为用户所有，解决所有权的更迭问题；二是要解决对象物从生产地转移到使用地以实现其使用价值，也就是实现物的流转过程。对于前者称为商流，对于后者称为物流。

商流。对象物所有权转移活动称为商流。在商流中的物资也称为商品，商流活动一般称为贸易或交易。商品通过交易活动由供给方转让给需求方，这种转让是按价值规律进行的。商流的研究内容是商品交换的全过程，具体包括市场需求预测、计划分配与供应，以及货源组织、订货、采购调拨、销售等。其中既包括贸易决策，也包括具体业务及财物的处理。

物流。物流是指实物从供给方向需求方的转移，这种转移既要通过运输或搬运来解决空间位置的变化，又要通过储存保管来调节双方在时间节奏方面的差别。物流中的"物"泛指一切物质资料，有物资、物体、物品的含义；而物流中的"流"泛指一切运动形态，有移动、运动、流动的含义，特别是把静止也看作一种形态。物流系统中的"物"不改变其性质、尺寸、形状，也就是说物流活动和加工活动不同，不创造"物"的形质效用，但是它克服了供给方和需求方在空间维度和时间维度方面的距离问题，创造了空间价值和时间价值，在社会经济活动中起着不可缺少的作用。

例如山西省的煤，埋藏在深山中时和泥土、石块等自然物一样，只有经过采掘、输送到其他地方才能用来作为发电、取暖的燃料，成为重要的物资。它的使用价值是通过运输克服了空间距离才得以实现的，这就是物流的空间效应。又如，大米的种植和收获是季节性的，多数地区每年收获一次。但是大米对消费者而言，作为食品，每天都要消耗，必须进行保管以保证经常性的需要，供人们食用以实现其使用价值。这种使用价值是通过保管克服了季节性生产和经常性消费的时间差问题后才得以实现的。这就是物流的时间效应。

（3）商流和物流的关系。商流和物流都是流通的组成部分，二者结合才能有效地实现商品由供方向需方的转移过程。一般在商流发生之后，即所有权的转移达成交易之后，货物必然要根据新货主的需要进行转移，这就导致相应的物流活动出现。物流是产生商流的物质基础，商流是物流的先导。两者相辅相成，密切配合，缺一不可。只有在特殊情况下，商流和物流可能独立发生，一般而言商流和物流总是相伴发生的。

（三）商物分离

尽管商流和物流的关系非常密切，但是它们各自具有不同的活动内容和规律。在现实经济生活中，进行商品交易活动的地点，往往不是商品实物流通的最佳路线的必经之处。如果商品的交易过程和实物的移动路线完全一致，往往会发生物流路线的迂回、倒流、重复等不合理现象，造成资源和运力的浪费。商流一般要经过一定的经营环节来进行业务活动；而物流则不受经营环节的限制，它可以根据商品的种类、数量、交货要求、运输条件等，使商品尽可能由产地通过最少环节，以最短的物流路线，按时保质地送到用户手中，以达到降低物流费用、提高经济效益的目的。综上所述，在合理组织流通活动中，实行商物分离的原则是提高社会经济效益的客观需要，也是企业现代化发展的需要。

对于商物分离的模式，其运作过程举例如下：首先，零售店对批发站以电话方式订货，订货信息通过电话回路传达给总公司的信息中心，信息中心确认库存商品可以满足订货需要时，向配送中心下达出库指示。其次，配送中心根据要求向零售店按计划回路配送的方式进行送货，同时配送中心将商品出入库的有关数据传达给总公司的信息中心，商品库存量的减少数据和在库状况记入信息中心的数据库。最后，在库存量减少到一定水平时，总公司对工厂下达向配送中心补充货物的指令，或是发出订货的指令，以保证配送中心功能的实施。

商物分离的特点。商物分离模式的特点有如下几个方面：

保管。取消总公司仓库和营业仓库分散保管方式而代之以配送中心集中保管。

输送。传统模式是从工厂仓库至总公司仓库，再到批发站仓库，最后到零售店，是商物一致的三段输送。而在商物分离模式中是由工厂仓库送至配送中心，然后直接送至零售店的两段输送。

配送。原是分别向各零售店送货，现改为回路配送。

信息系统。不再由总公司、批发站和工厂分头处理，而是以信息中心集中处理方式，用现代化通讯系统进行各环节的控制。

商物分离的优点。可列举如下几个方面：

为了营业方便，公司批发站一般设在都市的繁华地区，而配送中心可以设在郊外。工厂之间的大批货物输送较为便利，可以规避市内交通拥挤的现象。

配送中心的仓库规模大，物流作业集中。同一地点处理的物流量大，便于采用机械化、自动化的保管设施和装卸机械，大幅度地提高了物流活动生产率，同时也可以降低物流成本。

配送中心实行回路配送，提高了运输设备利用率，降低了运输费用，对用户的服务质量也可得到改善。

商物分离使各部门的职能单纯化，可以提高工作效率。实现商物分离必须创造一定的条件，如商品标准化、合同标准化等，还应该建设完善的信息系统，保证总公司、工厂、配送中心以及批发站之间的信息交换协同统一。

商物分离的方式。商物分离的方式有如下几种：

订货活动与配送活动相互分离，把自备货车与委托运输或共同运输结合在一起，降低运输费用并压缩固定费用开支。

把在同一系统的负责一定范围的物流据点合并，加强物流管理一元化，压缩流通库存，减少交叉运输，便于工厂大批量运货，提高物流系统效率。

减少物流中间环节，流通路线可以实现从工厂经流通中心送到顾客手中，甚至可以由工厂直接运货给顾客。如玻璃工厂流通中心，可以按各营业点的订货信息直接送货到用户并代为安装，可大大提高效率。

三、物流的分类

社会经济领域中的物流活动无处不在，对于各个领域的物流，虽然其基本要素都存在且相同，但由于物流对象、物流目的和物流范围的不同，形成了不同的物流类型。这些类型的划分为我们开展物流研究提供了较大的方便，下面分别予以介绍。

（一）物流按层次和作用分类

按作用的层次和作用的环节，物流可分为社会物流、行业物流和企业物流，其中企业物流又可以进一步细分为企业生产物流、企业销售物流、企业供应物流、企业回收物流、企业废弃物流等。

社会物流。社会物流是指超越一家一户的、以一个社会为范畴面向社会为目的的物流，它是指流通领域所发生的物流，是全社会物流的整体，所以又称为大物流或宏观物流。这种社会性很强的物流往往是由专门的物流承担人承担的，社会物流的范畴是社会经济大领域。社会物流研究再生产过程中随之发生的物流活动和国民经济中的物流活动；研究如何形成服务于社会，同时面向社会又在社会环境中运行的物流；研究社会中物流体系结构和运行，因此带有宏观和广泛性。社会物流的一个标志是：它是伴随商业活动（贸易）发生的，也就是说物流过程和物品所有权的更迭是相关的。

就物流科学的整体而言，可以认为主要研究的对象是社会物流。社会物资流通网络是国民经济的命脉，流通网络分布是否合理，以及渠道是否畅通至关重要。必须进行科学管理和有效控制，采用先进的技术手段，保证物流的高效率、低成本运行，以期获得巨大的经济效益和社会效益。物流科学对宏观国民经济的重大影响是物流科学受到高度重视的主要原因。

行业物流。同一行业的企业是市场上的竞争对手，但在物流领域中常常互相协作，共同促进行业物流系统的合理化。例如日本的建设机械行业，提出的行业物流系统化的具体内容有：各种运输手段的有效利用；建设共同的零部件仓库，实行共同集中配送；建立信息及设备共享的共同流通中心；建立技术中心，共同培养操作人员和维修人员；统一建设机械的规格等。又如在大量消费品方面采用统一传票、统一商品规格、统一法规政策、统一托盘规格、统一陈列柜和包装模数化等都是行业物流合理化的结果。行业物流合理化的结果是参与的各个企业都得到相应的利益，因此，各行业协会、行业学会应该把本行业的物流作为重要的研究课题之一。

企业物流。企业是社会提供产品或某些服务的经济实体。一个工厂，要购进原材料，经过若干工序的加工，形成产品销售出去。一个运输公司依据客户的要求将货物运送到指定地点。在企业经营范围内由生产或服务活动所形成的物流系统称为企业物流。从企业角度研究与之有关的物流活动，是具体的、微观的物流活动的典型领域。企业物流又可以区分为以下具体的物流活动。

企业生产物流。企业生产物流指企业在生产工艺过程中的物流活动。这种物流活动是与整个生产工艺过程伴生的，实际上已构成了生产工艺过程的一部分。企业生产过程的物流大体为：原料、零部件、燃料等辅助材料从企业仓库或企业的"门口"开始，进入到生产线的开始端，再进一步随生产加工过程一个一个环节地流，在流动的过程中，本身被加工，同时产生一些废料、余料，直到生产加工终结，再流至产成品仓库，便终结了企业生产物流过程。

过去，人们在研究生产活动时，主要注重一个一个的生产加工过程，而忽视了将每一个生产加工过程串在一起，使得一个生产周期内物流活动所用的时间远多于实际加工的时间。所以对企业生产物流的研究，可以帮助企业大大缩减生产周期，节约劳动力。

企业供应物流。企业为保证本身生产的节奏，不断组织原材料、零部件、燃料、辅助材料供应的物流活动，这种物流活动对企业生产的正常、高效运转起着重大作用。企业供应物流不仅是一个保证供应的目标，而且还是以最低成本、最少消耗和最大的保证来组织供应物流活动的限定条件下，因此，就带来很大的难度。企业竞争的关键在于：如何降低这一物流过程的成本。为此，企业供应物流就必须解决有效的供应网络问题、供应方式问题和零库存问题等。

企业销售物流。企业销售物流是企业为保证本身的经营效益，不断伴随销售活动，将产品所有权转给用户的物流活动。在现代社会中，销售物流活动便带有极强的服务性，以满足买方的需求，最终实现销售。在这种市场前提下，销售往往以送达用户并经过售后服务才算终止，因此，销售物流的空间范围很大，这便是销售物流的难度所在。在这种前提下，企业销售物流的特点，便是通过包装、送货、配送等一系列物流实现销售，这就需要研究送货方式、包装水平、运输路线等并采取诸如少批量、多批次、定时、定量配送等特殊的物流方式达到目的，因而，其研究领域是很宽的。

企业回收物流。企业在生产、供应、销售的活动中总会产生各种边角余料和废料，还有作为包装容器的纸箱、塑料筐、玻璃瓶等，这些物品的回收是需要伴随物流活动的，而且，在一个企业中，回收物品处理不当，往往会影响整个生产环境，甚至影响产品质量，也会占用很大空间，造成浪费。回收物资品种多，流通渠道不规则，而且变化多样，因此管理和控制回收物流的难度很大。

企业废弃物流。企业废弃物流是指对企业排放的无用物进行运输、装卸、处理等的物流活动。生产和流通系统中所产生的无用废弃物，如开采矿山时产生的土石、炼钢生产中的钢渣、工业废水以及其他一些无机垃圾等。这些废弃物如不妥善处理，不仅没有再利用的价值，而且会污染环境，有些还会妨碍生产的持续开展。随着对这类物资的处理，产生了废弃物流。一般来说，废弃物流没有经济效益，但对其妥善运用的社会效益较大。为了减少资金消耗，提高效率，更好地保障生活和生产的正常秩序，对废弃物资综合利用的研究很有必要。

（二）物流按空间范围分类

按物流活动作用的空间范围分可将物流分为区域物流、国内物流和国际物流。

区域物流。所谓区域物流，有不同的划分原则。首先，按行政区域划分，如西南地区、河北地区等；其次是按经济圈划分，如苏（州）（无）锡常（州）经济区、黑龙江边境贸易区；还有按地理位置划分的地区，如长江三角洲地区、河套地区等。

区域物流系统对于提高该地区企业物流活动的效率，以及保障当地居民的生活，具有不可缺少的作用。研究区域物流，应根据地区的特点，从本地区的利益出发，组织好物流活动。如某城市建设一个大型物流中心，显然这对于当地物流效率的提高、降低物流成本、稳定物价很有作用。但也会由于供应点集中导致货车来往频繁、产生废气噪音、交通事故等消极问题。因此，物流中心的建设不单是物流问题，还要从城市建设规划、地区开发计划出发，统一考虑，妥善安排。

国内物流。物流作为国民经济的一个重要方面，也应该纳入国家总体规划的内容。物流系统的发展必须从全局着眼，对于条块分割所造成的物流障碍应该清除。在物流系统的建设投资方面也要从全局考虑，使一些大型物流项目能尽早建成，为国民经济服务。国家整体物流系统化的推进，必须发挥政府的行政作用，具体说有以下几方面：

物流基础设施的建设，如公路、高速公路、港口、机场、铁道的建设，以及大型物流基地的配置等。

制定各种交通政策法规，例如铁道运输、公路运输、海运、空运的价格规定，以及税收标准等。

与物流活动有关的各种设施、装置、机械的标准化，这是提高全国物流系统运行效率的必经之路。

物流新技术的开发、引进和物流技术专门人才的培养。

国际物流。当前世界的发展主流是国家与国家之间的经济交流越来越频繁，任何国家不投身于国际经济大协作的交流之中，本国的经济就得不到良好的发展。伴随着工业生产社会化和国际化，出现了许多跨国公司，一个企业的经济活动范畴可以遍布各大洲。国家之间、洲与洲之间的原材料与产品的流通越来越发达，因此，国际物流的研究已成为物流研究的一个重要分支。

四、物流科学与国民经济

物流科学是在生产力水平高度发展之后才诞生的。它首先在工业技术发达的美国形成，并且很快被日本和西欧各国引进。在发达国家中物流科学的研究已具有很高的水平，并且在社会经济和工业生产中越来越普遍地得到应用，取得了极为显著的成果，也就是说，一定水平的社会经济是产生物流科学的基础，而物流科学又对社会经济的发展起到促进作用。对于发展中国家，就其工业与科学技术的发展水平来说不一定具有产生物流科学的基础，但是在物流科学理论的先进性与实用性已经被客观实践所证实的条件下，进行物流理论与应用的研究完全是切实可行的，而且具有特别重要的意义。

任何一个国家的社会经济都是由许多部门和企业组成的，它们分布在不同地区，分属于不同的所有者，这些企业向社会供应其产品，同时也从社会获得其他企业生产的原材料和消费品。企业之间相互依赖、相互竞争的错综复杂关系是依赖物流系统加以维持的，社会经济的发展变化也要靠物流系统的调整才能实现。由于发展中国家的社会经济的发展变化幅度较大，重视物流系统的建设和完善，具有很大意义。

发展中国家面临的重要任务是扩大再生产以满足社会日益增长的需要。而企业生产的顺利进行是以必需的原材料、燃料和工具设备等物质资料的不间断供给为前提，整个物流系统如果出现故障，生产过程就会受到影响。随着社会生产规模的扩大，也必须相应地加强相关物流系统。如果能及早注意到物流系统的建设和调整，将为社会再生产的顺利进行和生产规模的扩大提供必要的保障。

生产物资与资金的短缺是发展中国家面临的重要问题之一。这些国家必须充分利用和节约有限的资源。可是由于流通渠道不完善，结果造成了极大的浪费。因此，加强物流研究、改善物流系统无疑是有效利用财力、物力的重要途径。

五、物流科学与企业

企业物流贯穿企业生产和经营的全过程，企业物流的改善可以带来巨大的收益。物流合理化被称为是"企业脚下的金矿""企业的第三利润源泉"（第一、第二利润源泉是指节约资源和提高劳动生产率），是当前企业"最重要的竞争领域"。具体说，企业物流合理化的作用可列举如下几个方面：

降低物流费用、减少产品成本。物流费用在产品成本中占有相当比重，企业物流合理化可以提高物流作业效率，减少运输费用及仓储包装费用，从而达到降低成本的目的。

缩短生产周期、加快资金周转。通过合理制订生产计划使物流均衡化，同时减少库存和物流中间环节可以有效地缩短生产周期，使进厂的原材料在较短的时间内，形成产成品供给用户。

据一些机械厂统计，原材料从进厂到形成产品出厂为止，只有5%的时间是被加工活动所占用，其他95%的时间是属于仓储、搬运或在加工线上的等待时间，也就是属于物流活动所占用的时间。由此可见，物流系统的改善对缩短原材料流转周期是起决定作用的。这一方面可以有效地加快资金周转，提高资金的使用效率；另一方面生产周期缩短可以更好地适应市场的变化，提高企业的竞争能力。

压缩库存、减少流动资金的占用。库存控制是企业物流合理化的重要内容，库存控制的目的是通过各种控制策略和控制方法使企业的原材料、中间在制品和成品库存在满足生产要求的前提下，把库存控制在合理范围之内。

据一些行业的统计，工厂企业的流动资金主要是被材料费占用的，一般材料费（含原材料及在制品）占流动资金的75%左右，因此，库存物资的减少将对减少流动资金起显著作用。

通过改善物流提高企业的管理水平。物流系统涉及企业的各个领域。在物流科学的系统观念指导下，从整体效益着眼，对物流环节的改善会对企业管理水平的提高起促进作用。仅就库存控制来看，一定量的库存是维持生产连续性的必要条件，但是库存过多不仅占压流动资金，而且掩盖了企业管理中的许多矛盾。假设水池中的石头是企业存在的问题，如某部门工作效率不高、劳动纪律松弛、各部门之间配合不协调等，只要代表库存量的水面足够高，这些石头就不会露出水面，即企业问题不会被暴露。如降低库存水平，必须同时把可能露出水面的"石头"进行处理，例如减少库存必须提高供应部门的工作效率，保证供货渠道的畅通才能不发生"断粮"的危险；如减少在制品库存，必须加强对生产线的管理，提高设备维修部门的责任心和工作效率。可以说，库存的降低促进了企业素质的提高，日本一位企业家认为,"只要看物流状况,就能判断企业的管理水平",这是很有道理的。

六、我国物流研究现状与展望

(一)理论研究

1. 物流基础理论

物流概念传入我国已有近二十年的时间,我国的学者、研究人员对物流的发展历史、内涵等做了大量的研究,但也应看到,对物流的基础理论、物流系统之间的关系特别是微观物流以及物流信息系统的研究还远远不够。我国对物流的研究起始于物资系统,但由于物流概念本身界定得相对模糊,因此,仍有很多人将物流与物资流通混为一谈。

从我国目前经济发展来看,随着市场经济的深入,单纯依赖商流赚取利润的机会愈来愈少。因此企业逐渐将目光转向素有"第三利润源"之称的物流,纷纷投资兴建不同类型的流通中心、物流中心或者配送中心,想以此形成新的经济增长点。但在建设过程中发现,尽管物流一词引入我国已有多年的时间,但却很难找到系统研究物流配送的参考资料。同时,由于我国地域辽阔,地理情况不同,地区经济发展不平衡,不同的商品、不同的区域、不同的消费对象也要求有不同类型的物流中心、流通中心以及配送中心,同样很难得到满意的答案。

从以上情况可以看出,目前仍有必要加大对物流基础理论研究的力度,如物流基本概念的界定研究、物流对经济的影响、物流基础设施状况、计算机在物流中的应用等,同时,为了适应经济的发展,使理论研究起到为实践服务的作用,应逐渐将研究重心转到微观物流上,将研究视点从定性转到定量分析上。

2. 物流体制

（1）物流管理体制。物流体制改革是流通体制改革的重要组成部分，它直接关系到我国物流发展的方向问题。在我国的经济发展中，物流是始终存在的，但是在建立物流管理体制时往往忽视物流系统的存在，而过多地依照纵向行政管理原则来对物流进行调控。在现代生产条件下，物流是立体化的经济运行过程，运输、仓储、包装、装卸、配送、流通加工以及物流信息等各个环节都具有互相制约、互相影响的内在联系。同时，这种内在联系又是建立在以市场运行机制和专业化、社会化的基础之上的。

（2）物流研究体制。虽然物流系统中各组成部分分别在其行政体系中有具体行业的研究机构，但研究领域仍只局限在本行业，行政隶属关系、资料的匮乏，限制了对物流全系统的研究。到目前为止，一些物流研究团体尽管召开过一些全国性的研讨会，但从与会者的隶属关系看，大多属于系统内部的研讨，很难在全国造成影响。

（二）实践研究

作为物流理论今后的研究方向，应注重如下几个方面：

1. **生产企业内部物流研究**

随着供应链理论的发展，生产与流通的关系越来越密不可分。物流已不仅发生在流通领域，生产企业的内部物流、采购物流等同样对企业的利润会产生重要影响。

2. **流通企业物流研究**

流通企业包括物资流通企业、商业流通企业和一般储运企业。流通企业物流在我国经济中占有很重要的地位，如何重组、改造目前的流通企业，使之成为现代综合物流企业，占领市场，应是目前研究的重点。

3. **物流结点研究**

物流系统是由物流的各项功能和物流形态组成。物流形态是由线、手段和节点组成。线是指公路、铁路、空路、海路等；手段是指汽车、火车、船舶、飞机等运输工具；节点则是指车站、集散中心、仓库、港口、机场等设施。

随着经济的发展，消费对生产、流通的需求越来越多样化，在流通领域则出现了物流合理化的动向。而如何有效地利用点与线的关系，如何加速建设流通节点，特别是物流基地、物流中心、配送中心的设计、建设和管理等问题的研究，如何充分发挥运输、保管、装卸、包装、流通加工等物流机能，成为物流合理化的关键。

4. 消费者物流

市场经济的发展促进了消费，也带来了消费需求的多样化。特别是近几年电子商务的发展，给物流提供了新的商机。因为电子商务的完成只是流通中商流形式的结束，只是一种无形交易，离商品到消费者手中还有一定距离，还需要物流完成其实物的转移，完成其流通的全过程。另外，与消费者息息相关的诸如搬家、快递、临时储存等领域，以及家庭内部物流形式、废弃物物流等还有待进一步开发、研究和利用。

5. 物流管理技术

物流技术是物流管理的重要保证。虽然过去我国的仓储、运输、包装、装卸等技术的研究比较发达，但物流技术对物流合理化的影响，如现代物流管理技术、信息技术在物流领域的应用等，还有待提高。

6. 网络经济对物流的影响

物流是网络经济、电子商务的重要支撑和保障，而网络经济和电子商务的发展，同样也推动着物流业向现代化转化的进程，这是相辅相成、密不可分的关系。

第二节　物流系统

"系统"这个词来源于古希腊语 System，有"共同"和"给以位置"的含义。现代关于系统的定义很不统一，一般可以理解为"系统是由两个以上相互区别或相互作用的单元之间有机地结合起来，完成某一功能的综合体"。系统中每一个单元也可以称为一个子系统。系统与系统的关系是相对的，一个系统可能是另一个更大系统的组成部分；而一个子系统也可以继续分成更小的系统。在现实中一个机组、一个工厂、一个部门、一项计划、一个研究项目、一套制度等都可以看成是一个系统。由定义可知，系统的形成应具备下列条件：即各个系统都具有一定的目的；系统是由两个或两个以上要素组成；各要素间相互联系，使系统保持相对稳定；系统具有一定结构，保持系统的有序性，从而使系统具有特定的功能。

日本学者菊池康也认为系统是"为有效地达到某种目的的一种机制"，也就是为了达成某一目的，把人力、物力、金钱、信息等资源作为指令输入使它产生某种结果的功能。因此，物流系统可以认为是"有效达成物流目的的机制"，物流的目的是"追求以低物流成本向顾客提供优质物流服务"的机制。

一、物流系统的作用

用系统的观点来研究物流活动是现代物流学的核心问题。物流系统分析是指在一定时间、空间里，对其所从事的物流事务和过程作为一个整体来处理，以系统的观点、系统工程的理论和方法进行分析研究，以实现其空间和时间的经济效应。物流系统是由运输、储存、包装、装卸、搬运、配送、流通加工、信息处理等各环节所组成的，它们也称为物流的子系统。作为系统的输入是输送、储存、搬运、装卸、包装、物流情报、流通加工等环节所消耗的劳务、设备、材料等资源，经过处理转化，变成全系统的输出，即物流服务。整体优化的目的就是要使输入最少，即物流成本最低，消耗的资源最少，而作为输出的物流服务效果最佳。作为物流系统服务性的衡量标准可以列举如下：即对用户的订货能很快进行配送；接受用户订货时商品的在库率高；在运送中交通事故、货物损伤、丢失和发送错误情况少，保管中变质、丢失、破损现象少；具有能很好地实现运送、保管功能的包装；装卸搬运功能满足运送和保管的要求；能提供保障物流活动流畅进行的物流信息系统，能够及时反馈信息；合理的流通加工，以保证生产费、物流费之和最少。

物流系统的作用归纳起来有以下几点，即将商品在适当的交货期内准确地向顾客配送；对顾客的订货要尽量满足，不能使商品脱销；适当地配置仓库、配送中心，维持商品适当的库存量；使运输、装卸、保管等作业自动化；维持适当的物流费用；使从订货到发货的信息流畅通无阻；把销售信息迅速地反馈给采购部门、生产部门和营业部门。

这里需要注意的是，物流的各项活动（运输、保管、搬运、包装、流通加工）之间存在"效益背反"现象。所谓"效益背反"是指"对于同一资源（例如成本）的两个方面处于相互矛盾的关系之中，想要较多地达到其中一个方面的目的，必然使另一方面的目的受到部分损失，例如，减少库存据点并尽量减少库存，势必使库存补充变得频繁，必然增加运输次数。简化包装，则包装强度降低，仓库里的货物就不能堆放过高，这就降低了保管效率，而且在装卸和运输过程中容易出现破损，以致搬运效率下降，破损率增加。

由于各种物流活动之间存在着"效益背反"，因而就必须研究总体效益，使物流系统化。前面我们已经指出，物流系统是为达成物流目的的有效机制。物流的各项活动如运输、保管、搬运、包装、流通加工等都各自具有提高自身效率的机制，也就是具有运输系统、保管系统、搬运系统、包装系统、流通加工系统等分系统。因此，我们必须使各个系统以实现其最佳效益为目的。

这些系统之间存在着效益背反。因而物流系统就是以成本为核心，按最低成本的要求，使整个物流系统化。也就是说，物流系统就是要调整各个分系统之间的矛盾,把它们有机地联系起来使之成为一个整体,使成本变为最小以追求和实现部门的最佳效益。这些制约关系示例如下:

物流服务和物流成本间的制约关系。要提高物流系统的服务水平,物流成本往往也要增加。比如采用小批量即时运货制,要增加费用。要提高供货率即降低缺货率,必须增加库存即增加保管费。

构成物流服务子系统功能之间的约束关系。各子系统的功能如果不均匀,物流系统的整体能力将受到影响。如搬运装卸能力很强,但运输力量不足,会产生设备和人力的浪费;反之,如搬运装卸环节薄弱,车、船到达车站、港口后不能及时卸货,也会带来巨大的经济损失。

构成物流成本的各个环节费用之间的关系。如为了降低库存采取小批量定货,则因运输次数增加而导致费用上升,运费和保管费之间有制约关系。

各子系统的功能和所耗费用的关系。任何子系统功能的增加和完善必须投入资金。如信息系统功能的增加,必须购置硬件和开发计算机软件。增加仓库的容量和提高进出库速度,就要建设更大的库房并实现机械化、自动化。在实际中必须考虑在财力许可的范围内改善物流系统的功能。

如上所述的制约关系不胜枚举,在物流合理化过程中必须有系统观念,对这些相互制约的关系给予充分的注意。

二、物流系统的模式

系统是相对外部环境而言的,并且和外部环境的界限往往是模糊的,所以严格地说系统是一个模糊集合。外部环境向系统提供劳力、手段、资源、能量、信息,称为"输入"。系统以自身所具有的特定功能,将"输入"进行必要的转化处理活动,使之成为有用的产成品,供外部环境使用,称之为系统的输出。输入、处理、输出是系统的三要素。如一个工厂输入原材料，经过加工处理，得到一定产品作为输出，这就成为生产系统。外部环境因资源有限、需求波动、技术进步以及其他各种变化因素的影响，对系统加以约束或影响，称为环境对系统的限制或干扰。此外，输出的成果不一定是理想的，可能偏离预期目标，因此，要将输出结果的信息返回给输入，以便调整和修正系统的活动，这称为反馈。

输入。也就是通过提供资源、能源、设备、劳力等手段对某一系统发生作用，统称为外部环境对物流系统的输入，包括原材料、设备、劳力、能源等。

处理（转化）。它是指物流本身的转化过程。从输入到输出之间所进行的生产、供应、销售、服务等活动中的物流业务活动称为物流系统的处理或转化。具体内容有物流设施设备的建设；物流业务活动，如运输、储存、包装、装卸、搬运等；信息处理及管理工作。

输出。物流系统与其本身所具有的各种手段和功能，对环境的输入进行各种处理后所提供的物流服务称为系统的输出。具体内容有产品位置与场所的转移；各种劳务，如合同的履行及其他服务等；能源与信息。

限制或制约。外部环境对物流系统施加一定的约束称之为外部环境对物流系统的限制和干扰。具体有资源条件、能源限制、资金与生产能力的限制、价格影响、需求变化、仓库容量、装卸与运输的能力、政策的变化等。

反馈。物流系统在把输入转化为输出的过程中，由于受系统各种因素的限制，不能按原计划实现，需要把输出结果返回给输入，进行调整，即使按原计划实现，也要把信息返回，以对工作做出评价，这称为信息反馈。信息反馈的活动包括各种物流活动分析报告；各种统计报告数据；典型调查；国内外市场信息与有关动态等。

三、物流系统化的实现

（一）**物流系统的组成**

物流系统由物流作业系统和物流信息系统两个分系统组成。

物流作业系统。在运输、保管、搬运、包装、流通加工等作业中使用种种先进技能和技术，并使生产据点、物流据点、输配送路线、运输手段等网络化，以提高物流活动的效率。

物流信息系统。在保证订货、进货、库存、出货、配送等信息通畅的基础上，使通讯据点、通讯线路、通讯手段网络化，提高物流作业系统的效率。

（二）**物流系统化的前提条件**

物流系统化目的在于追求部门最佳效益，道理十分简单，但在这个问题上由于认识不足往往引起了许多其他问题。前文我们谈到，物流系统是以尽可能低廉的价格，提供尽可能优良服务的机制。这里，这种"尽可能优良的物流服务"，正是物流系统化的前提条件。即在物流服务水平确定之后，物流的方式也会随之改变。

一般说来物流服务与成本的关系有下述四个方面：

在物流服务不变的前提下考虑降低成本。不改变物流服务水平，通过改变物流系统来降低物流成本，这是一种尽量降低成本来维持一定服务水平的办法，亦即追求效益的办法。

为提高物流服务，不惜增加物流成本。这是许多企业提高物流服务的做法，是企业在特定顾客或其特定商品面临竞争时所采取的具有战略意义的做法。

积极的物流成本对策，即在成本不变的前提下提高服务水平。在给定成本的条件下提高服务质量。这是一种追求效益的办法，也是一种有效地利用物流成本性能的办法。

用较低的物流成本,实现较高的物流服务。这是增加销售、增加效益、具有战略意义的办法。

以上办法,企业究竟如何选择,应通盘考虑下述各方面的情况后再做决定,即通盘考虑商品战略和地区销售战略;通盘考虑流通战略和竞争对手;通盘考虑物流成本、物流系统所处的环境,以及物流系统负责人所采用的方针等。

(三) 物流系统化实现的原则

应充分考虑企业的经营方针、销售战略、生产战略、行业环境、商业范围、商品特性、流通渠道、竞争对手以及与全社会有关的环境保护、节能问题、劳动力状况等社会环境。

企业还应从物流所处的环境、企业的物流观念以及物流与采购、生产、销售等部门的关系等层面加以把握。企业应清楚地了解物流体制,特别是物流部门的现状、物流据点(库存据点、配送据点)怎样运输,信息的情况如何等。

企业应明确物流在企业内所占的地位、作用以及经营决策层的方针。为实现物流系统化,企业需要标准化、规模化、计划化、一体化、信息化、简单化,为彻底消除浪费,提高效率,特别要注意提高物流活动的软硬件两个方面的"标准化"程度,并使其呈螺旋形提高。企业容易把物流系统化看成是物流专业人员参加的底层活动的物流改良运动,这其实是一种改良主义的观点。为了实现物流系统化,应该从革新的角度建立一种有效的、理想的物流机制。

四、物流系统化的目标与内容

物流是指从生产供应到消费资料废弃的一个范围很广的系统。这里主要就其中有关从生产到消费的范畴来研究所谓物流系统化问题。即把物流的各个环节（子系统）联系起来看成一个物流大系统进行整体设计和管理，以最佳的结构、最好的配合，充分发挥其系统功能、效率，实现整体物流合理化。

（一）**物流系统化的目标**

服务性。在为用户服务方面要求做到无缺货、无货物损伤和丢失等现象，且费用便宜。

快捷性。要求把货物按照用户指定的地点和时间迅速送到。为此可以把物流设施建在供给地区附近，或者利用有效的运输工具和合理的配送计划等手段。

有效地利用面积和空间。应逐步发展立体化设施和有关物流机械，求得空间的有效利用。

规模适当化。应该考虑物流设施集中与分散的问题是否适当，机械化与自动化程度如何合理利用，情报系统的集中化所要求的电子计算机等设备的利用等。

库存控制。库存过多则需要更多的保管场所，而且会产生库存资金积压，造成浪费。因此，必须按照生产与流通的需求变化对库存进行控制。

上述物流系统化的目标简称为"5S"，要发挥以上物流系统化的效果，就要进行研究，把从生产到消费过程的货物量作为一贯流动的物流量看待，依靠缩短物流路线，使物流作业合理化、现代化，从而降低其总成本。

（二）**物流系统化的信息要素**

在进行物流系统化中需要以下几方面的基本数据：所研究商品的种类、品目等；商品的数量多少，年度目标的规模、价格；商品的流向，生产厂配送中心、消费者等；服务水平，速达性、商品质量的保持等；时间，即不同的季度、月、周、时业务量的波动、特点；物流成本。

以上称为物流系统化有关基本数据的六个要素。这些数据是物流系统化中必须具备的。

(三) 物流系统化的主要内容

大量化。随着消费的多样化、产品的多品种化，多数顾客往往频繁地订货预约，要求迅速交货。在接受订货的企业中，因为要尽可能地使发货的批量变大，采取最低限额订购制，以期降低成本。大型超市、百货店，从制造厂或批发商那里进货，把向各店铺个别交货的商品，由中间区域设置的配送中心集约起来，再大批量地送往各店铺，并按照顾客的定货量，采用减价供货制。

共同化。主要在同一地区或同一业种的企业中，谋求物流共同化的情况比较多，尤其在大城市，由于交通过密，运输效率大大降低，积极参加共同配送的企业越来越多，各种销售业，面向百货店、大型超市的共同配送的例子举不胜举。不少小规模的企业，也共同出资建立"共同配送中心"，全面地使装卸、保管、运输、信息等物流功能协作化。

短路化。过去，很多企业的商品交易过程是按照制造厂——次批发—二次批发—零售商—消费者的渠道进行的，商品经由的各个阶段都有仓库。现在，销售物流可以不经由中间阶段，而直接把商品从制造厂送至二次批发或零售商，使物流路线缩短减少了商品的移动速度，压缩了库存量。

自动化。企业在过去的运输、装卸、配送、保管、包装等物流功能中，引进了各种机械化、自动化的技术。在运输等方面，由于运用托盘、集装箱而发展起来的单位载荷制，以及提高货物分拣机械化水平的技术；在保管方面，由于高层货架仓库发展为自动化仓库，大大提高了保管的效率。

信息化。物流系统中的信息系统是指企业从订货到发货的信息处理结构。在企业活动中，信息是控制生产和销售系统的相结合的物流作业系统的组成部分，因此，物流信息的系统化、效率化是物流系统化必不可少的条件。近年来，由于计算机性能的提高，数据通信技术的进步，通信回路的开放（VAN等），信息处理的速度大大提高了，远隔两地的贸易双方的信息交换变得容易起来，有力地推进了物流信息的系统化，实现了从订货到发货的信息处理。

五、物流系统分析

（一）物流系统分析的概念

物流系统是多种不同功能要素的集合。各要素相互联系、相互作用，形成众多的功能模块和各级子系统，使整个系统呈现多层次结构，体现出固有的系统特征。对物流系统进行系统分析，可以了解物流系统各部分的内在联系，把握物流系统行为的内在规律性。所以说，不论从系统的外部或内部，设计新系统或是改造现有系统，系统分析都是非常重要的。

系统分析是从系统的最优出发，在选定系统目标和原则的基础上，分析构成系统的各级子系统的功能和相互关系，以及系统同环境的相互影响。运用科学的分析工具和方法，对系统的目的、功能、环境、费用和效益进行充分的调研、收集、比较、分析和数据处理，并建立若干替代方案和必要的模型，进行系统仿真试验；把试验、分析、计算的各种结果同早先制订的计划进行比较和评价，寻求使系统整体效益最佳和有限资源配备最佳的方案，为决策者的最后决策提供科学依据和信息。

系统分析的目的在于通过分析比较各种替代方案的有关技术经济指标，得出决策者形成正确判断所必需的资料和信息，以便获得最优系统方案。

物流系统分析所涉及的问题范围很广，如搬运系统、系统布置、物流预测、生产—库存系统等。由于系统分析需要的信息量大，为了准确地收集、处理、分析、汇总、传递和储存各种信息，要应用多种数理方法和计算机技术，这样才能分析比较实现不同系统目标和采用不同方案的效果，为系统评价和系统设计提供足够的信息和依据。

（二）物流系统分析的特点

系统分析是以系统整体效益为目标，以寻求解决特定问题的最优策略为重点，运用定性和定量分析方法，给予决策者以价值判断，以求得有利的决策。

以整体为目标。在一个系统中，处于各个层次的分系统都具有特定的功能及目标，彼此分工协作，才能实现系统整体的共同目标。比如，在物流系统布置设计中，既要考虑需求，又要考虑运输、储存、设备选型等；在选择厂（库）址时，既要考虑造价，又要考虑运输、能源消耗、环境污染、资源供给等因素。因此，如果只研究改善某些局部问题，而其他分系统被忽略或不健全，则系统整体效益将受到不利影响。所以，进行任何系统分析，都必须以发挥系统总体的最大效益为准，不可只局限于个别部分，以免顾此失彼。

以特定问题为对象。系统分析是一种处理问题的方法，有很强的针对性，其目的在于寻求解决特定问题的最佳策略。物流系统中的许多问题都含有不确定因素，而系统分析就是针对这种不确定的情况，研究解决问题的各种方案及其可能产生的结果。不同的系统分析所解决的问题当然不同，即使对相同的系统所要解决的问题也要进行不同的分析，制订不同的求解方法。所以，系统分析必须以能求得解决特定问题的最佳方案为重点。

运用定量方法。解决问题不应单凭想象、臆断、经验和直觉。在许多复杂的情况下，需要有精确可靠的数字、资料，以作为科学决断的依据。有些情况下利用数字模型有困难，还要借助于结构模型解析法或计算机模型。

凭借价值判断。进行系统分析时，必须对某些事物做某种程度的预测，或者用过去发生的事实作样本，以推断未来可能出现的趋势或倾向。由于所提供的资料有许多是不确定的变量，而客观环境又会发生各种变化，因此在进行系统分析时，还要凭借各种价值观念进行判断和选优。

（三）物流系统分析的要素

从系统分析的概念和特点不难看出，为了进行系统分析，通常应考虑下列五个要素：

目标。目的和要求是系统分析的首要工作。为了正确获得决定最优系统方案所需的各种有关信息，要充分了解建立系统的目的和要求。系统的目的和要求既是建立系统的依据，也是系统分析的出发点。

替代方案。替代方案是选优的前提，没有足够数量的方案就没有优化。在分析阶段，可以制订若干能达到已经确定的目的和要求的系统替代方案。例如建立一个车间物流搬运系统，可以采用短道、输送机、叉车或无人搬运车等不同的替代方案。一般情况下，当多种方案各有利弊时，究竟选用何种方案为最优，这就需要对这些方案进行分析和比较。

模型。建立各种模型，可以在尚未建立系统之前就能预测系统的有关功能和相应的技术参数，作为系统设计的基础或依据。另外，根据需要建立的模型，可以用来预测各替代方案的性能、费用和效益，以利于方案的分析和比较。在物流系统中，多采用数字模型和逻辑模型，以确定各要素之间的定量关系和逻辑关系。体现出从原材料转变为成品、从成品储存到销售过程，以及整个过程核算之间的逻辑关系，这里不作进一步详述。总之，建立在系统分析时各种必需的模型是整个系统分析过程的重要一环。

费用和效益。建立一个大系统，需要有大量的投资费用，而一旦系统建成后可以获得一定的效益。一般说来，效益大于费用的设计方案是可取的，反之是不可取的。总之，在多数情况下，费用和效益的分析与比较是决定方案取舍的一个重要因素。

评价标准。所谓评价标准就是确定各种替代方案优先选用顺序的标准。评价准则一般根据系统的具体情况而定，但准则都要求具有明确性、可计量性和适当的灵敏度。

(四)物流系统分析的过程

系统分析没有固定的方法和程序，大致可以按照下面的过程进行。

划定问题的范围。进行系统分析，首先要明确问题的性质，划定问题的范围。通常，问题是在一定的外部环境作用和系统内部发展的需要中产生的，这不可避免地带有一定的本质属性并限定了其存在范围。只有明确了问题的性质范围后，系统分析才能有可靠的起点。其次，还要研究问题要素与要素之间的相互关系以及同环境的关系等，把问题界限进一步划清。

确定目标。为了解决问题，要确定出具体的目标。目标通过某些指标来表达，而标准则是衡量目标达到的尺度。系统分析是针对所提出的具体目标而展开的，由于实现系统功能的目的是靠多方面因素来保证的，因此系统目标也必然有若干个。如物流系统的目标包括物料费用、服务水平，即以低的物流费用获得好的服务水平，以确保物流系统整体效益最大。总目标是通过各子系统的功能活动来实现的。在多目标情况下，要考虑各项目标的协调，防止发生冲突或顾此失彼，同时还要注意目标的整体性、可行性和经济性。

收集资料，提出方案。建立模型或拟定方案都必须有资料作为依据，方案的可行性论证更需要有精确可靠的数据，为系统分析做好准备。收集资料通常多借助于调查、实验、观察、记录等方式。

建立模型。所谓建立模型就是找出说明系统功能的主要因素及其相互关系。由于表达方式和方法的不同，模型有图式模型、模拟模型、数字模型之分。通过模型的建立，可确认影响系统功能和目标的主要因素及其影响程度。确认这些因素的相关程度，总目标和分目标的达成途径及其约束条件。

系统的最优化。系统的最优化是运用最优化的理论和方法，对若干替代方案的模型进行仿真和优化计算，求出几个替代解。

系统评价。根据最优化所得到的有关解答，在考虑前提条件、假定条件和约束条件后，在结合经验和知识的基础上决定最优解，从而为选择最优系统方案提供足够的信息。

对于复杂的系统,系统分析并非进行一次即可完成;为完善修订方案中的问题,有时需要根据分析结果对提出的目标进行再探讨,甚至重新界定问题范围后再做系统分析。

第三节　物流要素

一、运输

(一)运输的作用及意义

运输的任务是对物资进行较长距离的空间移动。物流部门通过运输解决物资在生产地点和需要地点之间的空间距离问题,从而创造商品的空间效益,实现其使用价值,以满足社会需要。运输是物流的中心环节之一,可以说是物流最重要的一个功能。运输在经济上的作用是扩大了经济作用范围和在一定的经济范围内促进物价的平均化。随着现代化大生产的发展,社会分工越来越细,产品种类越来越多,无论是原材料的需求,还是产品的输出量,都大幅度上升,区域之间的物资交换更加频繁,这就促进了运输业的发展和运输能力的提高,所以产业的发展促进了运输技术的革新和运输水平的提高。反之,运输手段的发达也是产业发展的重要支柱。比如现代钢铁企业每日需万吨以上铁矿石原料,往往是从几千公里甚至上万公里之外用大型货车运来,没有这样强有力的输送手段,许多大型工业企业就难以存在,甚至国民经济也难以正常运转。

(二)运输方式及特点

陆地、海洋和天空都可以作为运输活动的空间,运输的主要方式有以下几种:

铁道运输。它是陆地长距离运输的主要方式。由于其货车在固定轨道线路上行驶，可以自成系统，不受其他运输条件的影响，按时刻表运行。还有轨道行驶阻力小、不需频繁地启动制动、可重载高速运行及运输单位大等优点，从而使运费和劳务费降低。但由于在专用线路上行驶，而且车站之间距离比较远，缺乏机动性，此外，运输的起点和终点常常需要汽车进行转运，增加了搬运次数。

铁路及其附属设施的建设需要国家投资。除了少数大型工厂和矿山有自己的支线外，一般企业只能利用公有铁路。

铁道运输车辆主要有机车和货车车厢两种，以煤炭为动力的蒸汽机车已属淘汰产品，目前正由内燃机车向电气机车发展。货车车箱随用途而异，也有不同种类，如油罐车、集装箱车等。

汽车运输。它是最普及的一种运输方式。其最大优点是空间和时间方面具有充分的自由性，不受路线和停车站的约束，只要没有特别的障碍（如壕沟、过窄的通道等），汽车都可以到达。因此，可以实现从发货人到收货人之间门对门直达输送。由于减少了转运环节，货物包装可以简化，货物损伤、丢失和误送的可能性很小。

购置汽车费用有限，一般企业都可以实现。自行运输和委托运输可以同时进行，由于自备车有充分的机动性，使用非常方便。

汽车运输的运输单位小，运输量和汽车台数与操作人员数成正比，产生不了大批量输送的效果。动力费和劳务费较高，特别是长距离输送中缺点较为显著。此外，由于在运输中司机自由意志起主要作用，容易发生交通事故，对人身、货物、汽车本身造成损害。由于汽车数量的增多，产生交通阻塞，使汽车运行困难，同时产生的废气、噪音也造成了环境污染。

高速公路和封闭式公路的建设为汽车的长途运输创造了有利条件。

运货汽车种类很多，有卡车、厢式货车、拖车、冷藏车等专用货车，虽然货车大型化是发展趋势，但是小型货车的适用范围广，今后仍然会保持大型货车和小型货车相结合的汽车运输体系。

船舶运输,包括海运和内河航运两种。利用水路运送货物,在大批量和远距离的运输中价格便宜,可以运送超大和超重货物。运输线路主要利用自然的海洋与河流,不受道路的限制,在隔海的区域之间是代替陆地运输的必要方式。

水上航行的速度比较慢,航行周期长,海上运输有时以几个月为周期。此外,易受天气影响,航期不能保证,建设港口也要花费高额费用。

船舶按用途分类有专用船(如油轮、矿石船、冷冻船等),还有混装船、集装箱船;按装卸货物的方式有载货车辆可以直接开到船上的滚装船;还有无自行能力的船舶等。

航空运输。其主要优点是速度快。因为时间短,货物损坏少,特别适合一些保鲜物品的输送。但是航空运输的费用高,对于离机场距离比较远的地方利用价值不大。

客运飞机可以利用下部货仓运送少部分货物。但是随着空运货物的增加,出现了专用货运机,采用单元装载系统,缩短装卸时间,保证了"快"的特色。

管道运输。城市的自来水和煤气的输送是和人们生活最为密切相关的管道运输。它的主要优点是:基本没有运动部件,维修费便宜。管道一旦建成,可以连续不断地输送大量物资,不费人力,运输成本低。管道铺设可以不占用土地或占地较少。此外,还具有安全、事故少、公害少等优点。

管道运输的缺点是在输送地点和输送对象方面具有局限性,一般适用于气体、液体,如天然气、石油等。但是也发展到粉粒体的近距离输送,如粮食、矿粉等,并且还研究了将轻便物体放在特定的密封容器内,在管道内利用空气压力进行输送的方式,如书籍文件、实验样品的输送。随着技术的进步,输送对象的范围在不断扩大。

管道的铺设有地面、地下和架空安装等方式。必要时中途要采用保温、加热、加压的措施，以保证管道的畅通。

（三）运输合理化

运费成本在物流成本中所占的比重最大。日本通产省对六大类货物物流成本的调查结果表明，其中运输成本占 40% 左右，如果将产品出厂包装费计入制造成本，则运输成本占物流成本的 50% 以上，因此，运输合理化有重要意义。合理化的途径有以下几方面：

运输网络的合理配置。应该区别储存型仓库和流通型仓库，合理配置各物流基地（或物流中心），基地的设置应有利于货物直送比率的提高。

选择最佳的运输方式。首先要决定使用水运、铁路、汽车或航空。如用汽车还要考虑车型（大型、轻小型、专用），用自有车还是委托运输公司。

提高运送效率。努力提高车辆的运行率、装载率，减少空车行驶，缩短等待时间或装载时间，提高有效的工作时间，降低燃料消耗。

推进共同运输。提倡部门、集团、行业间的合作和批发、零售、物流中心之间的配合，提高运输工作效率，降低运输成本。

当然，运输的合理化必须考虑包装、装卸等有关环节的配合及其制约因素。还必须依赖于有效的信息系统，才能实现其改善的目标。

运输合理化要考虑输送系统的基本特性。对城市之间、地区之间的长距离运输（干线输送），由于货物的批量大，对时间要求不是很严格，因此，合理化的着眼点要考虑降低运输成本。对于地区内或城市内的短距离运输（端末输送），以向顾客配送为主要内容，批量小，应及时、准确地将货物运到，这种情况下的合理化目标应以提高物流的服务质量为主。

二、仓储

（一）仓储的作用和意义

仓储（保管）在物流系统中起着缓冲、调节和平衡的作用，是物流的另一个中心环节。保管的目的是克服产品生产与消费在时间上的差异。它的内容包括储存、管理、保养、维护等活动。如大米一年收获1~2次，必须用仓库进行储存以保证平时的需要。又如水果或者鱼虾等水产品在丰收时需要在冷藏库进行保管，以保证市场的正常需要并防止价格大幅度起落。所以产品从生产领域进入消费领域之前，往往要在流通领域停留一定时间，这就形成了商品储存。在生产过程中原材料、燃料、备品备件和半成品也需要在相应的生产环节之间有一定的储备，作为生产环节之间的缓冲，以保证生产的连续进行。

（二）仓库的功能

自从人类社会生产有剩余产品以来，就有储存活动，而储存物品的建筑物或场所，一般称为仓库。随着社会生产水平的提高，社会化生产方式的出现，产品空前丰富，商品经济占有重要地位，出现了为商品流通服务的仓库。社会化的大生产又需要有保证生产需要的原材料和零部件的仓库。仓库成为生产和消费领域中物资集散的中心环节，其功能已不单纯是保管、储存。从现代物流系统观点来看，仓库应具有以下的功能：

储存和保管的功能。这是仓库的最基本的传统功能，因此，仓库应具有必要的空间用于容纳物品，库容量是仓库的基本参数之一。保管过程中应保证物品不丢失、不损坏、不变质。要有完善的保管制度，合理使用搬运机具，有正确的操作方法，在搬运和堆放时不能碰坏或压坏物品。

根据所储存货物的特性，仓库里应配有相应的设备，以保持储存物品的完好性。例如对水果、鱼肉类仓库要控制其温度，使之成为冷藏仓库及冷冻仓库；储存精密仪器的仓库应防潮防尘，保持温度恒定，需要空气调节及恒温设备；一些储存挥发性溶剂的仓库必须有通风设备，以防止库内空气中挥发性物质含量过高而引起爆炸。

调节供需的功能。从生产和消费两方面来看，其连续性的规律都因产品不同而异。因此，生产节奏和消费节奏不可能完全一致。有的产品生产是均衡的，而消费不是均衡的，如电风扇等季节性商品；相反，有的产品生产节奏有间隔而消费则是连续的，如粮食。这两种情况都产生了供需不平衡，这就要有仓库的储存作为平衡环节加以调控，使生产和消费协调起来，这也体现出物流系统创造物资时间效用的基本职能。

调节货物运输能力的功能。各种运输工具的运量相差很大，船舶的运量大，海运船一般是万吨以上，内河船也以百吨或千吨计。火车的运量较小，每节车皮能装 30~60 吨，一列火车的运量可达数千吨。汽车的运量最小，一般每车只有 4~10 吨。它们之间进行转运时，运输能力是很不匹配的，这种运力的差异也是通过仓库或货场进行调节和衔接的。

配送和流通加工的功能。现代仓库除以保管储存为主要任务之外，还向流通仓库的方向发展，仓库成为流通、销售、零部件供应的中心，其中一部分在所属物流系统中起着货物供应的组织协调作用，被称为物流中心。这一类仓库不仅具备储存保管货物的设施，而且增加了分拣、配送、捆包、流通加工信息处理等功能。这样既扩大了仓库的经营范围，提高了物资综合利用率，又促进了物流合理化，方便了消费者，提高了服务质量。

（三）仓储合理化

实行 ABC 管理。由于在仓库中一般储存的物资品种非常繁多，在管理过程中必须根据具体情况实行重点管理，才能取得预期效果，一般采用 ABC 管理可以达到预期要求。ABC 管理就是把物品分为三类，例如把占总数 10% 左右的高价值的货物定为 A 类；占总数 70% 左右的价格低的物品定为 C 类；A、C 之间的 20% 则为 B 类。在库存管理中应区别对待各类物品，A 类物品应在不发生缺货的条件下尽可能减少库存，实行小批量订货，每月盘点；C 类则可制定安全库存水平，进行一般管理，订货批量大，年终盘点；对 B 类则在两者之间，半年盘点一次。

除按价值分类外，还可以根据销售难易程度、缺货产生的后果（重要性）等因素进行 ABC 分类，或者综合几种因素进行分类。总之，要符合仓库管理的目标和仓库本身的具体情况。

有人说库存管理就是 ABC 管理，ABC 管理如能充分发挥其效果，可以说库存管理的问题就已解决了一半。

应用预测技术。销售额的估计和出库量的估计等需要正确的预测，这是库存管理的关键。由于库存量和缺货率是相互制约的因素，所以要在预测的基础上，制定正确的库存方针，使库存量和缺货率协调，取得最好效果。

但是对于预测的数据也不可过分依赖，因为预测总是以过去的数据为基础进行的，预测计算和实际情况有一定出入，为此，在预测时应尽可能依据最新的数据和信息。另外，订货周期和供货延迟期要尽量缩短，这样可以提高预测的可靠性。

科学的库存管理控制。库存控制主要是对库存量进行控制的问题。众所周知，库存量过多将会招致许多问题，如占压过多的流动资金，并为此付出相应的利息；存货过多则仓库的各种费用，如仓储费、保险金、劳务费也随之增加；此外，还会导致物资变质、过时、失效等损失。但是为了避免以上问题，降低库存又会出现缺货率上升的风险。因此，库存控制应综合考虑各种因素，满足以下三方面要求：即考虑降低采购费和购入价等综合成本；减少流动资金、降低盘点资产；提高服务水平、防止缺货。

三、搬运装卸

（一）搬运装卸的意义

装卸搬运是指在同一地域范围内进行的、以改变物的存放状态和空间位置为主要内容和目的的活动，具体说，包括装上、卸下、移送、拣选、分类、堆垛、入库、出库等活动。装卸搬运是伴随输送和保管而产生的必要的物流活动，但是和运输产生空间效用和保管产生时间效用不同，它本身不产生任何价值。但这并不说明搬运装卸在物流过程中不占有重要地位，物流的主要环节，如运输和存储等是靠装卸、搬运活动联结起来的，物流活动其他各个阶段的转换也要通过装卸搬运联结起来，由此可见在物流系统的合理化中，装卸和搬运环节占有重要地位。装卸、搬运不仅发生次数频繁，而且其作业内容复杂，又是劳动密集型、耗费人力的作业，它所消耗的费用在物流费用中也占有相当大的比重。据统计，俄罗斯经铁路运输的货物少则有6次，多则有几十次装卸搬运，其费用占运输总费用的20%~30%。装卸搬运活动频繁发生，作业繁多，这也是产品损坏的重要原因之一。

（二）搬运装卸作业的构成

搬运装卸作业有对输送设备（如辊道、车辆）的装入、装上和取出、卸下作业，也有对固定设备（如保管货架等）的出库、入库作业。

堆放拆垛作业。堆放（或装上、装入）作业是指把货物移动或举升到装运设备或固定设备的指定位置，再按所要求的状态放置的作业；而拆垛（卸下、卸出）作业则是其逆向作业。

分拣配货作业。分拣是在堆垛作业前后或配送作业之前把货物按品种、出入先后、货流进行分类，再放到指定地点的作业。而配货则是把货物从所定的位置按品种、下一步作业种类、发货对象进行分类的作业。

搬送、移送作业。它是为了进行装卸、分拣、配送活动而发生的移动物资的作业。包括水平、垂直、斜行搬送，以及几种组合的搬送。

（三）搬运装卸作业合理化的原则

消除无效搬运。要提高搬运纯度，只搬运必要的物资，如有些物资要去除杂质之后再搬运比较合理；避免过度包装，减少无效负荷；提高装载效率，充分发挥搬运机器的能力和装载空间；中空的物件可以填装其他小物品再进行搬运；减少倒撤次数，作业次数增多不仅浪费了人力、物力，还增加物品损坏的可能性。

提高搬运灵活性。物品放置时要有利于下次搬运，如装于容器内并垫放的物品较散放于地面的物品易于搬运。在装上时要考虑便于卸下。在入库时要考虑便于出库。还要创造易于搬运的环境和使用易于搬运的包装。

注意重力的影响和作用。应减少人体的上下运动，避免反复；要避免人力抬运或搬送物品；应设法利用重力移动物品，如使物品在倾斜的辊道运输机上，借助重力作用进行移动。

合理利用机械。初期阶段，搬运机械大多在以下情况使用：超重物品；搬运量大、耗费人力多、人力难以操作的；粉体或液体的物料搬运；速度太快或距离太长，人力不能胜任的；装卸作业高度差太大，人力无法操作的。

今后的发展方向是，即使在人可以操作的场合，为了提高生产率、安全性、服务性和作业的适应性等，也应将人力操作转由机械来实现，而人可以在更高级的工作中发挥作用。

保持物流的均衡顺畅。物品的处理量波动大时会使搬运作业变得困难，但是搬运作业受运输等其他环节的制约，其节奏不能完全自主决定，必须综合各方面因素妥善安排，使物流量尽量均衡，避免忙闲不均的现象。

集装单元化原则。将零放物体归整为统一格式的集装单元称为集装单元化。这对搬运作业的改善是至关重要的原则，可以达到以下目的：由于搬运单位变大，可以发挥机械的效能，提高作业效率，搬运方便，灵活性好；负载的大小均匀，有利于实行作业标准化；在作业过程中避免物品损伤，对保护被搬运的物品有利。

提高综合效果。物流过程中运输、仓储、包装和装卸搬运各环节的改善，必须考虑综合效益，不能仅从单方面考虑。

四、包装

（一）包装的作用

无论是产品或是材料，在搬运输送以前都要加以某种程度的包装捆扎或装入适当容器，以保证产品完好地运送到消费者手中，所以包装被称为生产的终点，同时也是社会物流的起点。

包装的作用是保护物品，使物品的形状、性能、品质在物流过程中不受损坏。通过包装还使物品形成一定的单位，作业时便于处置。此外，由于包装使物品醒目、美观，可以促进销售。

包装的种类有单个包装、内包装、外包装三种。

单个包装。它也称为小包装，是物品送到使用者手中的最小单位。用袋或其他容器对物体的一部分或全部包裹起来的状态，并且印有作为商品的标记或说明等信息资料。这种包装一般属于商业包装，应注意美观，使它能起到促进销售的作用。

内包装。它是将物品或单个包装，或一至数个归整包装，或置于中间容器中，为了对物品及单个包装起保护作用，中间容器内有时采用一定措施。

外包装。基于物品输送的目的，要起到保护作用并且考虑输送搬运作业方便，一般置入箱、袋之中，根据需要对容器有缓冲防震、固定、防温、防水的技术措施要求。一般外包装有密封、增强功能，并且有相应的标识说明。

内包装和外包装属于工业包装，更着重于对物品的保护，其包装作业过程可以认为是物流领域内的活动。而单个包装作业一般属于生产领域活动。

（二）包装材料

包装材料有容器材料、内包装材料、包装用辅助材料等，主要有以下类别：

纸和纸板品。运输用大型纸袋可用3~6层牛皮纸多层叠合而成，也可用牛皮纸和塑料薄膜做成复合多层构造。纸箱的原料是各种规格的白纸板和瓦楞纸板，但要求其强度和耐压能力必须达到一定指标，在选材和尺寸设计时应加以注意。

塑料制品。塑料包装制品的应用日益广泛，塑料袋及塑料交织袋已成为牛皮纸袋的代用品。塑料制品还用于酒、食油等液体运输容器的革新，开发了纸袋结合包装，其方法是将折叠塑料袋容器放入瓦楞纸箱中，以代替传统的玻璃瓶、金属罐、木桶等。塑料成型容器也得到广泛的应用，如聚乙烯容器，包括箱、罐等，特别是颜料和食品业等塑料通用箱发展很快。

木制容器。木制容器包括木箱、胶合板箱及木桶，为了节省木材，常使用框架箱、栅栏箱或木条胶合板箱，为了增加强度也有加铁箍的。对于重物包装，常在底部加木制垫货板。

金属容器。输送用的金属容器有罐和箱，材料有镀锌铁板等。罐用于食品、化学药品、牛奶、油脂类物品，而桶则主要用于以石油为主的非腐蚀性的半流体及粉体、固体的包装。

包装用辅助材料。包装用的辅助材料主要有以下几种：

黏合剂。用于材料的制造、制袋、制箱及封口作业，黏合剂有水型、溶液型、热融型和压敏型的区分。近年来由于普遍采用高速制箱及封口的自动包装机，所以大量使用短时间内能够黏结的热融结合剂。

黏合带。它有橡胶带、热敏带、黏结带三种。橡胶带遇水可直接溶解，结合力强，黏结后完全固化，封口很结实；热敏带一经加热活化便产生黏结力，一旦结合，不好揭开且不易老化；黏结带是在带的一面涂上压敏性结合剂，如纸带、布带、玻璃纸带、乙烯树脂带等，也有两面涂胶的双面胶带，这种带子用手压便可结合，十分方便。

捆扎材料。捆扎的作用是打捆、压缩、缠绕、保持形状、提高强度、封口防盗、便于处置和防止破损等。现代已很少用天然捆扎材料，而多用聚乙烯绳、聚丙烯绳、纸带、聚丙烯带、钢带、尼龙布等。

（三）包装合理化

包装的轻薄化。由于包装只是起保护作用，因此在强度、寿命、成本相同的条件下，使用更轻、更薄、更短、更小的包装，可以提高装卸搬运的效率。而且轻薄短小的包装一般价格比较便宜，如果是一次性包装也可以减少废弃包装材料的数量。

包装的单纯化。为了提高包装作业的效率，包装材料及规格应力求单纯化，包装规格还应标准化，包装形状和种类也应单纯化。

符合集装单元化和标准化的要求。包装的规格和托盘、集装箱关系密切，也应考虑到和运输车辆、搬运机械的匹配，从系统的观点制定包装的尺寸标准。

包装的机械化。为了提高作业效率和包装现代化水平，各种包装机械的开发和应用是很重要的。

五、流通加工

（一）流通加工的概念

在流通过程中辅助性的加工活动称为流通加工。流通与加工的概念本属于不同范畴。加工是改变物质的形状和性质、形成一定产品的活动；而流通则是改变物质的空间状态与时间状态。流通加工则是为了弥补生产过程加工不足，更有效地满足用户或本企业的需要，使产需双方更好地衔接，将这些加工活动放在物流过程中完成，而成为物流的一个组成部分，流通加工是生产加工在流通领域中的延伸，也可以看成流通领域为了更好地服务，在职能方面的扩大。

（二）流通加工的形式

流通加工的形式有以下几种：

为了运输方便，如铝制门窗框架、自行车、缝纫机等若在制造厂装配成完整的产品，在运输时将耗费很高的运输费用。一般都是把它们的零部件，如铝制门窗框架的杆材、自行车车架和车轮分别集中捆扎或装箱，到达销售地点或使用地点以后，再分别组装成成品，这样不仅方便运输而且经济实惠。而作为加工活动的组装环节是在流通过程中完成的。

由于用户需要的多样化，必须在流通部门按照顾客的要求进行加工，如平板玻璃以及铁丝等，在商店根据顾客所需要的尺寸临时配置。

为了综合利用，在流通中将货物分解，分类处理。猪肉和牛肉等在食品中心进行加工，将肉、骨分离，其中肉只占 65% 左右，向零售店输送时就能大大提高输送效率。骨头则送往饲料加工厂，制成骨粉加以利用。

因此，流通加工这一环节的发展，使流通与加工总体过程更加合理化。流通加工的内容一般包括袋装、定量化小包装、挂牌子、贴标签、配货、拣选、分类、混装、刷标记等。生产的外延流通加工包括剪断、打孔、折弯、拉拔、挑扣、组装、改装、配套以及混凝土搅拌等。

对流通加工的属性目前尚有不同看法。但是它既属于加工范畴，也属于物流活动的一部分，这一点是可以承认的。

六、物流信息

（一）物流信息的概念和作用

物流活动进行中称必要的信息为物流信息。所谓信息是指能够反映事物内涵的知识、资料、信息、情报、图像、数据、文件、语言、声音等。信息是事物的内容、形式及其发展变化的反映。因此，物流信息和运输、仓储等各个环节都有密切关系，在物流活动中起着神经系统的作用。加强物流信息的研究才能使物流成为一个有机系统，而不是各个孤立的活动。在一些物流技术发达的国家都把物流信息工作作为改善物流状况的关键而给予充分的注意。

在物流中对各项活动进行计划预测、动态分析时，还要及时提供物流费用、生产情况、市场动态等有关信息。只有及时收集和传输有关信息，才能使物流通畅化、定量化。

（二）信息流和物流的分离

物流信息已向系统化发展，信息流和物流分离是其发展的一个特征。

通过统一的信息系统，货物的运送状况各站均可及时了解。信息的传递必须通过一定的载体，并为其所接受，在此之后，还要经过传输处理、分析等，使其发挥应有作用。现代化物流信息系统广泛利用电子计算机技术，特别是为了充分发挥电子计算机信息量大、处理速度快等优点，已普遍采用电子计算机网络系统来管理物流信息。一些部门、公司、企业还设立了先进的物流信息中心，用以全面管理、传递和交换物流信息。

（三）物流信息系统的结构

按垂直方向，物流信息系统可以划分为三个层次，即管理层、控制层和作业层；而从水平方面，信息系统贯穿供应物流、生产物流、销售物流、回收和废弃物流的运输、仓储、搬运装卸、包装、流通加工等各个环节，呈金字塔结构。可见物流信息系统是物流领域的神经网络，遍布物流系统的各个层次、各个方面。

综上所述，物流系统是由运输、仓储、搬运装卸、包装、流通加工、物流信息等环节组成的。物流系统的效益并不是它们各个局部环节效益的简单相加，因为各环节的效益之间存在相互影响、相互制约的关系，也就是交替损益的关系。如过分强调包装材料的节约，则因其易于破损可能给装卸搬运作业带来麻烦；片面追求装卸作业均衡化，会使运输环节产生困难。各个环节都是物流系统链条中的一个环节，任何一个环节过分削弱都会影响物流系统链的整体强度。重视系统观念，追求综合效益最佳，这是物流学的基本观点之一。

第四节　现代物流管理

所有的经济活动基本上都存在着商流、信息流、资金流和物流，由于计算机技术和信息技术的快速发展，在现代社会经济领域中的经济活动过程中，前三者得到了很好的发展，这就对物流提出了更高的要求。现代物流必须以更为高效、准确、快捷、方便的活动来与现代商流、现代信息流和现代资金流相适应。

一、现代物流的分类

社会经济领域中的物流活动无处不在，它涵盖了全部社会产品在社会上与企业中的运动过程，许多有本身特点的领域都有自己特征的物流活动。虽然物流的基本要素都存在，但是由于物流对象、目的、范围、范畴的各不相同，形成了不同类型的物流。目前还没有统一的物流分类标准，这里我们采用一元分类法，并按照物流系统的作用、属性及作用的空间范围不同，从不同角度对物流活动进行分类。

（一）按照物流系统涉及的领域分类

1. 宏观物流

宏观物流是指社会再生产总体的物流活动，是从社会再生产总体角度认识和研究的物流活动。这种物流活动的参与者是构成社会总体的大产业、大利益集团。因此，宏观物流既是研究社会再生产的总体物流，也是研究产业或集团的物流活动和物流行为。

宏观物流还可以从空间范畴来理解，在很大空间范畴的物流活动往往带有宏观性，在很小空间范畴的物流活动则往往带有微观性。宏观物流也指物流全体，从总体看物流而不是从物流的某一个环节来看物流。

因此，在物流活动中，下述物流应属于宏观物流：社会物流、国民经济物流、国际物流。宏观物流研究的主要特点是综合性和全局性。宏观物流主要研究内容是物流总体构成、物流与社会的关系、物流在社会中的地位、物流与经济发展的关系、社会物流系统和国际物流系统的建立和运作等。

2. 微观物流

消费者、生产者企业所从事的实际的、具体的物流活动属于微观物流。在整个物流活动之中的一个局部、一个环节的具体物流活动也属于微观物流，在一个小地域空间发生的具体的物流活动也属于微观物流，针对某一种具体产品所进行的物流活动也是微观物流。企业物流、生产物流、供应物流、销售物流、回收物流、废弃物物流、生活物流等均属微观物流。微观物流研究的特点是具体性和局部性。由此可见，微观物流是更贴近具体企业的物流，其研究领域十分广阔。

（二）按照物流系统的作用分类

1. 供应物流

为生产企业提供原材料、零部件或其他物品时，物品在提供者与需求者之间的实体流动称为供应物流，也就是物资生产者、持有者直至使用者之间的物流。对于工厂而言，是指生产活动所需要的原材料、备品备件等物资的采购、供应活动所产生的物流；对于流通领域而言，是指交易活动中，从买方角度出发的交易行为所发生的物流。

企业的流动资金大部分是被购入的物资材料及半成品等所占用的，因此，供应物流的严格管理及合理化对于企业的成本有重要影响。

2. 销售物流

生产企业和流通企业出售商品时，物品在供应方与需求方之间的实体流动称为销售物流，也就是物资的生产者或持有者到用户或消费者之间的物流。对于工厂是指售出产品，而对于流通领域是指交易活动中，从卖方角度出发的交易行为中的物流。

通过销售物流，企业得以回收资金，并进行再生产活动。销售物流的效果关系到企业的存在价值是否被社会承认。销售物流的成本在产品及商品的最终价格中占有一定的比例，因此，在市场经济中为了增强企业的竞争力，销售物流的合理化可以收到立竿见影的效果。

3. 生产物流

生产过程中，原材料、在制品、半成品、产成品等在企业内部的实体流动，称为生产物流。生产物流是制造产品的工厂企业所特有的，它和生产流程同步。原材料、在制品、半成品等按照工艺流程在各个加工点之间不停顿的移动、流转形成了生产物流。如生产物流中断，生产过程也将随之停顿。

生产物流合理化对工厂的生产秩序、生产成本有很大影响。生产物流均衡稳定，可以保证在制品的顺畅流转、缩短生产周期。在制品库存的压缩、设备符合均衡化，也都和生产物流的管理和控制有关。

4. 回收物流

不合格物品的返修、退货以及周转使用的包装容器从需方返回到供方所形成的物品实体流动，叫回收物流。在生产及流通活动中有一些资料是要回收并加以利用的，如作为包装容器的纸箱、塑料筐、酒瓶等，建筑行业的脚手架也属于这一类物资。还有可用杂物的回收分类和再加工。例如，旧报纸、书籍通过回收、分类可以再制成纸浆加以利用；特别是金属的废弃物，因为金属具有良好的再生性，可以回收并重新熔炼成有用的原材料。

回收物资品种繁多，流通渠道也不规则且多有变化，因此，管理和控制的难度大。

5. 废弃物物流

将经济活动中失去原有使用价值的物品，根据实际需要进行收集、分类、加工、包装、搬运、储存等，并分送到专门处理场所时形成的物品实体流动，叫废弃物物流。生产和流通系统中所产生的无用的废弃物，如开采矿山时产生的土石、炼钢生产中的钢渣、工业废水以及其他一些无机垃圾等，如果不妥善处理，不但没有再利用价值，还会造成环境污染，就地堆放会占用生产用地，以致妨碍生产。对这类物资的处理过程产生了废弃物物流。废弃物物流没有经济效益，但对其妥善处置则具有不可忽视的社会效益。为了减少资金消耗，提高效率，更好地保障生活和生产的正常秩序，对废弃物资综合利用的研究很有必要。

二、现代物流管理的概念

近几十年来，物流管理已从过去只注重分散的各个环节的物流功能的研究，发展到越来越注重整个物流过程的整合。当前，国内外工商企业界和物流理论界强调对物流整个活动进行全面整合。综合物流管理与综合供应链管理已成为现代物流管理的一个方向。

过去传统的物流活动是分散在各个部门的，它们分别存在于企业的营销、财务和制造等部门中。从局部来看，传统的物流管理有时对这些活动是很有效的，但从全局来看，它并没有任何内部机制来保证物流各环节之间的一体化整合和协调性，以便准确地做出最佳物流决策。在许多公司内部，由于组织机构的纵向结构，抑制了贯穿全公司的物流决策的制定，很难达到一体化整合的物流管理。

根据对物流业比较发达的国家的物流业发展的历程研究，可以看出物流管理的发展可以分为三个阶段。

第一阶段：企业注重对产成品运输和仓储的管理，所以除了这两个活动的协调之外，整个物流管理理论定位为可操作性。库存数学模型、车辆运输调度数学模型均是这一阶段的理论。这一阶段的物流管理对物流的各个环节没有整合的迹象，只是物流单环节上的优化。

第二阶段：物流管理的目标是把成品配送和原材料运送的控制整合起来。这是一种管理方向，它把单个物流环节看成综合配送的一个部分，如运输、仓储、存货、顾客服务等，这些方面的决策常需要营销和生产等部门进行合作。这一阶段，各个物流环节在企业内部得到了优化。

第三阶段：物流管理开始考虑整个物流过程的整合，包括在产品物流与物料管理活动相联系的整个活动中所做出的决策的协调。它的重点转向了战略问题，如公司总的物流、营销、作业战略，还注重根据企业的外部环境的变化做出相应反应的能力。

以上三个阶段中，第一阶段基本上只是创造降低单个节点中物流活动成本的机会，忽略了整个物流活动各个环节之间的联系。第二阶段把顾客服务和订单处理明确地整合起来，并能够方便地提供综合性服务。服务的改进最终能导致收入的增加。到了第三阶段增加利润的余地扩大了，具有战略利益，因为它包括存货和资产的减少等，资产的生产率和利用率都提高了，因此，对投资的回报产生积极的影响。

三、现代物流管理的特征

综合物流管理与综合供应链管理已成为现代物流管理的一个方向。现代物流管理就是要通过物流系统和各子系统的有机联系和相互作用，来实现物流系统的有效运转，达到物流系统的目标，这就需要物流的系统化管理。所谓物流的系统化管理，是指对物流活动进行的计划、组织协调与控制，以最低的物流成本达到用户所满意的服务水平，使物流系统整体达到最优的目标。整体优化的目的就是要使输入最少，即物流成本、消耗的资源最少，而作为输出的物流服务效果最佳。这在原则上具体表现为"7R"，即适当的质量（right quality）、适当的数量（right quantity）、适当的时间（right time）、适当的地点（right place）、适当的产品（right product）、适当的条件（right condition）、适当的成本（right cost）。

物流系统管理的有效开展，能有力地促进物流活动的合理化，它所反映的现代物流，正体现了物流系统管理的内涵和实质。而物流活动也已从被动、从属的职能活动上升到企业经营战略的一个重要组成部分，因而要求对物流活动作为一个系统整体加以管理和运行，也就是说，物流本身的概念已经从活动的概述和总结上升到管理学的层次。具体来说，现代物流管理的特征表现在如下。

（一）现代物流管理以实现顾客满意为第一目标

现代物流管理中顾客的服务优先于其他各项活动，并且为了使物流顾客服务能有效地开展，在物流体系的基本建设上，要求物流中心、信息系统、作业系统和组织构成等条件的具备与完善。具体来讲，物流系统必须做到如下几个方面。

1. 物流中心网络的优化

物流中心网络的优化即要求工厂、仓库、商品集中配送、加工等中心的建设（规模、地理位置等）既要符合分散化的原则，又要符合集约化的原则，从而使物流活动能有利于顾客服务的全面展开。

2. 物流主体的合理化

从生产阶段到消费阶段的物流活动主体，常常有单个主体和多个主体之分，另外也存在着自己承担物流和委托物流等形式的区分，物流主体的选择直接影响到物流活动的效果或实现顾客服务的程度。

3. 物流作业的效率化

物流作业的效率化是指在配送、装卸、加工等过程中应当运用适当的方法、手段使企业能最有效地实现商品价值。

从上述物流系统的构成原则可以看出，现代物流通过提供顾客所期望的服务，在积极追求自身交易扩大的同时，强调实现与竞争企业在顾客服务方面的差别化，也就是在决策物流的重要资源时间、物流品质、备货、信息等物流服务质量时，不能从供给的角度来考虑，而是在了解竞争对手的战略的基础上，努力提高顾客满意度。

（二）现代物流着重的是整个流通渠道的商品运动

传统的物流管理认为的物流是从生产阶段到消费阶段商品的物质运动，也就是说，物流管理的主要对象是"销售物流"和"企业内物流"，而现代物流管理的范围不单单包括销售物流和企业内物流，它不仅包括从原材料的供应到消费者（用户）的所有过程和环节，还包括退货物流以及废弃物物流。这里需要注意的是，现代物流管理中的销售物流概念也有新的延伸，即不仅是单阶段的销售物流（如厂商到批发商、批发商到零售商、零售商到消费者的相对独立的物流活动），而且是一种整体的销售物流活动，也就是将销售渠道的各个参与者（厂商、批发商、零售商和消费者）结合起来，以保证销售物流行为的合理化。

（三）现代物流管理以企业的整体最优为目的

从20世纪末起，随着经济的全球化和科学技术的进步，世界商品市场发生了巨大的革新与变化，商品的生产周期越来越短、消费者的需求变化和要求越来越高、商品流通地域也越来越大，这就要求物流系统高效而经济。因此，在这种状况下，如果企业物流仅仅追求"部分最优"或"部门最优"，将无法在日益激烈的企业竞争中取胜。从原材料的调拨计划到向最终消费者移动的物的运动等各种活动，不只是部分和部门的活动，而是将各部分和各部门有效结合发挥出综合效益。也就是说，现代物流管理所追求的费用、效益，是针对调拨、生产、销售、物流等整体最优而言的。在企业组织中，以低价格购入为主的调拨理论，以生产增加、生产合理化为主的生产理论，以追求低成本为主的物流理论，以增加销售额和扩大市场份额为主的销售理论等理论之间仍然存在着分歧与差异，跨越这种分歧与差异，力图追求整体最优的正是现代物流理论。例如，从现代物流管理观念来看，跨国公司的生产全球化或许多企业工厂生产的集约化，虽然造成了物流输送成本的增加，但是由于这种生产战略有效利用了低价的生产要素，降低了总的生产成本，提高了企业竞争力，因而是可取的。但是，应当注意的是，追求整体最优并不是可以忽略物流的效率化，物流部门在充分知晓调拨理论、生产理论和销售理论的基础上，在强调整体最优的同时，应当与现实相对应，彻底实现物流部门的效率化。

（四）现代物流管理重视效率更重视效果

现代物流管理具体在哪些行为方面有所变化呢？首先应表现在物流手段上，从原来重视物流的机械、机器等硬件要素转向重视信息等软件要素。在物流活动领域方面，从以前以运输、储存为主的活动转向物流部门的全体，也就是向从原材料供应到消费者（用户）的整个物流活动扩展。从管理方面来看，现代物流从原来的执行作业层次转向管理控制层次，进而向经营决策层次发展。另外，在物流需求的对应方面，现代物流管理从原来强调运力的确保、降低成本等企业内需求的对应，转变到强调物流服务水准的提高等市场需求的对应，乃至进一步地发展到重视环境、公害、交通、能源等有关可持续发展的社会需求的对应。综上所述，原来的传统物流管理以提高效率、降低成本为重点，而现代物流管理不仅重视效率方面的因素，更强调整个流通过程的物流效果，也就是说，从成果的角度来看，有些活动虽然使成本上升，但如果它能有利于整个企业战略的实现，那么这种物流管理活动仍然是可取的。

（五）现代物流是一种以信息为核心来满足市场实际需要的商品供应体系

如上所述，现代物流认为物流活动不是物流系统中某单个生产、销售部门或企业的事，而是包括供应商、批发商、零售商等关联企业在内的整个统一体的共同活动，因而现代物流通过这种供应链强化了企业间的关系。具体来说，这种供应链通过企业计划的联结、企业信息的联结、在库风险共同承担的联结等有机结合，包含了流通过程的所有企业，从而使物流管理成为一种供应链管理。所谓供应链管理就是从供应商开始到最终用户，对整个流通过程中的全体商品运动的综合管理。如果说部门间的产、销、物结合追求的是企业内经营最优的话，那么供应链管理则是通过所有市场参与者的联盟追求流通生产全过程效率的提高。这种供应链管理带来的一个直接效应是产需的结合在时空上比以前任何时候都要紧密，并带来了企业经营方式的改变，即从原来的"投机型"经营（根据产品的市场预测来计划安排生产经营行为）转向"实需型"经营（根据市场的实际需求生产同时伴随着这种经营方式的改变，在经营、管理要素上，信息已成为物流管理的核心，因为没有高度发达的信息网络和信息的支撑，"实需型"经营是无法实现的。

（六）现代物流管理是对商品运动全过程的管理

现代物流管理把从供应商开始到最终顾客的整个流通阶段所发生的商品运动作为一个整体来看待，因此这对管理活动本身提出了相当高的要求。具体来讲，伴随着商品实体的运动，必然会出现"场所移动"和"时间推移"这两种物流现象，其中"时间推移"在当今产销紧密联系、流通整体化、网络化的过程中，已成为一种重要的经营资源。现代经营的"实需型"发展，重要的是必须及时了解和反映市场的需求，并将之反馈到供应链的各个环节，以保证生产经营决策的正确和再生产的顺利进行。所以说，缩短物流时间不仅决定了流通全过程的商品成本和顾客满意，同时通过有效的物流网络为生产的各个环节提供全面、准确的市场信息，只有这样才能创造出流通网络或供应链价值，并保证商流能持续不断地进行。应当看到，现在所倡导的产、销、物三者的结合，本质也在于此。那么，如何才能实现物流时间效率化呢？从物流时间形态上来看，主要有从订货到送达消费者手中的时间、在库的时日数、材料工程滞留时间等。任何局部问题的解决都无法真正从根本上实现时间的效率化，只有整体地、全面地把握控制相关的各种要素和生产经营行为，并将之有效地联系起来，才能实现时间效率化的目标，显然，这要求物流活动在整个供应链中应超越部门和局部的层次，实现高度的统一管理。现代物流所强调的就是如何有效地实现商品运动全过程的管理，真正把供应链思想和企业整体的观念贯彻到管理行为中去。

第五节 现代物流的发展领域与趋势

一、现代物流的发展领域

（一）绿色物流

绿色物流是指以降低对环境的污染、减少资源消耗为目标，利用先进的物流技术规划和实施物资的运输、储存、包装、装卸、流通加工等的物流活动。它连接了绿色供给主体和绿色需求主体，是一种有效的、快速的绿色商品和服务流动的绿色经济管理活动过程，也可称之为环保物流。为了可持续发展，我们在进行物流相关的生产活动时，应该做到尽量不破坏生态环境，只有这样才能在促进经济增长的同时保障人类长远发展。目前，越来越多的国家认识到保护环境、发展绿色物流的重要性。在制定物流方面的法律、法规条文时，都对环保运输、物资循环利用等进行了相关的规定，并对企业开展绿色物流做了一定的要求。

（二）低碳物流

随着二氧化碳的排放日益增多，臭氧层被破坏，气候问题越来越严重，全球开始兴起"低碳革命"，人们逐渐进入低排放、低污染、低能耗的低碳生活方式。低碳物流成为物流发展的新热潮。物流必须走低碳化道路，着眼于发展绿色物流服务、低碳物流和低碳智能信息化，只有这样才能促进物流行业向高端服务业发展。然而，如何让企业真正地认识到低碳物流的作用、了解低碳物流的发展前景、根据企业实际情况制定合理的低碳物流行业标准，是决定低碳物流能否贯彻落实的重要问题。

（三）电子商务物流

电子商务物流是随着Web3.0的发展与信息技术的支持，由互联网平台带动发展起来的物流新商业模式，故又称网上物流。物流企业可以通过相关的物流平台公布自身的信息与物流业务，使其能被全国甚至全球范围的客户认识、了解。同样，有运输需求的货主可以通过互联网平台选择合适的物流公司。互联网平台致力于为有物流需求的货主与能够提供物流服务的物流公司提供一个可信赖、方便、快捷、自由的线上沟通交易场所。目前，越来越多的物流企业通过网上交易平台找到了客户，扩充了业务，扩大了市场范围。互联网时代的到来，给物流企业与货主带来了新的发展，提供了更多的机会。

（四）物流金融

物流金融是指在面向物流业的运营过程中，通过应用和开发各种金融产品，有效地组织和调剂物流领域中货币资金的运动。这些资金运动包括在企业进行物流活动中的各种存款、贷款、投资、信托、租赁、抵押、贴现、保险、有价证券的发行与交易，以及金融机构所办理的各类涉及物流企业的中间业务等。

（五）"互联网+"物流

"互联网+"是一种充分发挥互联网在优化生产要素配置等方面的优势，将互联网的创新成果运用到各个经济领域的新经济状态。"互联网+物流"是互联网与物流企业协调发展的新物流模式，它能够重构物流价值链，促进供应链上下游企业信息共享、资源共同配置、流程协同优化。它能够帮助企业充分认识顾客需求，为顾客提供及时的物流服务，达到提高物流效率和顾客满意度的目的。

（六）众包物流

众包物流是一种全新的、社会化的物流服务模式，指公司或者发包方利用网络平台将物件或物品派送任务外包给不固定的、具有闲置时间和劳动能力的社会大众群体。它是共享经济环境下依托互联网出现的新兴物流模式，能够降低物流配送成本、提高物流配送效率。与传统物流模式相比，众包物流具有获取外部知识迅速、配送过程灵活的优势。迄今，我国涌现出一批具有一定规模的众包物流服务公司。

二、现代物流的发展趋势

（一）物流管理由对货物的管理转变为对货物的价值方案设计、解决和管理

现代物流可以为货主提供差异化、个性化、全球定制化的服务，顾客关系管理变得越来越重要。

（二）由对立转向联合

在传统的物流模式中，企业以自我为中心，片面地追求自身利益，容易造成各个企业相互对立的现象。然而在全球化的竞争压力驱使下，越来越多的企业开始进行商业流通机能整合，通过协调规划与共同作业形成高度联合的供应链联盟关系，使联盟内部所有企业的整体绩效和竞争优势得到提升。

（三）由预测转向共享

在传统物流模式中，物流企业经常通过预测供应链下游企业的资源来制订各项物流作业活动计划，然而受不确定因素影响，预测不准确的风险极大，造成了许多资源浪费。在现代物流发展背景下，企业强调供应链成员的联合机制，各个成员企业间共享企业信息，尤其是内部需求及生产资料，物流企业根据得到的具体信息与实际需求进行物流活动。

（四）由绝对价值转向相对价值

传统成本评价只看一些绝对性的数值，新的价值评估方法将着重关注相对价值的创造，即花更多的精力在对顾客产生的增值价值上。

（五）由功能协调向程序协调发展

在竞争日益激烈的市场环境中，企业必须加快响应上下游顾客的需求，

因此，必须有效地整合各个运营部门，并以程序式的操作系统来运作，物流活动一般具有跨企业的特性，故程序式整合是物流管理成功的重点。

（六）由纵向整合转向虚拟整合

在传统商业模式中，一些大企业将所有的运营活动都进行垂直整合，以获取更大的控制权，然而这样容易分散企业的资源，降低企业用于核心业务的资源。如今，企业更加专注于核心业务的发展，而将非核心的物流业务通过外包的形式委托给专业管理公司，形成虚拟企业整合形式，使企业有更多的资源为客户提供更加优质的服务。

（七）由信息封锁转向信息分享

在供应链管理结构下，供应链内的企业必须将供应链整合所需的相关信息与其他企业共享，否则无法形成有效的供应链体系。

（八）由管理会计转向价值管理

未来许多企业将会使用更多的资源建立基本会计系统，着重提供企业增值创造与跨企业的管理信息，以期能确认可以创造价值的作业，而不仅仅关注收益增加与成本增减。

三、我国现代物流的发展方向

（一）需求扩张与结构调整

需求扩张不仅仅只抓住"量"这一个点，更多的是体现在对"质"的追求上。这些变化会极大地促进物流产业结构的调整。

（二）企业物流逐渐社会化与专业化

由于物流需求与物流成本相继增加，许多企业逐渐认识到物流的战略属性，选择将物流业务外包的行业开始不断地向上游企业扩展。企业更加注重物流系统化运作，物流外包趋势不断加强。企业与相关物流企业的合作进一步深化，形成战略联盟，物流社会化趋势进一步加强。

物流专业化趋势日益显现，许多企业试图通过一系列努力来不断地完善企业自身的供应链系统，力求形成一个具有快速反应能力、符合企业经营要求的专业化物流系统。一些大型企业在追求一个与经营业务合理配套的物流系统时，开始设立地区品牌连锁店，如格力、海尔等。目前，第三方物流依旧面临着许多挑战，高质量物流服务的需求增加，对于不同的企业需求，第三方物流企业需要做出不同的回应，针对不同企业的差异化需求给出合适的解决方案。

（三）物流企业细分化与个性化的趋势

满足企业的差异化需求需要不同的物流服务模式。根据服务模式对物流企业进行分类，主要有通用服务型、专业配套型与基础平台型三类。

物流企业通过改革重组，其服务需求明显得到集中。大多数时候，基础物流服务的需求不多，但是随着物流企业间的重组联合，物流系统化、一体化程度不断提高，越来越多的企业开始提出其个性化物流需求。

随着服务的专业化整合与创新，物流企业的发展越来越具有个性化特征。传统的简单低层次服务的获利空间不断被挤压，与此对立的是，高端增值型服务及针对客户的不同需求而提供的差别化服务拥有更好的发展前景。许多企业开始追求供应链的专业化运作，促进与上下游关联企业的协同发展。物流企业树立良好企业形象，转变其经营的集中点，以满足顾客需求为基本原则，有针对性地为客户提供合适的高端增值业务。

（四）日益激烈的物流市场竞争与运营风险加剧

我国物流需求方受"大而全""小而全"模式制约，大量自营物流难以社会化，同时物流供应方"散、小、差、弱"，物流市场分割，市场上的不确定因素明显增加，因此，我国物流市场的竞争愈发激烈，运营风险也越来越大。激烈的市场竞争，突出在运输业与仓储业等传统型服务业中，企业间的竞争频繁，大量使用"价格战"。而且，企业面临各类困境：基础消耗能源价格不断提高，经营成本持续上升；企业资金流转困难，缺乏所需的资本；员工频繁跳槽，人力成本日益增加，优秀的管理人才严重不足；土地成本昂贵，仓储服务能力不足，新服务设施建设困难。在这样的情况下，物流行业平均利润不断降低。由于经营服务成本不断增加，业务盈利能力难以提高，行业间、企业间的主体地位变动加快，企业的运营风险随之增加。

（五）区域物流集聚与扩散的趋势

区域物流集聚的新发展为：依靠港口形成的"物流区"，除广州、大连等地外，厦门、连云港、北部湾地区的南宁、防城港等地都有新的发展；依托城市群形成的"物流带"，如武汉"两型社会"试点、湖南的长株潭一体化等；基于产业链发展的"物流圈"，如青岛的家电物流圈、长春的汽车物流圈等。

区域物流扩散集中体现在：根据国家经济发展规划，在东部沿海城市正常发展的基础上，推动物流业向中西部地区扩散，推动中西部物流发展；基于城市与农村之间的物资流动交换，物流开始由城市向乡村延伸；内地资源消耗型企业为改变其产业结构，缩减物流费用，向沿海城市迁移；区域间物流合作的加强，如长三角、珠三角等地，将有力地推动其物流合作的发展。

（六）物流基础设施整合与建设的趋势

我国物流基础设施建设效果明显。基于大批新建基础设施，物流格局发生了显著的变化。国家不断增加用于基础设施建设的资金，进一步加快了综合运输体系的形成。客运专线的建成投用，铁路运能进一步释放，有利于实现客货分线。高速公路网逐渐完善，公路运输格局产生新的变化。

（七）国际物流的"双向发展"趋势

作为世界贸易大国，我国物流业的发展会对国际贸易及其供应链的发展产生较大影响。许多跨国企业非常关注我国物流业的发展趋势，以便及时、有效地投资。随着国内企业被并购，跨国企业在我国的物流网络架构得到进一步完善。面对日益激烈的国际竞争，我国在大力实施"走出去"发展战略的基础上，不断深化国内物流企业的改革，推动企业间战略重组，面向市场适时地组建企业合作联盟，使我国物流服务的发展将更加具有国际性。

（八）物流信息集成化与移动化的趋势

公共信息平台日趋完善，主要体现在四个方面：电子商务物流平台；物流园区信息平台；电子口岸平台，可以为客户提供个性化、系统化、专业化通关口岸服务；政府监管物流平台。

第二章　物流基本业务合理化管理

第一节　物流运输合理化管理

运输是指用设备和工具，将物品从一地点向另一地点运送的物流活动。其中包括集货、分配、搬运、中转、装入、卸下、分散等一系列操作。它是在不同地域范围间，以改变"物"的空间位置为目的的活动。社会产品的生产量和需求量之间不可避免地存在空间和时间上的差异，而产品的运输把空间隔离的供应商和需求者联系起来，供应商通过运输以合理的价格、在合理的时间里向顾客提供保证质量的产品。

一、运输的功能与作用

（一）运输的功能
一般而言，运输这一物流活动具有两大功能。
1. 产品移动

显而易见，运输首先实现了产品在空间上移动的职能。无论产品处于哪种形式，是材料、零部件、装配件、在制品，还是制成品，也不管是在制造过程中将产品转移到下一加工点，还是更接近最终的顾客，运输都是必不可少的。通过改变产品的地点与位置而创造的价值是运输的空间效用。同时，运输能使产品在用户需要的时间到达目的地，这是运输创造的时间价值。运输的主要职能就是将产品从原产地转移到目的地，运输的主要目的就是要以最少的时间和费用完成产品的运输任务。

运输是在物流各环节中的一项增值活动，它通过创造空间效用和时间效用来创造价值。在最终到达顾客手中的商品的价格中，物流成本是一个重要的组成部分，运输成本的下降可以达到以更低的成本提供优质服务的效果，从而提高企业在市场中的竞争优势。

2. 产品储存

对产品进行储存是运输的另一大功能，即将运输工具作为临时的储存场所和设施。如果转移中的产品需要储存，但在短时间内（例如几天后）又将重新转移的话，那么，该产品在仓库卸下来和再装上去的成本也许会超过储存在运输工具中每天支付的费用。

在仓库空间有限的情况下，利用运输工具储存也许不失为一种可行的选择。在国际贸易中人们常常利用远洋运输来实现产品的储存功能。从某种意义上讲，JIT 的物流配送模式实际上也是利用了运输的储存功能。

概括地说，用运输工具储存产品可能是昂贵的，但当需要考虑装卸成本、储存能力限制，或延长前置时间的能力时，从物流总成本或完成任务的角度来看却是合理的，有时甚至是必要的。

（二）运输的作用

从物流运输的功能我们可以看出运输具有以下作用。

1. 运输是物流系统运作的主要环节之一

按物流的概念，物流是"物"空间上的位移和时间上的推移。而运输承担了改变空间状态的主要任务，实现"物"的空间位移。运输再配以搬运、配送等活动，就能圆满完成改变空间状态的全部任务。没有运输，物流就无法正常地运作。物流中很大一部分责任是由运输担任的，运输是物流的主要部分，因此，过去常常有人把物流误解为就是运输。

2. 运输是社会物质生产的必要条件之一

兵马未动，粮草先行。运输是国民经济的基础和先行。虽然运输不创造新的物质产品，不增加社会产品数量，也不赋予产品以新的使用价值，而只改变其所在的空间位置，但运输能使生产继续下去，使社会再生产不断推进，是社会物质生产的必要条件之一。首先，在生产过程中，运输是生产的直接组成部分，它联结着生产的各个环节，没有运输，生产内部的各环节就无法联结；其次，在社会生产过程中，运输这一活动联结着生产与再生产、生产与消费的环节，联结国民经济各部门、各企业，联结着城乡，联结着不同国家和地区。

3. 运输是整个物流系统中的具有增值效应的环节之一

运输可以创造"空间效用"，空间效用的含义是指由于空间场所不同，同种产品的使用价值的实现程度则不同，其效益的实现也不同。由于改变场所而使其发挥最大的使用价值，最大限度提高了产品的价值，这就称之为"空间效用"，有时也称"场所效用"。通过运输，将"物"运到场所效用最高的地方，就能发挥"物"的潜力，实现资源的优化配置。从这个意义来讲，通过运输提高了物的使用价值。同时，运输也是"第三个利润源"的主要源泉。运输是运动中的活动，在运动过程中要消耗大量的动力，而运输又承担大跨度空间转移之任务，所以活动的时间长、距离长、消耗也大。消耗的绝对数量大，其节约的潜力也就大。因此，通过体制改革和运输合理化可大大减少消耗，从而达到节约的目的。

二、物流运输方式的分类与特点

物流运输方式可以分为水上运输、陆上运输、航空运输、管道运输四类，各类运输方式可再细分。集装箱运输、大陆桥运输及多式联合运输则是在各种运输方式的基础上的应用。按照运输工具及运输设备的不同，运输也可分为铁路机车车辆运输（铁路运输）、公路汽车运输（公路运输）、水路船舶运输（水路运输）、航空飞机运输（航空运输）和管道运输等五种主要方式。各种运输方式有其自身的特点，并且分别适合于运输不同距离、不同形式、不同运费负担能力和不同时间需求的物品。一般来说，选择的标准需权衡各种运输方式的优劣来决定，可以使用一种运输方式，也可以使用联运方式。

每一个国家的经济地理环境和工业化程度不同，运输方式的构成也有差异。例如，在缺乏河流的内陆国家，就几乎没有水路运输；在工业化程度很低的国家，航空运输的比重就很低。就近代运输业发展的历史来看，船舶运输是较早使用的一种机械运输方式。1807年，世界上第一艘轮船在北美哈德逊河下水，揭开了机械运输的新篇章。其后，各种机械运输工具相继问世：1825年，世界上第一条铁路，英国斯多克顿到达林顿的铁路正式通车；1861年，世界上第一条输油管道在美国铺设；1886年，世界上第一辆以汽油为动力的汽车在德国问世；到了1903年，世界上第一架飞机在美国飞上蓝天。在经历了整整一个世纪后，以五种新型机械运输工具或设备为手段，逐渐奠定了铁路、公路、水路、航空和管道五种运输方式为基本格局的运输业。

（一）铁路运输

作为陆路运输方式之一，铁路运输的优点是：运行速度较快；运输能力大，可以大批量运输；不受天气影响，连续性强，稳定、安全，可基本保证全年运行；铁路网络遍布全国，可以将货物运往各地；可以运输各种物品；运输可按计划运行，到发时间的准确性也很高；运输成本较低（中国铁路运输成本比沿海航运和长江航线略高，但比汽车运输和航空运输低得多），同时铁路运输也是一种节能的运输方式。

铁路运输由于受到铁轨、站点等条件限制，灵活性不高，不能实现

"门到门"的服务；由于货车编组、转轨需要时间，又不能随处停车，因此，货物滞留时间较长；而且在近距离运输时费用较高。

铁路运输最适宜于承担中长距离，且运量大的货运任务。

（二）**公路运输**

公路运输也是陆路运输方式之一。公路运输的主要优点包括：灵活性强，可以把货物从发货点送到收货点，实现"门到门"的一条龙服务；运输速度较快，易于装卸，适应性强；近距离运输成本较低。由于公路基建投资相对较少，中国的广大农村和山区一般都建有公路网，这就使汽车可深入到农村和工矿企业甚至山区。所以，在运输子系统中，公路运输不仅承担着为铁路、水路和航空运输进行集疏运的任务，而且还在一些缺乏铁路和水路的干线地区承担着干线运输的任务。

公路运输与铁路运输和水路运输相比，其运输能力较低；能耗和运输成本较高，劳动生产率低；易发生事故；长距离运输费用较高，不适于运输大宗物品。

公路运输最适宜于承担短距离，且运量不大的货运任务。

（三）**水路运输**

水路运输可以分为国际远洋运输、近海运输、沿海运输和江河运输等四种形式。水路运输的优点是：水路运输的运输能力最大，运输能力几乎不受限制，拖船船队的载运量可达万吨以上，远远超过了铁路列车的载运量；海船货舱大，可载运体积庞大的物品，海船载重量大，最多一次可载运几十万吨的物品，如油轮。另外，由于水路运输的航道主要是利用天然的河、湖、海，除建设港口和购置船舶外，海上航道几乎不需投资，因此，水路运输成本最低。同时，与铁路运输相比，水路运输劳动生产率较高。

水路运输受地理条件和气候条件的影响很大，如河流流向与物流流向不尽一致；河流航道和一些港口受季节影响较大，冬季结冰，枯水期水位变低，难以保证全年通航；中国沿海地区的海上运输又受台风的影响。水路运输的速度较慢，由于水路运输的运输距离长，因此运输时间也长，特别是远洋运输的时间可达一个月左右，而且会受运输条件的影响，使安全性和准确性难以得到保障。

水路运输最适宜于承担运量大、运距长，对时间要求不太紧，运费负担能力相对较低的货运任务。

（四）航空运输

客机将旅客的随身行李放在飞机的下部，余地用来装运一般货物，客货混载机则将客舱的一部分用作货舱，运输机把飞机的全部空间均作为货舱。航空运输是运输速度最快的运输方式；由于飞机几乎可以飞越各种天然障碍，因此大大缩短了两地之间的运输距离，节省了时间。航空运输的安全性和准确性都很高，这是由于航空运输有比较完善的管理制度和使用了先进的科学技术。

航空运输由于投资大、能耗高，因此成本也相对较高；航空运输的运输能力有限，因此，只适用于运输小批量的贵重物品、邮件和鲜活物品等。

航空运输最适宜于承担运量较少，运距大，对时间要求紧，运费负担能力较高的货运任务。

（五）管道运输

随着石油和天然气产量的增长，管道运输也迅速发展起来，现已成为陆上油气运输的主要运输方式。一些浆料和固体的物料如煤炭，也可用输送固体物料的管道来运送。管道运输方式的主要优点是工程小，并且占地也少。由于管道运输只需要铺设管线，修建泵站，土石方工程量比修建铁路小得多，而且在平原地区大多埋在地下，不占农田，也不受气候的影响，可以全天候运行。同时，管道运输的运量大，损耗也很少。

管道运输是一种专用的运输方式，只能运送特定的液体、气体和浆状物品。另外，管道起输量和最高输量间幅度小。因此，在油田等开发的初期阶段，因难以采用管道运输，还要以铁路、公路或水路运输作为过渡。

第二章 物流基本业务合理化管理

（六）多式联运

多式联运可以说起源于联运，是现代物流理念在运输中的体现。国际多式联运是基于集装箱化的国际物流运输。国际多式联运是由多式联运经营人，按照多式联运合同，以至少两种不同的运输方式，将物品从一国境内承运物品的地点，运送至另一国境内指定交付物品的地点，实现"门到门"运输。多式联运中所指的至少两种以上的运输方式是海陆、陆空、海空等。这与海海、陆陆、空空的联运是有区别的，后者是联运，是同一种运输工具间的联运，不属多式联运的范畴。

国际多式联运具有手续简便、节省费用、安全性和正确性高、迅速快捷、有利按期交货和运输合理等优势。

（七）综合运输体系

综合运输体系实质是由各种运输方式组建起来的相互协作、有机结合、联系贯通的交通运输体系。综合运输体系的核心思想是各种运输方式按照其自身技术经济特征，共同形成既分工又协作的有机整体，因此，综合运输更适合于现代物流的运作和发展。

综合运输体系的基础是综合运输网络。综合运输网络是在一定空间范围内，由铁路、公路、水路、航空和管道线路及各种运输方式的枢纽结点等所组成的综合体。综合运输网络的空间分布、通过能力和技术水平，体现物流运输子系统的状况和水平。

在中国，如山西煤炭运往华东，由公路—大秦铁路—秦皇岛港口—海运至华东地区的一条运输线，称为串联综合运输网；如四川的物品由长江、宝成铁路和川黔铁路的分流运输网，称为并联综合运输网。由此可见，综合运输网不是独立于铁路线、公路线、水运线、航空线、管道线之外的运输线路，而是各种运输线路的总和，并形成干线和干线、干线和支线、长途和短途、装运卸各环节都能连续贯通、布局协调、四通八达的综合运输网络。

在国际运输中，大陆桥运输就是利用了综合运输网络来实施的。大陆桥运输是指利用横贯大陆的铁路作为中间桥梁把大陆两端的海洋运输连接起来组成一个海—陆—海式的连贯运输，是以集装箱为运输单元，采用水路、铁路、公路相结合的联合运输方式，中途可以减少多次装卸；可大大简化理货、搬运、储存、保管和装卸等操作环节；同时集装箱经海关铅封，中途不用再开箱检验，可以迅速转换运输工具，所以具有安全、准确、迅速、方便的显著经济效果，不仅运输时间短、运输费用省、货损货差率小、运输质量高，而且手续简便，在多式联运下，货方只需办理一次托运、一次付费、一次保险，凭一张运输单据即可完成全部手续。

世界几条重要的大陆桥包括：西伯利亚大陆桥、新亚欧大陆桥和北美大陆桥。

三、物流运输管理决策的参与者

为了了解运输市场的环境，有必要了解运输市场的决策参与者。运输服务市场的买方和卖方毋庸置疑是主要参与者，是运输市场的主要因素。运输作为一种特殊的商品，形成了特殊的运输市场，受到政府的管理，使得政府也成为该市场中的一个重要的角色。同时，与大多数商品买卖不同，因为运输和环境密切相关，所以运输决策也常受到公众的影响。概括地说，运输交易往往受五个方面的影响：托运人（运输起始地）、收货人（运输目的地）、承运人（运输的主体）、政府和公众。

（一）托运人和收货人

托运人一般是被托运货物的卖方，收货人通常是买方，两者都是运输市场运输服务的购买者。在规定时间内以最低的成本将货物从起始地转移到目的地，这是托运人和收货人的共同目的。运输服务中应包括具体的提取货物和交付货物的时间、预计转移的时间、货物破损率以及精确与适时地交换装运信息和签发单证等工作。

（二）承运人

承运人作为中间人，是运输市场上运输服务的提供者，期望以最低的成本完成所需的运输服务，同时获得最大的运输收入。也就是说，承运人须尽量使转移货物所消耗的劳动、燃料和运输工具成本最低，同时又要按照托运人（或收货人）所愿意支付的最高费率收取运费。为获取最大利润，承运人期望在提取和交付时间上能有灵活性，以便将个别的装运整合成经济运输批量，进行集中运输。

（三）政府

运输不仅是企业生产与销售的重要组成部分，而且还是生产与销售之间不可缺少的联系纽带，运输能够使产品有效地流通到各市场中去，并促使产品按合理的成本获得，运输的有效性对经济环境有着明显的影响。因此，政府总是期望有一种稳定而有效的运输环境，以使经济能持续增长。政府通常采用多种方式来管理运输市场。

由于运输业涉及社会面广，政府部门更倾向于管理运输供应商的活动。政府部门通过限制承运人所能服务的市场或确定他们所能收取的价格来规范他们的行为；通过支持研究开发或提供诸如公路或航空交通控制系统之类的通行权来管理承运人。

（四）公众

作为直接参与者的公众关注运输的可得性、费用和效果，而没有直接参与的公众也关心环境上和安全上的问题。随着公众环保意识的增强，对于消费者来说，不仅最大限度地降低成本是重要的，而且需要密切关注与环境和安全标准有关的交易代价，这和消费者的切身利益相关。

显然，由于各方之间的相互作用，使得运输关系很复杂。这种复杂性会导致托运人、收货人和承运人之间存在各种矛盾。这些矛盾也导致了运输服务需要受各种规章制度的限制以保证运输服务有序进行。

四、运输规章

运输活动对国内贸易和国际贸易都具有重大的影响,因此,政府对如何管理和促进运输活动特别关注,制定了许多运输规章。

(一)经济规章

经济规章对于诸如运输方式选择、承运人选择、承运人索要的费率、服务水平、路线计划等业务活动都有影响。为了提供可靠的运输服务和维持经济发展,许多国家政府都积极地利用经济规章,以确保运输服务的可得性和稳定性。所谓可得性是指承运人所提供的适当服务对于任何需要服务的企业都能很容易获得;而稳定性则意味着承运人的利润将会得到充分保障以利其长期经营下去。因此,经济规章通常都是通过控制市场准入、运输费率和服务规范来实施的。

(1)准入规章。准入规章是控制承运人(即运输企业)进入市场,以及向市场提供的服务。为确保运输服务的稳定性,规章对大市场可限制承运人的入市数目,而对小市场则鼓励承运人的数目增长。因此,市场准入规章通常规定每个承运人所能服务的地区,其中包括运输服务的起始地和目的地。与准入规章相对应的是退出机制。

(2)运输费率。具体要考虑的因素包括费率制定、费率变化、费率补贴以及实际费率。费率制定指确定费率的商业惯例;费率变化指要求提高或降低运输费率的商业惯例;费率补贴是指允许某一分市场的承运人通过在不同分市场收取更高的费率获得补助或补贴的商业惯例;实际费率是指承运人因其装运活动向托运人或收货人实际收取的费用。为了防止垄断和价格歧视,政府规章一般要求承运人公布价格。

(3)服务规范。服务规范主要是指承运人提供运输所应遵守的一些要求,比如一些行业基本服务条款、保险措施以及货物缺失的惩罚措施等。

（二）安全和社会规章

安全和社会规章一般包括关于运输和搬运危险品、运输员工的最大限度工作时间和工作环境、交通安全、环境污染等方面的限制。

五、物流运输的合理化

运输方式的选择是实现物流运输合理化的重要内容。这种选择不限于单一的运输方式，而是可以通过多种运输方式的有机组合来实现物流运输的合理化。

（一）影响物流运输合理化的因素

随着现代物流概念的提出，对物流运输也提出了更高的要求，就是在传统运输的基础上，更合理地选择运输方式和运输线路，做到运力省、速度快、费用低，更大程度上实现物流运输合理化。物流合理化在很大程度上也依赖于运输合理化。影响物流运输合理化的因素很多，而起决定作用的有以下五个主要因素，称为合理运输的"五要素"。

1. 运输距离

运输过程中，运输时间和运输费用等技术经济指标都与运输距离有关，运输距离的长短是影响合理运输的一个基本因素。

2. 运输环节

每增加一个运输环节都会增加运输的辅助作业，如装卸、包装等，各项技术经济指标也会因此发生变化。所以，减少运输环节对合理运输有利。

3. 运输工具

各种运输工具都有其各自的优点。对运输工具进行优化选择，最大限度地发挥运输工具的特点和作用，是运输合理化的重要因素。

4. 运输时间

在全部物流时间中，尤其在远程运输中，运输时间占了绝大部分，因此，缩短运输时间对缩短整个流通时间有决定性的作用。此外，缩短运输时间还有利于加速运输工具的周转，有利于发挥运力效能，提高运输线路通过能力，还可不同程度地改善不合理运输状况。

5. 运输费用

运输费用在全部物流费用中占据很大比例，运输费用的高低是是否实现运输合理化的一个重要标志，也是各种合理化措施是否行之有效的判断依据之一。

（二）**不合理的运输形式**

不合理的运输方式是指在现有的条件下可以达到的运输水平而未达到，从而造成运力浪费、运输时间增加、运费超支等问题的运输形式。不合理的运输形式主要有以下几种。

1. 返程或起程空驶

空车无货载行驶是最严重的不合理运输方式，其主要原因是调运不当、货源计划不周和不采用社会化的运输。但在实际的运输管理中，有时候必须调运空车，则不能看成是不合理运输。

2. 对流运输

对流运输，也称"相向运输""交叉运输"，是指同一种货物，或相互间可以代用的而又不影响管理、技术及效益的货物，在同一线路上或平行线路上做相对方向的运送，而与对方运程的全部或一部分发生重叠交错的运输。

3. 迂回运输

迂回运输是一种舍近求远的运输。可以选取短距离进行运输却选择路程较长路线进行运输的一种不合理形式。如果最短距离有交通阻塞，道路情况不好或有对噪声、排气等特殊限制而不能采用时发生的迂回，不能称不合理运输。

4. 重复运输

重复运输是指本来可以直接将货物运到目的地，但是在未达目的地之处,或目的地之外的其他场所将货卸下,再重复装运送达目的地,这是重复运输的一种形式。另一种形式是,同品种货物在同一地点一面运进,同时又向外运出。

5. 倒流运输

倒流运输是指货物从销地或中转地向产地或起运地回流的一种运输现象。其不合理程度要甚于对流运输,其原因在于,往返两程的运输都是不必要的,形成了双程的浪费。倒流运输也可以看成是隐蔽对流的一种特殊形式。

6. 过远运输

过远运输是指调运物资舍近求远,近处有资源不调而从远处调,这就造成可采取近程运输而未采取,拉长了货物运距的浪费现象。过远运输占用运力时间长、运输工具周转慢、物资占压资金时间长,远距离自然条件相差大,又易出现货损,增加了费用支出。

7. 运力选择不当

运力选择不当是指没有选择有优势的运输工具,或不正确地选择运输工具造成的不合理现象,常有以下几种形式。

(1)弃水走陆。在同时可以选择水运及陆运时,不选择成本较低的水运或水陆联运,而选择成本较高的铁路运输或汽车运输,使水运优势不能发挥。

(2)铁路、大型船舶的过近运输。不是在铁路及大型船舶的经济运行里程范围内,却利用这些运力进行运输的不合理做法。主要不合理之处在于火车及大型船舶起运及到达目的地的准备、装卸时间长,且机动灵活性不足,在过近距离中利用,发挥不了其优势。相反,由于装卸时间长,反而会延长运输时间。另外,和小型运输设备比较,火车及大型船舶装卸难度大、费用也较高。

(3)运输工具承载能力选择不当。不根据承运货物数量及重量来选择,而盲目决定运输工具,造成过分超载、损坏车辆或货物不满载、浪费运力的现象。

8. 托运方式选择不当

托运方式选择不当是指对于货主而言,可以选择最好托运方式而未选择,造成运力浪费及费用支出加大的一种不合理运输。例如,应选择整车运输而采取零担托运,应当直达而选择了中转运输,应当中转运输而选择了直达运输等都属于这一类型的不合理运输。

上述的各种不合理运输形式都是在特定条件下表现出来,在进行判断时必须注意其不合理的前提条件,否则就容易出现判断的失误。以上对不合理运输的描述,必须将其放在物流系统中做综合判断,在不做系统分析和综合判断时,很可能出现"效益背反"现象。单从一种情况来看,避免了不合理,做到了合理,但它的合理却使其他部分出现不合理。只有从系统角度,综合进行判断才能有效避免"效益背反"现象,从而优化全系统。

(三) 运输合理的措施

企业在物流运输的组织实施过程中,都应该采取相应措施以实现运输合理化的目标。实现运输合理化可以采取的有效措施如下。

1. 提高运输工具实载率

实载率有两个含义:一是单车、单船等实际载重与运距之乘积和标定载重与行驶里程之乘积的比率,它是在安排单车、单船等运输时,判断装载状况的重要指标;二是车、船等的统计指标,即一定时期内实际完成的货物周转量占车、船载重吨位与行驶里程之乘积的百分比。在计算时应包括空驶。提高实载率的意义在于充分利用运输工具的额定能力,减少空驶和不满载行驶的时间。

2. 有效地减少劳力投入、增加运输能力以求得运输的合理化

运输的投入主要是能耗和基础设施的建设,在运输设施建设已定型和完成的情况下,尽量减少能源投入,提高产出能力,降低运输成本。

3. 发展社会化的运输体系

运输社会化是发挥运输的大生产优势,实行专业分工,打破一家一户自成运输体系的状况，实现物流运输社会化，可以充分利用运输资源，避免出现各种不合理的运输形式，还可以实现运输组织效益和运输规模效益。在社会化运输体系中，采用各种联运体系和联运方式，提高运输效率。

4. 选择合理的运输方式

根据运距的长短进行铁路、公路的分流。一般认为，公路的经济里程为200~500km，随着高等级公路的发展、高速公路网的形成、新型货车与特殊货车的出现，公路运输的经济里程有时可达1000km以上。另外还可以充分利用公路从门到门等便捷、灵活的优势，实现铁路运输无法达到的服务水平。

5. 分区产销平衡合理运输

在物流系统的规划中，努力使某一物品的供应区固定于一定的需求区。根据供需的分布情况和交通运输条件，在供需平衡的基础上，按照近产近销的原则，使运输里程最少而组织运输活动。它加强了产、供、运、销等的计划性，消除了过远、迂回、对流等不合理运输，节约运输成本及费用，降低了物流成本。

6. 尽量发展直达运输

这是指越过商业物资仓库环节或铁路、水路等交通中转环节，将物品从产地或起运地直接运到销地或目的地，以减少中间环节的运输。它减少了中间环节，可节省运输时间和运输费用，且灵活性较大。

7. 直拨运输

这是指商业、物资批发等企业在组织物品调运过程中，对当地生产或由外地到达的物品不运进批发站仓库，而是采取直拨的办法，将物品直接分拨给基层批发、零售中间环节甚至直达用户，以减少中间环节，并在运输时间与运输成本方面收到双重的经济效益。在实际工作中，通常采用就厂直拨、就车站直拨、就仓库直拨等具体运作方式。

8. 合整装载运输

这主要是指商业、供销等部门的杂货运输中，由同一个发货人将不同品种发往同一到站、同一个收货人的少量物品组配在一起，以整车方式运输至目的地；或将同一方向不同到站的少量物品集中组配在一起，以整车方式运输到适当的中转站，然后分运至目的地。采取合整装车运输，可以减少运输成本和节约劳动力。实际工作中，通常采用零担拼整直达、零担拼整接力直达或中转分运、整车分卸、整装零担等运作方式。

9. 提高技术装载量

这也是组织合理运输提高运输效率的重要内容。它一方面要最大限度地利用车船载重吨位，另一方面又要充分使用车船装载容积。实际工作中可以采取：组织轻重配装，即将重货和轻泡货合理地配装在一起，这样既可充分利用装载容积，又能充分利用载重能力，提高运输工具的使用效率；实行解体运输，即将体大笨重、不易装卸又易致损的物品拆卸后分别包装，使其便于装卸和搬运，提高运输装载效率；提高堆码技术，即根据运输工具的特点和物品的包装形状，采取有效堆码方法，提高运输工具的装载量等方法。

10. 通过物流加工，使运输合理化

有些货物本身由于形态和特征问题很难实现运输的合理化，如果进行适当加工，就能够有效地实现运输的合理化。

第二节　物流储存合理化管理

一、储存的基本概念

储存是指保护、管理、储藏物品。储存是包含库存和储备在内的一种广泛的经济现象，自从人类社会生产有剩余产品以来，就有储存活动，它是一切社会形态都存在的经济现象。在任何社会形态中，对于不论什么原因形成停滞的物资，也不论是什么种类的物资在没有生产加工、消费、运输等活动之前或在这些活动结束之后，总是要存放起来，这就是储存。

和运输的概念相对应，储存是以改变物的时间状态为目的的活动，从克服产需之间的时间差异而获得更好的效用。储存在物流体系中是唯一的静态环节，也有人称之为速度为零的运输。

储存在物流活动中有以下几个主要的功能。

（一）储存和保管的功能

这是最基本的传统功能。储存的基本载体是仓库，因此，仓库应具有必要的空间用于容纳物品。库容量是仓库的基本参数之一。保管过程中应保证物品不丢失、不损坏、不变质，要有完善的保管制度、合理使用搬运机具，有正确的操作方法，在搬运和堆放时不能碰坏或压坏物品。根据所储存货物的特性，仓库里应配有相应的设备，以保持储存物品的完好性。例如对水果、鱼肉类仓库要控制其温度，使之成为冷藏仓库及冷冻仓库；储存精密仪器的仓库应防潮防尘，保持温度恒定，需要空气调节及恒温设备；一些储存挥发性溶剂的仓库必须有通风设备，以防止室内空气中挥发性物质含量过高而引起爆炸。

（二）调节供需的功能

从生产和消费两方面来看，其连续性的规律都是因产品不同而异。因此，生产节奏和消费节奏不可能完全一致。有的产品生产是均衡的，而消费是不均衡的，如电风扇等季节性商品；相反，有的产品生产节奏有间隔而消费则是连续的，如粮食。由于生产与消费节奏的不统一，总会存在现在用不上或用不了或有必要留待以后用的东西，这就产生了供需不平衡，因此就要有仓库的储存作为平衡环节加以调控，使生产和消费协调起来，这也体现出物流活动创造物资时间效用的基本职能。

（三）调节货物运输能力的功能

各种运输工具的运量相差很大。船舶的运量大，海运船一般是万吨以上，内河船也以百吨或千吨计；火车的运量较小，每节车皮能装 30~60 吨，一列火车的运量可达数千吨；汽车的运量最小，一般每车只有4~10吨，各种运输工具之间进行转运时，运输能力是很不匹配的，这种运力的差异也是通过储存进行调节和衔接的。

（四）配送和流通加工的功能

作为储存基本载体的仓库除以保管储存为主要任务之外，目前正向流通仓库的方向发展，仓库成为流通、销售、零部件供应的中心，其中一部分在所属物流系统中起着货物供应的组织协调作用，被称为物流中心。这一类仓库不仅具备储存保管货物的设施，而且增加了分拣、配送、捆包、流通加工、信息处理等功能，这样既扩大了储存经营企业的经营范围，提高了物资综合利用率，又促进物流合理化，方便了消费者，提高了服务质量。

二、储存管理

（一）储存管理的程序

储存作业过程的第一个步骤就是验货收货。物品入库是物品在整个物流供应链上的短暂停留，而准确的验货和及时的收货能够加强此环节的效率。

仓库作业过程的第二个步骤是存货保管，物品进入仓库进行保管，需要安全、经济地保持好物品原有的质量水平和使用价值，防止由于不合理的保管措施所引起的物品磨损和变质或者流失等现象。

储存作业管理的最后一个步骤是发货出库，仓库管理员根据提货清单，在保证物品原先的质量和价值的情况下，进行物品的搬运和简易包装，然后发货。

（二）储存合理化的标志和措施

1. 储存合理化的标志

储存合理化的标志包括以下几个方面。

物品的质量标志。保证被储存物的质量，是完成储存功能的根本要求，只有这样,商品的使用价值才能通过物流之后得以最终实现。在储存中增加了多少时间价值或是得到了多少利润,都是以保证质量为前提的。所以,储存合理化的主要标志中,为首的应当是反映使用价值的质量。

库存数量标志。在保证功能实现前提下有一个合理的数量范围。目前管理科学的方法已能在各种约束条件的情况下,对合理数量范围做出决策,但是较为实用的还是在消耗稳定资源及运输可控的约束条件下,所形成的储存数量控制方法。

储存的时间标志。在保证功能实现前提下,寻求一个合理的储存时间,这是和数量有关的问题,储存量大而消耗速率慢,则储存的时间必然长,相反则必然短。在具体衡量时往往用周转速度指标来反映时间标志,如周转天数、周转次数等。

物品的结构标志。是从被存储物不同品种、不同规格、不同花色的储存数量的比例关系对储存合理性的判断,尤其是相关性很强的各种物资之间的比例关系更能反映储存合理与否。由于这些物资之间相关性很强,只要有一种物资出现耗尽,即使其他种物资仍有一定数量,也会无法投入使用。所以,不合理的结构影响面并不仅仅局限在某一种物资身上,而是有扩展性。结构标志的重要性也可由此确定。

网络的分布标志。指不同地区储存的数量比例关系,以此判断和当地需求比,对需求的保障程度,也可以以此判断对整个物流的影响。

成本费用标志。仓储费、维护费、保管费、损失费、资金占用利息支出等,都能从实际费用上判断储存的合理与否。

2. 储存合理化的措施

进行储存物的 ABC 分析。在 ABC 分析基础上实施重点管理,分别决定各种物资的合理库存储备数量及经济地保有合理储备的方法,乃至实现零库存。

在形成了一定的社会总规模前提下,适当集中库存。适度集中储存是合理化的重要内容,所谓适度集中库存是指利用储存规模优势,以适当集中储存代替分散的小规模储存来实现合理化。

加速总周转,提高单位产出。储存现代化的重要课题是将静态储存变为动态储存,周转速度一快,会带来一系列的合理化好处:资金周转快、资本效益高、货损小、仓库吞吐能力增加、成本下降等。具体做法诸如采用单元集装存储、建立快速分拣系统都有利于实现快进快出,大进大出。

采用有效的"先进先出"方式,保证每个被储物的储存期不至于过长。"先进先出"是一种有效的方式,也成为储存管理的准则之一。

提高储存密度,提高仓容利用率。主要目的是减少储存设施的投资,提高单位存储面积的利用率,以降低成本、减少土地占用。

采用有效的储存定位系统。储存定位的含义是被储物位置的确定。如果定位系统有效,能大大节约寻找、存放和取出的时间,节约不少物化劳动及活劳动,而且能防止差错,便于清点。

采用集装箱、集装袋、托盘等储运装备一体化的方式。集装箱等集装设施的出现,也给储存带来了新观念。集装箱本身便是一栋仓库,不需要再有传统意义上的库房,在物流过程中,也就省去了入库、验收、清点、堆垛、保管、出库等一系列储存作业,因而对改变传统储存作业有重要意义,是储存合理化的一种有效方式。

三、库存控制

(一)库存基本概念

库存是企业一项巨大的投资,良好的库存管理能够加快资金的周转速度、提高资金的使用效率、增加投资的收益。对于制造业来讲,原材料短缺将影响生产,导致费用增加,产品短缺。而库存积压将增加仓储,积压资金,提高成本,减少盈利。这些都反映了库存管理对企业的重要性。

所谓库存是指处于储存状态的物品或商品。库存具有整合需求和供给，维持各项活动顺畅进行的功能。一般来讲，企业在销售阶段，为了及时满足客户的要求，避免发生缺货或交货延迟现象，需要有一定的商品库存。

库存成本一般由以下几部分构成。

购买成本。指用于购买或生产该商品所花费的费用，它的大小与商品的数量呈正比例的关系，而且随着时间的推移，库存成本由于储存产品的市场价格发生变化而变化。

储存成本。指保管库存产品所花费的费用，通常用单位时间内（每天、每周、每月、每年等）产品成本的百分比来表示。例如每年10%的储存费用就是指价值100元的商品保存一年需要花费10元的储存费用。储存费用主要由库存资金的机会成本、仓库租金、仓库管理费、保险费用、税金以及消耗等组成。

订货成本。指在订货过程中所发生的人员出差、与供应商谈判、处理定单、出具发票以及收货入库等费用。这笔费用一般与定货批量的大小无关，而只与订货次数有关。

缺货成本。指由于库存不足，无法满足客户的需求所造成的业务损失和企业信誉下降、利润减少等损失。如失去销售机会的损失，停工待料的损失，延期交货的额外支出等。

所谓库存控制是希望将货品的库存量保持在适当的标准之内，以免过多造成资金积压、增加保管困难或过少导致浪费仓容、供不应求的情况。

因此，库存控制具有两项重大意义：一是确保库存能配合销售情况，满足交货需求以提供客户满意的服务；二是设立库存控制基准，以最经济的订购方式与控制方法来提供营运所需的供货。

（二）库存控制的关键问题

1. 订购点的问题，即何时必须补充库存

所谓订购点，是指库存量降至某一数量时，应即刻订购补充的点或界限。如果订购点抓得过早，则将使库存增加，相对增加了货品的库存成本及空间占用成本，如果订购点抓得太晚，则将造成缺货，甚至流失客户、影响信誉。因而订购点的掌握非常重要。

2.订购量的问题，即必须补充多少库存

所谓订购量是指库存量已达到订购点时，决定订购补充的数量，按此数量订购，方能配合最高库存量与最低库存量的基准。一旦订购量过多，则货品的库存成本增加，若订购量太少，货品会有供应断档的可能，且订购次数必然增加，亦提高了订购成本的花费。

3.库存基准的问题，即应维持多少库存

库存基准包括最低库存量和最高库存量。

最低库存量。它是指管理者在衡量企业本身特性、需求后，所订购货品库存数量应维持的最低界限。最低库存量又分为理想最低库存量及实际最低库存量两种。

理想最低库存量。从开始订购货物到将货物送达配送中心的采购周期时间使用量，也就是采购期间尚未进货时的货品需求量，这是企业需维持的临界库存，一旦货品库存量低于此界限，会有缺货、停产的危险。

实际最低库存量。既然理想最低库存量是一种临界库存量，因而为了保险起见，许多业者多会在理想最低库存量外再设定一个准备的"安全库存量"，以防供应不及发生缺货，这就是实际最低库存量。实际最低库存量也称最低库存量，为安全库存量与理想库存量的总和。

最高库存量。为了防止库存过多、浪费资金，各种货品均应限定其可能的最高库存水平，也就是货品库存数量的最高界限，以作为内部警戒的一个指标。

因而，对一个不容易准确预测也不容易控制库存的配送中心，最好制定"各品种的库存上限和下限"（即最高库存量和最低库存量），并在电脑中设定，一旦电脑发现库存低于库存下限，则发出警报，提醒有关管理人员及时采购；若发现货品库存量大于库存上限，则也要发出警报，提醒管理人员"库存量过多"，应加强销售或采取其他促销折价的活动。

经济订货量。指随着订货量的变化，费用也将发生变化。根据其相互关系，从理论上计算出的最小费用的订货量。

（三）经济定购批量模型

确定性条件下的库存是指当一个时期内的产品需求量确定以后，相应的库存成本就基本上确定了。如果暂时不考虑缺货成本，库存成本由产品成本、储存成本和订货成本三部分构成。每次订货的数量越大，订货次数就会减少，相应的订货费用就会降低，而储存费用则会增加；相反，如果每次订货的数量越少，订货次数就会增加，相应的订货费用就会上升，而储存费用就会降低。因此，需要用费用权衡方法来确定经济订货批量。

为了便于描述和分析，对经济订货批量模型作如下假设：

需求量已知并且稳定不变，库存量随着时间均匀连续地下降；库存补充的过程可以在瞬间完成，即不存在一边进货一边消耗的问题；产品的单位价格为常数，不存在批量优惠；储存费用以平均库存为基础进行计算；每次的订货成本及订货提前期均为常数；对产品的任何需求都将及时得到满足，不存在缺货方面的问题。

（四）库存重点管理（ABC 分析法）

许多企业常担心无法满足客户需求而大量库存，导致许多不必要的成本浪费，以致经营不善。因而参考调查重点管理观念是：对销售总值高的少数商品，做完整的记录、分析，施以较严格的库存控制；而对销售总值低的多种商品，做定期例行的检查控制。针对企业本身的需求，库存重点管理可采取"20—80"法则或 ABC 分析法，实际上此两法异曲同工。

"20—80"法则：指 20% 的商品占了销售额的 80%，因此，只要对此少量而重要的库存量加以重点管理，便能使存货管理达到非常完美。

"ABC 分析法"：将所有库存归结为 ABC 三类。

A 类：库存品种数少（只占 20%），但销售金额相当大（占 70%），即所谓重要的少数。

C 类：库存品种数相当多（占 50%），但销售金额却很少（只占 10%），即所谓不重要的大多数。

B 类：大致是库存品种数（占 30%）与销售金额（占 20%）介于 A 类和 C 类之间。

ABC 分析法是美国一家公司根据柏拉图原理发展起来的分类法，应用于库存的重点管理，以减少库存量及损耗率。其处理原则是：对于一切工作，应有"根据其价值的不同，而有不同的努力程度，以合乎经济原则"。

ABC 分析法是一套十分有效的管理工具。在使用 ABC 分析法管理库存时，大致可采用以下策略。

A 类商品：每件商品皆作编号；尽可能慎重、正确地预测需求量；少量采购，尽可能在不影响需求下减少库存量；请供货单位配合，力求出货量平稳化，以降低需求变动，减少其库存量；与供应商协调，尽可能缩短前置时间；采用定期订货的方式，对其存货必须做定期检查；必须严格执行盘点，每天或每周盘点一次，以提高库存精确度；对交货期限加强控制，在制品及发货也须从严控制；货品放置于易于出入库的位置；实施货品包装外形标准化，增加出入库单位；A 类商品的采购需经高层主管审核。

B 类商品：采用定量订货方式，但对前置时间较长，或需求量有季节性变动趋势的货品宜采用定期订货方式；每两三周盘点一次；中量采购；采购需经中级主管核准。

C 类商品：采用复合制或定量订货方式以求节省手续；大量采购，以便在价格上获得优惠；简化库存管理手段；安全库存须较大，以免发生库存短缺；可交现场保管使用；每月盘点一次；采购仅需基层主管核准。

此外，从配送速度而言，对这三类商品也应采取不同的策略。

A 类商品：常被列为快速流动，需要有较多的库存，因此需置于所有的配送中心或零售店。

B类商品：列为正常流动，应存放于区域性仓库或配销仓库。
C类商品：可谓缓慢流动，常存放于中央仓库或工厂仓库。

四、供应商管理库存（VMI）及其应用

近年来，在库存管理上出现了一种新的供应链库存管理方法——供应商库存管理（VMI）。这种库存管理策略打破了传统的各自为政的库存管理模式，体现了供应链集成化的管理思想，适应市场变化的要求，是一种新的有代表性的库存管理思想。

（一）VMI的基本思想及运作方式

1.VMI的基本概念

关于VMI，有人认为：VMI是一种在用户和供应商之间的合作性策略，以对双方都是最低的成本来优化产品的可得性，在一个达成共识的目标框架下由供应商来管理库存，这样的目标框架被经常性监督和修正以产生一种持续改进的环境。VMI就是供货方代替用户（需求方）管理库存，库存的管理职能转由供应商负责。

也有人认为，VMI是一种库存管理方案，是以掌握零售商销售资料和库存量作为市场需求预测和库存补货的解决方法，经由销售资料得到消费需求信息，供应商可以更有效地计划、更快速地响应市场变化和消费者的需求。因此，VMI可以用来作为降低库存量、改善库存周转，进而保持库存水平的最优化，而且供应商和用户分享重要信息，所以双方都可以改善需求预测、补货计划、促销管理和装运计划等。VMI是由传统通路产生订单作补货，改变成以实际的或预测的消费者需求补货。

2.VMI策略的原则

VMI策略的关键措施主要体现在如下几个原则中。

合作精神。在实施该策略中，相互信任与信息透明是很重要的，供应

商和用户（零售商）都要有较好的合作精神，才能够相互保持较好的合作。

使双方成本最小。VMI不是关于成本如何分配或谁来支付的问题，而是通过该策略的实施减少整个供应链上的库存成本，使双方都能获益。

目标一致性原则。双方都明白各自的责任，观念上达成一致的目标。如库存放在哪里，什么时候支付，是否要管理费，要花费多少等问题都双方达成一致。

持续改进原则。供需双方共同努力，逐渐消除浪费。

VMI的主要思想是供应商在用户的允许下设立库存，确定库存水平和补给策略，行使对库存的控制权。精心设计与开发的VMI系统，不仅可以降低供应链的库存水平，而且用户另外还可以获得高水平的服务，改进资金流，与供应商共享需求变化的透明性和获得更好的用户信任。

3. VMI系统的构成

VMI系统最主要可分成两个模组：第一个是需求计划模组，可以产生准确的需求预测；第二个是配销计划模组，可根据实际客户订单、运送方式，产生出客户满意度高及成本低的配送。

需求预测计划模组。需求预测最主要的目的就是要协助供应商做库存管理决策，准确预测可明确让供应商销售何种商品，销售商品给谁，以何种价格销售，何时销售等。

预测所需的参考要素包括：客户订货历史资料——也就是客户平常的订货资料，可以作为未来预测的需求；非客户历史资料——市场情报，如促销活动资料。

需求预测程序包括：供应商收到用户最近的产品活动资料，紧接着VMI作需求历史分析；使用统计分析方法，以客户的平均历史需求、客户的需求动向、客户需求的周期做考虑，产生最初的预测模式；由统计工具可模拟不同的条件如促销活动、市场动向、广告、价格异动等，产生出调整过后的预测需求。

配销计划模组。最主要是有效的管理库存量，利用VMI可以比较库存计划和实际库存量并得知目前库存量尚能维持多久，所产生的补货计划是依据需求预测模组得到的需求预测、与用户约定的补货规则（如最小订购量、配送提前期、安全库存）、配送规则等，至于补货订单方面，VMI可以自动产生最符合经济效益的建议配送策略（如运送量、运输工具的承载量）及配送进度。

（二）VMI的实施方法与步骤

实施VMI策略，首先要改变订单的处理方式，建立基于标准的托付订单处理模式。供应商和用户一起确定供应商的订单业务处理过程所需要的信息和库存控制参数，然后建立一种订单的处理标准模式，如EDI标准报文，最后把订货、交货和票据处理各个业务功能集成在供应商一边。

库存状态透明性（对供应商）是实施供应商管理用户库存的关键。供应商能够随时跟踪和检查到销售商的库存状态，快速、准确地做出补充库存的决策，对企业的生产（供应）状态做出相应的调整，从而敏捷地响应市场的需求变化。为此需要建立一种能够使供应商和用户的库存信息系统透明连接的方法。

VMI使用EDI让供应商与用户彼此交换资料，交换的资料包括产品活动资料、计划进度及预测、订单确认、订单等。每个交换资料包含的主要项目如下。

产品活动资料包含可用的、被订购的、计划促销量、零售资料。

计划进度及预测资料包含预测订单量、预定或指定的出货日期。

订单确认资料包含订单量、出货日期、配送地点等。

订单资料包含订单量、出货日期、配送地点等。

根据上述交换的资料，VMI可以产生补货作业，补货作业可分成九个过程。

批发商每日或每星期送出准确的商品活动资料给供应商。

供应商接收用户传送来的商品活动资料并对此资料与商品的历史资料做预测处理。

供应商使用统计方法，针对每种商品做出预测。

供应商根据市场情报、销售情形适当对上述产生的预测做调整。

供应商按照调整后的预测量再加上补货系统预先设定的条件、配送条件、客户要求的服务等级、安全库存量等，产生出最具效益的订单量。

紧接着供应商根据现有的库存量、已订购量产生出最佳的补货计划。

供应商根据自动货物装载系统计算得到最佳运输配送方式。

供应商根据以上得到的最佳订购量，在供应商端内部产生用户所需的订单。

供应商接下来产生订单确认资料并传送给用户，通知用户补货。

VMI 的策略实施可以分成如下几个步骤。

第一，建立顾客情报信息系统。要有效地管理销售库存，供应商必须能够获得顾客的有关信息。通过建立顾客的信息库，供应商能够掌握需求变化的有关情况，把由分销商进行的需求预测与分析功能集成到供应商的系统中来。

第二，建立物流网络管理系统。供应商要很好地管理库存，必须建立起完善的物流网络管理系统，保证自己的产品需求信息和物流畅通。目前已有许多企业开始采用 MRPD 或 ERP，这些软件系统都集成了物流管理的功能，通过对这些功能的扩展，就可以建立完善的物流网络管理系统。

第三，建立供应商与用户的合作框架协议。供应商和用户一起通过协商，确定订单处理的业务流程以及库存控制的有关参数，如补充订货点、最低库存水平等。

第四，组织机构的变革。这一点很重要，因为 VMI 策略改变了供应商的组织模式。引入 VMI 策略后，在订货部门产生了一个新的职能负责控制用户的库存，实现库存补给和高服务水平。

综合以上说明可知，VMI 可以提供更好的客户服务、增加公司的竞争力、提供更精确的预测、降低营运成本、计划生产进度、降低库存量与库存维持成本、有效率地配送等。

VMI 可应用于供应商与批发商（供应商以批发商的出货资料作为补货的参考）、供应商与配送中心等。当供应商运用 VMI 越来越成熟时，供应商会将 VMI 应用于上游的原料与包装供应商，乃至下游零售商等通路（在零售终端以实际销售资料作为补货的依据）。VMI 最明显的优势就是整合进入商品供应策略后，交易伙伴可以共同决定如何适时、适量地将商品送达客户手中，例如可以由制造工厂直接配送至客户的配送中心，或由工厂直接配送至零售点，或通过转载直拨方式，或经由工厂配送至行销中心等。VMI 应用于下游的零售点时，补货的信息会从零售点的销售管理信息取得，使得补货更具效率，因为自动补货是根据消费者的实际消费得来的，而零售点的销售信息则可以借助 POS 系统取得。

第三节　物流配送合理化管理

配送是指将从供应者手中接受的多品种、大批量货物，进行必要的储存保管，并按用户的订货要求进行分货、配货后，将配好的货物在规定的时间内，安全、准确地送交需求用户的一项物流活动。

一、配送的功能与特点

配送是物流中一种特殊的、综合的活动形式，是既包含了商流活动和物流活动，也包括了物流中若干功能要素的一种形式。

配送的功能可概括为以下几点。

（一）推行配送有益于物流活动实现合理化

实践证明，在再生产活动中，物流活动科学与否、合理与否，对于提高经济运行质量有很大的影响，而经济高质量、快速的发展常常是在合理化流通的条件下实现的。那么，怎样做才能使物流活动趋向合理化呢？除了用效益指标来评判物流活动合理与否，还应当包括这样一些内容：

物流活动是一种建立在分工、协作关系基础上的社会化、专业化的经济活动；物流活动是一项"规模经济"活动，其总体活动及其效果均应呈现出最佳状态，达到最高水平。

经验证明，要想使物流活动达到上述标准，除了要不断地发展生产力、改进物流技术以外，尚需按照发展社会化大生产的要求改革流通体制，推行科学、先进的流通方式。而推行配送制实际上就是体制改革的一项重要内容。作为一种物流方式（或物流体制），配送不仅能够把流通推上专业化、社会化道路，更重要的是，它能以其特有的形态和优势调整流通结构，使物流活动演化为"规模经济"活动，客观上可以打破流通分割和封锁的格局，以集中社会劳动的方式来调整库存结构，改变分散和分割的流通格局，在此基础上形成规模经济活动，实际上就是促使流通领域中的小生产方式向社会化大生产方式转化。从这个意义上说，配送是实现流通社会化、现代化的重要手段。推行配送制可以形成高效率和高效益，从而也是合理化的流通格局。

（二）推行配送制有利于合理配置资源

资源（包括物资、资金、技术等）在各地区、各部门、各产业之间的分配应符合生产力合理布局和产业协调发展的要求。资源在某个行业、某个部门的分配和再分配能够充分发挥行业或部门的优势。资源经分配以后能够最大限度地发挥其作用。由于实施配送可以做到以配送企业的库存取代社会上千家万户的零散库存，或者说可以使库存相对集中，因此有可能按照统一计划合理分配和使用资源，做到物尽其用。

在库存分散的状态下，经常会出现物资积压和设备闲置现象，由此，一方面要占用大量资金，影响资金周转；另一方面又不能充分实现物资的价值。而将分散的库存和库存物资集中于配送企业以后，由于后者的服务对象是社会上的众多客户，因而很容易将超储物资派上用场，实现其价值和使用价值。由此不难看出，仅就集中库存、统筹规划库存和统一利用库存物资这几项功能而论，推行配送制也能够使资源配置趋于合理化。

（三）推行配送制有利于开发和应用新技术

在现代社会，随着生产规模的不断扩大和市场容量的不断增加，配送的规模也相应扩大。在这样的形势之下，用于配送的各种设备和设施，不但数量会越来越多，而且其技术含量、技术水平也在不断提高。如今，为了适应形势的发展，不少发达国家的配送组织已淘汰了老式设备和部分通用设备，相应建立了自动化的立体仓库，安装了自动分拣设备，配备了自动传送装置等。与此同时，许多专用工具和专用设备也陆续被研制出来，并先后被用于配送的有关环节上。显然，这样做的结果，一方面大大提高了配送的作业效率；另一方面，客观上也促进了技术进步。

在配送业务不断拓展的过程中，正是随着各种专用设备的广泛使用和各种自动化装置、自动化设施的相继建立，许多生产技术和现代化物流技术才陆续被开发出来，并且得到了广泛应用。就后者而论，目前，正是由于很多国家的配送组织更新、改造设备，才先后采用了一系列先进的操作技术和管理技术（如集装箱、托盘运输技术，条形码标识技术，计算机控制的自动拣选技术等）。由此看出，在流通实践中，配送的实行贯穿着技术（包括管理技术）的更新和设施、设备的改造过程，从而必须依靠科学技术的进步来支撑；同时，配送的完善和不断发展又为高新技术的开发与应用提供了良机。从这个意义上说，配送在一定程度上可以起到促进科技进步的作用。

（四）推行配送可以降低物流成本，促进生产快速发展

降低物流成本有两重含义：一是减少单项物流（如仓储、运输等单项

活动）的投入，使之物耗降低、费用减少；二是减少物流整体运动的劳动消耗和费用支出。

如前所述，由于配送是以专业化的形态进行运动的，并且是一种库存、动力、资源等生产要素相对集中的综合性的经济运动，因此，上面讲到的两种效益都能够很好地发挥出来。在物资流通运动中施行配送，实际上就是要集中社会库存和集中分散的运力，在供求关系方面，以社会供应系统取代企业内部供应系统。这样做的结果，不仅可以优化库存结构和运输结构，从而提高设备、设施的利用率，而且能够大大降低物流成本和生产成本。

配送的优势不仅表现在供应方面，同时也表现在库存结构的改变方面。而改变库存结构，使之趋于科学合理，则意味着以总量较低的"集中库存"（专业配送组织的库存）取代总量较高的"分散库存"（指分散于各个用户的库存总和），显然，发生这种变化，不但降低了物流总成本（表现为减少了资金占用、降低了物耗），而且优化了生产领域的资金结构，减少了企业储备资金的占用量，进而可以起到降低生产成本、促进生产快速发展的作用。

（五）推行配送能够充分发挥专业流通组织的综合优势，有效地解决交通问题

在流通实践中，配送活动常常是由流通企业去组织的，而专业流通组织又是由业务、职能、规模各不相同的各种企业构成的，其中，有的企业（公司）是专门从事商流活动的，有的则是专司仓储、运输、流通加工等职能的。显然，推行配送，很容易使上述不同的流通组织联系在一起，从而构成多功能的、一体化的物流运动。从经济效益的角度来看，这种以配送作为媒介而形成的一体化运作较之各个专业独立运作，更能发挥流通组织的整体优势和综合优势。通过推行配送制，客观上能够使社会上某些分散的经营活动协调运作，也正因为配送有调整运输结构和集中运力的功能，因此，推行配送制又有助于解决交通问题。具体说就是：通过实行配送，可以减少迂回运输、交叉运输、重复运输等现象，因此，有助于缓解城市

道路交通矛盾，解决交通拥挤问题，减少运输费用。

配送和运输之间是有明显区别的，这种区别主要表现在以下三个方面。

第一，配送仅指从物流据点至需求用户之间的货物输送，在整个货物运输过程中是处于"二次输送""支线输送"或"终端输送"的地位。比如工厂通过配送中心向顾客交货时，工厂和配送中心之间的货物输送称为运输，而配送中心到顾客之间的货物输送则称为配送。

第二，由于配送运输的距离短、批量小、品种多，因而所采用的主要是短途运输工具——汽车等，与一般的货物运输相比，其运输方式、运输工具单一。

第三，配送是运输与其他活动共同构成的组合体。配送集装卸、包装、保管、加工、运输于一身，通过一系列活动完成将货物送达的目的，因此配送几乎包括了所有的物流功能要素，是物流的一个缩影或在某一小范围中物流全部活动的体现，比单纯的运输要复杂得多。

因此，配送具有以下的特点。

首先，配送是从物流据点至需求用户的一种特殊送货形式。

配送中从事送货的是专职的流通企业（如配送中心等），而不是生产企业。配送是一种"中转型"送货，而一般送货，尤其是从工厂至用户的送货往往是直达型送货。一般送货是企业生产什么、有什么送什么，而配送则是顾客需要什么送什么。

其次，配送是"配"和"送"的有机结合形式。

配送是按照顾客订货所要求的品种、规格、等级、型号、数量等在物流据点中经过分拣、配货后，将配好的货物送交顾客。因此除了各种"运"和"送"的活动外，还要从事大量的分拣、配货、配装等工作。"配"是"送"的前提和条件；"送"是"配"的实现与完成，两者相辅相成，缺一不可。此外，配送还可以利用物流据点中有效的分拣、配货等理货工作，使送货达到一定的规模，从而利用规模优势获取较低的送货成本。

最后，配送是一种"门到门"服务方式。

配送是"按用户的订货要求"，以供给者送货到户式的服务性供应满足用户的要求，从其服务方式来讲，是一种"门到门"的服务方式，可以将货物从物流据点一直送到用户的仓库、营业所、车间乃至生产线的起点，因而决定了配送中用户的主导地位和配送企业的服务地位。

二、配送的意义与作用

（一）配送是实现流通社会化的重要手段

随着社会化大生产的发展，必然要求有与之相适应的流通社会化。配送是促使流通格局和流通形式的改变，使原来小生产方式的流通向社会化流通发展的重要手段，对实现流通社会化具有重要的意义。配送向各方用户所提供的送货上门的社会性服务取代了一家一户的"取货制"，取代了层层设库，户户储运的分散化、多元化的物流格局，使原来条块分割、部门分割的流通体制向社会化大流通转变。配送所实行的集中社会库存、集中配送等社会化流通形式，可以从根本上改变小生产方式的流通方式，转变其分散的、低效率的运行状态，从而实现与社会化大生产相适应的社会化商品流通。

（二）配送通过集中库存使企业实现低库存或零库存，提高保证供应程度

长期以来，层层设库、行行设库，库存结构分散，库存总量偏高的现实，使库存问题成为经济领域中一个沉重的包袱，是流通社会化难以克服的一大障碍。而配送为从根本上解决库存问题找到了一条出路。配送使库存从小生产形态转变为社会化大生产形态，从分散的供应库存形态转为集中的流通库存形态。依靠配送企业提供的准时配送，用户企业就不需要保持自己的库存或只需保持少量的保险储备，从而实现企业追求的"零库存"或低库存，解放出大量的储备资金，改善企业的财务状态，提高企业的经

济效益。同时，集中库存能形成比单个企业保险库存大得多的保险库存，为各个企业提供的安全系数也大得多，因而提高了保证供应程度。配送通过其强有力的保证供应，又能使用户企业避免出现呆滞和超储备库存。此外，配送企业通过其有效的服务，采取准时配送、即时配送等多种服务形式，保证用户临时性、偶然性和季节性的需求，使用户摆脱库存压力，减少储存量。配送在解决库存问题的同时，也实现了社会资源的合理流动与配置。

（三）配送有利于实现运输的合理化

商品生产与消费在空间上的分离决定了商品生产出来之后只有通过运输才能进入消费领域，到达消费者手中。最终消费所具有的消费者分散、消费品种多样化、数量少的特点造成了商品运输批次多、批量小、送货地点分散的状况。如果为用户送货是有一件送一件，需要一点儿就送一点儿，势必会产生大量的亏吨、对流等不合理运输，造成运力的浪费。配送通过将多个用户的小批量商品集中起来进行发货的方式，在货源上集零为整，扩大了运输批量，提高了车辆的载重率和利用率，使运输能以最经济的方式组织和进行。

（四）配送是为消费者提供方便、优质服务的重要方式

社会生产和经济的发展，人民生活水平的提高，使消费者对商品及与之相应的服务提出了越来越高的要求。不仅要求商品品种全、质量好，而且要求服务方便、周到。在现代化大生产条件下，专业化生产程度高，企业生产的产品品种少；生产规模大，生产出来的产品数量多，而各个分散的消费者日常消费需要的却是广泛的商品品种和较小的数量。通过流通过程中的配送环节，就可以在商品品种上加以组合，变单一为多样；在数量上加以分散，化大为小，化整为零，满足消费的需要，调节商品生产与消费在方式上的差别。在配送过程中辅以必要的流通加工，并将配好的商品送交到顾客手中，从而为消费者提供方便、完善、优质的服务。

三、配送方式

（一）按配送商品的种类和数量分

按配送商品的种类和数量可将配送分为以下几种。

1. 单（少）品种、大批量配送

这种配送形式适合于工业企业需要量较大的商品，单独一个品种或少数几个品种就可以达到较大的输送量，实行整车运输，而不需要再与其他商品搭配。由配送中心进行配送，由于商品配送量大，车辆满载率高，配送中心的业务组织和计划工作比较简单，因而配送成本较低。

2. 多品种、小批量配送

这种配送形式是按用户的要求，把其所需要的各种各类数量不大的商品配备齐全，凑成整车后由配送企业送达用户。这种配送要求配送中心设备齐全，配货送货的计划性强，配货作业水平高。在各种配送方式中，这是一种高水平、高技术的组织方式。

3. 成套配套配送

成套配套配送是按企业生产需要，尤其是装配型企业生产的需要，将生产每一台件所需要的全部零部件配齐后，按生产节奏定时送达生产企业，生产企业随即将此成套零件送入生产线装配产品。这种配送方式由于配送企业承担了生产企业大部分供应工作，使生产企业可以专注于生产，有利于提高生产效率。

（二）按配送的时间和数量分

按配送的时间和数量，配送形式有以下几种。

1. 定时配送

定时配送是按规定的时间间隔进行配送，如数天或数小时一次。配送商品的品种和数量可按计划执行，也可在配送之前用商定的联络方式（如电话、计算机终端等）加以确定。这种配送方式，由于配送时间固定，配送企业易于安排工作计划和车辆；对于用户来讲，也易于安排接货力量。但是由于配送商品的种类变化，致使配货配装工作难度较大，并且当要求配送的商品数量变化较大时，也会造成配送运力不均衡的状况。

2. 定量配送

定量配送是按规定的商品数量在一个指定的时间范围内进行配送。这种配送方式数量固定，备货工作较为简单，可以采用按托盘、集装箱及车辆的装载能力规定配送定量的方法，也可采取整车配送，提高配送效率。由于配送时间上没有严格限定，可以将不同用户所需商品凑成整车后配送，提高车辆利用率和节省运力。对于用户来说，每次接货作业处理的是同等数量的货物，有利于人力、物力的调度和准备。

3. 定时定量配送

定时定量配送是按规定的配送时间和配送数量进行配送。这种配送方式兼有定时、定量两种配送方式的优点，但特殊性很强，计划难度大，适合采用的对象不多，不是一种普遍的配送方式。

4. 定时、定路线配送

定时、定路线配送是在规定的运行路线上制定送货到达的时间表，按运行时间表进行配送，用户可以按规定的路线站及规定时间接货，并提出配送要求。这种配送方式有利于计划安排送货车辆和调度驾驶人员，用户既可以在一定的路线、一定的时间上进行选择，又可以有计划地安排接货力量。但这种配送方式适用的范围也是有限的。

5. 即时配送

即时配送是完全按用户临时提出的配送时间和数量进行配送的方式，这种配送方式具有极强的随机性和很高的灵活性，是服务水平最高的一种配送方式。但由于计划性差，车辆利用率低，因而配送成本较高。

(三)按配送的组织形式分

按照配送的组织形式,配送分为以下几种。

1. 共同配送

共同配送是由几个配送中心联合起来,共同制订计划,在具体执行时共同使用配送车辆,共同对某一地区用户进行配送的组织形式。在用户不多的地区,若各企业单独配送,会出现车辆利用率低而影响配送经济效果的现象。如果把配送企业的用户集中到一起,就能更有效地实施配送。也可以把双方的用户进行合理分工,实行就近配送,以降低配送成本。共同配送的收益可以按一定的比例在各配送企业间进行分成。

2. 集团配送

集团配送是由配送企业以一定的形式建立起联系紧密、指挥协调的企业集团,以在较大范围内统筹配送企业结构、配送网点、配送路线和配送用户,使配送更加完善和优化的一种组织形式。这种配送方式可以取得较理想的规模优势和协作优势。

3. 独立配送

独立配送是配送企业依靠自身的力量,在一定区域内各自进行配送,独立开拓市场和联系用户,建立自己的业务渠道和网络。这种配送是一种竞争性的配送方式,用户可以根据配送企业的服务水平和自身的利益进行选择,有利于形成一种竞争机制,也有利于用户与配送企业建立纵向的联合或集团关系。但有时受客源的限制可能会出现人力、设备和运力上的浪费。

四、配送中心作业管理

(一)配送中心作业管理的内容

配送中心的作业主要包括订单处理作业、进货作业、储存作业、盘点作业、拣货作业、补货作业、出货作业和输配送作业。输配送作业是配送的最后一个作业，客观上反映了配送的服务水平。

从流通的观念来看，输配送是指将被订购的物品，使用运输工具从制造厂和生产地送到顾客手中的物流活动。

1. 输送

它是长距离、大量货物的移动。输送是物流据点间的货物移动，是区域间的货物移动。

2. 配送

一般来讲它是短距离、少量货物的移动，是从供货企业或供货站送达商店、顾客手中的商品移动，是区域内的货物移动。但随着国际配送的发展，配送货物的移动距离在延长。

若以配送中心作为物流据点，由制造厂将货物送到配送中心的过程叫输送，其特点是少品种、大批量、长距离的运送；而从配送中心将货品送到客户手中的活动称为配送，其特点是多频率、多样少量、短距离的运送。输送较重视运输效率，以尽可能多装满载为目标；而配送则以服务为宗旨，在许可的情况下，尽可能满足客户的服务要求。

（二）输配送管理的重要性

如何有效地管理输配送是非常重要的，如果在这方面失误，会产生种种问题，如从接受订单到出货非常费时，配送效率低下，驾驶员的工作时间不均，货品在输配送过程中的损坏、丢失等。同时，最直接的影响是输配送的费用超常。在输配送的管理中，不仅要对输配送人员的工作时间、重要情况进行管理，而且还要加强对车辆的利用（如移动率、装载率、空驶率等）的管控。

（三）输配送运行效率

要着重抓住"距离最小""时间最少"和"成本最低"的原则。

1. 消除交错输送

可采取减少或消除交错输送的方式，例如，将原先直接由各生产厂送至各客户的零散路线以配送中心来整合与调配转送,以此缓解交通拥堵,大大缩短输配送距离。

2. 直接运送

在美国,由于大型零售连锁店很多,故厂商大多采用直接送至商场成交。以加工食品为例,厂商将产品直接送至零售商场的比例约占68%,经过一次批发的仅占32%。

3. 输配送工具的变换选用

由于配送不是简单的"送货上门",而是运用科学而合理的方法选择配送车辆的吨位、配载方式,确定配送路线,以达到"路程最短、吨公里最小"的目标。

值得一提的是,国外的配送中心广泛采用笼车。即将待配送的物品装入笼车,再装入各种厢式货车,送到各商场、客户手中。笼车回空时可折叠起来,以节省车容。采用笼车作为发货的集装工具,可大大节约中间装卸环节,加快运输车辆的周转。笼车轻巧灵活,操作十分省力,卡车上只需配一名司机,兼做装卸工人。

4. 建立完善的信息系统

配送中心信息系统主要包括"订单处理""库存管理""出货计划管理"和"输配送管理"等四个子系统。为了提高输配送作业的效率,信息系统应具有以下功能。

最佳输送手段的自动检索。按交货配送时间、车辆最大装载量、开发的订货量、件数、重量来选择一个最经济的输配送方案。

配车计划的自动生成。按照货物的形状、容积、重量及车辆能力等,由电脑自动安排车辆及装载方式。

配送路线的自动生成。在信息系统中输入每一开发点的位置,由电脑自动找出最便捷的路径。

5. 改善运送车辆的通讯

改善通讯以把握车辆及司机的状况、传达道路信息或气象信息，掌握车辆作业状况及装载状况，传递作业指示，传达紧急信息指令，提高运行效率，安全运转至目的地。

6. 控制出货量

尽可能控制客户出货量，使其均衡化，能有效地提高输配送效率。

7. 共同配送

所谓"共同配送"是指由多家企业共同参与，只由一家运输公司承担配送作业的模式。

共同配送是独立进行配送的若干个企业，通过共同化将配送的商品集中汇总后进行配送的方式，它是共同物流的一个方面。为了达到物流合理化的目的，根据在一定区域范围内若干个企业的定期配送需要，在这个企业的协助下，由一家配送企业或两家以上的配送企业共同建立一套配送体系，使配送业务效率化。

共同配送的目的是增大单体企业中有限的物流量，是寻求大量化最有效的途径。由于对共同化的对象相互补充利用，能够追求商品配送的大量化并缩短配送距离，最有效地使物流效率化和降低成本，并可能通过大量储存、大量输送、大量处理，使单位物流成本大幅度下降。

第四节　物流装卸搬运、包装与流通加工合理化管理

一、装卸搬运管理

装卸搬运是指在同一地域范围内进行的、以改变货物的存放状态和空间位置为主要内容和目的的活动。其中，装卸是物品在指定地点以人力或

机械把货物装入运输设备或卸下；搬运是指在同一场所，对物品进行水平移动为主的物流作业。在实际操作中，装卸与搬运是密不可分的，两者是伴随在一起发生的。搬运的"运"与运输的"运"区别之处在于，搬运是在同一地域的小范围内发生的，而运输则是在较大范围内发生的，两者是量变到质变的关系，中间并无一个绝对的界限。

（一）装卸搬运的基本作业内容

装卸搬运的基本作业可分为六个方面。

装卸。指货物装上或卸下运输工具的作业。

搬运。指货物在短距离移动的作业。

堆码。将物品或包装货物进行码放、堆垛等作业。

取出。从保管场所将物品取出。

分类。将物品按品种、发货方向、顾客要求等进行分类。

集货。将物品备齐，以便随时装货。

装卸搬运是伴随输送和保管而产生的必要的物流活动，但是和运输产生的空间效用、保管产生的时间效用不同，它本身不产生任何价值。但这并不说明搬运装卸在物流过程中不占有重要地位。物流的主要环节，如运输和存储等是靠装卸搬运活动联结起来的，物流活动其他各个阶段的转换也要通过装卸搬运联结起来，由此可见，在物流系统的合理化中，装卸和搬运环节占有重要地位。

装卸搬运分布在物流活动的各个环节、各个方面，是物流的一个重要的功能要素，构成物流系统的一个子系统。我们可以从以下四个方面来加深理解装卸、搬运的含义。

从移动角度来看，搬运是一种尽可能有效地移动货物的手段。

从时间角度来看，货物必须在特定的时间内满足客户的订货要求，而搬运对这一目标的实现发挥着重要的作用。

从数量角度来看，搬运对于满足客户的适量要求与适量供应起着重要作用。

从空间角度来看，搬运系统在很大程度上决定了空间利用的合理性。

（二）装卸搬运管理的要求

由于物流配送中心的出现，与储存管理相比，发货配送功能日益受到重视，因而装卸搬运管理在物流系统的管理中有成为主角的趋势，其管理的要求可以归纳为以下四点。

1. 提高仓库存储设施的利用能力

因为仓库的容量是有限的，充分利用仓库的空间可以降低仓库的运作成本。在仓库空间的利用上要注意两点：一是尽可能利用建筑物高度，高度也是一个成本因素，有效利用仓库的垂直空间也就节约了成本；二是在保证货物能有效通行的前提下，尽可能减少通道空间。

2. 减少货物的搬运次数

在上述搬运的原则中已提到搬运不能增加货物的价值与使用价值，反而会增加货物破损的可能性与成本，因此要尽量消除无效搬运，以最少的搬运次数达到目的。这也是搬运的目标之一。

3. 提高后勤服务水平

搬运是后勤系统的一个组成部分，高效的搬运可以提高后勤系统的运作效率、快速反应能力和服务水平。搬运在把货物适时、适量送到客户手中的过程中起着关键的作用。

4. 保障人身和财产安全

不论在搬运的哪个环节，在遵循搬运的指导原则以提高劳动生产率的同时要保障人身与财产的安全。

（三）装卸搬运管理的原则

为了对装卸搬运进行有效的规划与控制，使其合理化，达到其管理的目标，装卸搬运的管理一般应遵循以下原则。

1. 机械化水平的原则

搬运和装卸是劳动强度大、工作条件差的活动，因此，在搬运和装卸频繁、动作复杂的环节，应尽可能采用有效的机械化作业方式，如采用自动化立体仓库可以将人力作业降低到最低程度，而使机械化、自动化水平得到很大提高。

2. 减少无效作业的原则

当按一定的操作程序来完成货物的装卸搬运时，要完成许多作业，作业即会产生费用。因此，应避免无效作业。通常可采取多种措施来避免无效作业，如减少作业数量、使搬运距离尽可能缩短等。

3. 尽量采用集装单元化的原则

为了提高搬运、装卸和堆存效率，提高机械化、自动化程度和管理水平，应根据设备能力，尽可能扩大货物的物流单元，如采用托盘、货箱等。目前发展较快的集装箱单元就是一种标准化的大单元装载货物的容器。

4. 提高机动性能的原则

移动货物时的机动性大小反映出物流的合理化程度，评价物流机动性能可以采用0~4的"机动指数"的方法。从物流的合理化角度来看，应尽可能使货物处于机动指数高的状态。

5. 利用重力和减少附加重量的原则

在货物搬运、装卸和堆存时，应尽可能利用货物的自重，以节省能量和投资。如利用地形差进行装货、采用重力式货架堆货等。

在保证货物搬运、装卸和堆存安全的前提下，应尽可能减少附加物的自重和货物的包装物重量。

6. 强调各环节均衡、协调的原则

装卸搬运作业是各作业线、环节的有机组成，只有各环节相互协调，才能使整条作业线产生预期的效果。应使装卸搬运各环节的生产率协调一致，能力相互适应，因为个别薄弱环节的生产能力决定了整个装卸搬运作

业的综合能力。因此，要针对薄弱环节，采取措施，提高能力，使装卸搬运系统的综合效率最高。

7. 系统效率最大化原则

在货物的流通过程中，应力求改善包装、装卸、运输、保管等各物流要素的效率，由于各物流要素间存在着效率背反的关系，如果分别独自进行，则物流系统总体效率不一定能够提高，因此，要从物流全局的观点来研究问题。

如何使物流合理化是物流企业为提高效率、降低成本、改善服务和提高经济效益所应认真研究的问题。物流的合理化是一个复杂的系统工程，企业必须通过综合考虑各种因素，促进物流的合理化。

二、包装管理

包装是指为了在流通过程中保护商品、方便储运、促进销售，按一定技术的要求而采用的容器、材料及辅助物等的总体名称。也指为了达到上述目的而采用容器、材料和辅助物的过程中施加一定技术方法等的操作活动。

（一）包装的基本概念

商品的包装可以分商业包装和工业包装两大类。商业包装是以促进市场销售为主要目的的包装，这种包装的特点是外形美观，有必要的装饰，包装单位适合顾客的购买量以及商店陈设的要求。在流动过程中，商品越接近顾客，越要求包装有促进销售的效果。而工业包装（也称运输包装或物流包装）是为了方便物流各项活动的包装，其目的是方便对产品的装卸、搬运、存储、保管、运输，是以满足物流要求为基础的。工业包装又有内包装和外包装之分，如卷烟的条包装为内包装，大箱包装为外包装。运用包装手段，将单个的商品或零部件用盒、包、袋、箱、桶等方式集中成组，以提高物流管理的效率。这种将单个分散的商品组装成一个更大单元的方式称为成组化或集装化，是物流包装中的一个重要研究课题。

在物流中包装主要有以下六种功能。

1. 保护功能

包装的第一项功能，是对物品起保护作用。货物在整个流动过程中，要经过多次的装卸、存取、运输，甚至拆卸和再包装，会受到各种各样的外力冲击、碰撞、摩擦。另外，有可能在恶劣环境中受到有害物质的侵蚀。为了保护货物、避免不必要的损失，货物必须包装。

2. 成组化功能

即为了材料搬运或运输的需要而将物品整理成适合搬动、运输的单元，如适合使用托盘、集装箱、货架或载重汽车、货运列车等运载的单元。

3. 跟踪功能

良好的货物包装能使物流系统在收货、储存、取货、出运等各个过程中跟踪商品。如将印有时间、品种、货号、编组号等信息的条形码标签贴在物品上供电子仪器识别，能使生产厂家、批发商和仓储企业迅速准确地采集、处理和交换有关信息，加强了对货物的控制，减少了物品在流通过程中的货损货差，提高了跟踪管理的能力和效率。

4. 促销功能

包装能起到广告宣传的效果，良好的包装，往往能为广大消费者或用户所注意，从而激发其购买欲望，成为产品推销的一种主要方式和有力的竞争手段。产品包装后，可与同类竞争产品相区别。精美的包装，不易被仿制假冒、伪造，有利于保持企业的品牌。

5. 便利功能

货物的形态是各种各样的，有固体、液体、气体之分，有大有小，有规则与不规则，有块状与粉末状，有硬与软等各种特性，而装卸、运输的工具式样要少得多，为了提高处理的效率，也必须对货物进行包装。良好的包装有利于物流各个环节的处理。如对运输环节来说，包装尺寸、重量和形状，最好能配合运输、搬运设备的尺寸、重量，以便于搬运和保管；对仓储环节来说，包装则应方便保管、移动简单、标志鲜明、容易识别、具有充分的强度。管理工作中的劳动生产率指标一般都用包装后所组成的货物单元来描述。

6. 效率功能

为了提高货物的搬运效率，多数货物都需要经过成组包装后进行运输，以便于运输过程中的搬运和装卸，缩短作业时间，减轻劳动强度，提高机械化作业的效率。另一方面，一类货物的统一包装能使货物堆放、清点变得更加容易，从而提高了仓储工作的效率。

（二）流通环境对包装的要求

1. 物流中的其他环节

以包装与运输的关系而言，杂货载运时如用货船混载，必须严格地用木箱包装，而改用集装箱后，只用纸箱就可以了。

以包装与搬运的关系而言，如用手工搬运，应按人工可以胜任的重量单位进行包装。如果运输过程中全部使用叉车，就无须包装成小单位，只要在交易上允许，可尽量包装成大的单位，可以以吨为单位运输，例如柔性集装箱容器。

以包装与保管的关系而言，货物在仓库保管，如果堆码较高，则最下面货物的包装应能承受压在上面的货物的总重量。以重量为 20kg 的货箱为例，如果货物码放 8 层，最下边的箱子最低承重应为 140kg。

与此同时，物流系统又受包装的制约。如用纸箱运输，则不能不用集装箱；如设计只能承受码放 8 层的包装，就算仓库再高也只能码放 8 层货物，这样就不能有效地利用仓库空间。

2. 作业环境

作业环境是指物料处理与运输作业有关的人造系统环境。货物受损常由运输、保管以及所选择的服务方式所导致。如果采用自己服务的方式，则使用自己的人员和工具，货物处于自己的控制之下，受损率可以小一些；如果由运输公司提供服务，货物可能会经历多次装卸转运，企业对物流控制的作用有限，用包装来防止货损的措施就要多一些。可见不同作业环境对包装的要求是不同的。

在物流系统中，最容易引起货物损坏的原因是：震动、碰撞、刺破和挤压。震动常见于运输过程中；碰撞在运输和搬运过程中都可能发生；刺破一般指在搬运时被作业场地周围的尖锐硬器所损；挤压主要发生在堆垛时，过高的堆垛会使底层货物受压变形甚至压碎。

3. 自然环境

自然环境主要有温度、湿度等因素，外部自然环境主要与包装物品的稳定性和易变质性有关。有些物品在高温下会软化融解、分解变质、变色；而有些物品在低温下会爆裂、变脆或变质。需要提醒的是，对温度有要求的物品，仅仅靠包装是不够的，还需要在运输和储存条件方面采取必要的措施。

水和蒸汽对物品的损害很大，危害性要超过温度，几乎绝大多数的货物在潮湿的环境中都会受到不同程度的损害，如生锈、霉变、收缩变形，严重的会发生腐蚀、潮解。除了避免将货物放置在潮湿环境中之外，良好的包装是对付意外受潮情况的有效手段。

其他因素如空气中的有害化学物质对物品也有影响，有些物品很容易受到化学物质的污染而变质；也有些物品怕光，见光后会变色、变质，需要采取一些特殊的包装手段。

按不同用途包装材料可分为以下几类：容器材料，用于制作箱子、瓶子、罐子，可有纸、塑料、木料、玻璃、陶瓷、各类金属等；内包装材料，用于隔断物品和防震，可有纸、泡沫塑料、防震用毛等；包装用辅助材料，如各类接合剂、捆绑用细绳（带）等。

工业包装技术可分为包括容器设计和标记技术的外包装技术，以及包括防震、防潮（水）、防锈、防虫等技术的内包装技术。

（三）包装的合理化要求

包装的轻薄化。由于包装只是起保护作用，因此，在强度、寿命、成本相同的条件下，更轻、更薄、更短、更小的包装，可以提高装卸搬运的效率。而且轻薄短小的包装一般价格比较便宜，如果是一次性包装也可以减少废弃包装材料的数量。

包装的单纯化。为了提高包装作业的效率，包装材料及规格应力求单纯化，标准规格还应标准化，包装形状和种类也应单纯化。

符合集装单元化和标准化的要求。包装的规格和托盘、集装箱关系密切，也应考虑到和运输车辆、搬运机械的匹配，从系统的观点制定包装的尺寸标准。

包装的机械化。为了提高作业效率和包装现代化水平，各种包装机械的开发和应用是很重要的。

一般的器具形式：刚性容器、托盘用具和集装箱。

在社会经济得到发展的同时，如何减少资源的消耗，如何减少对环境的污染，走可持续发展的道路已成为当今各行各业关心的重点，绿色包装就是顺应了这种趋势。绿色包装就是指在包装设计、包装材料的应用等方面要充分考虑资源的尽可能少的消耗，尽可能避免环境的污染，走可持续发展的道路，提倡绿色物流。

通过绿色包装促进绿色包装材料的推广普及是一个重要的措施。绿色包装材料的种类有如下几种。

1.重复再用和再生的包装材料

重复再用包装，如啤酒、饮料、酱油、醋等包装采用玻璃瓶可反复使用。

再生利用包装，例如聚酯瓶在回收之后，可用两种方法再生。物理方法是指直接彻底净化粉碎,无任何污染物残留,经处理后的塑料再直接用于再生包装容器;化学方法是指将回收的 PET 粉碎后,用解聚剂在碱性催化剂作用下,全部或部分解聚为单体或低聚物,纯化后再重新聚合成再生的 PET 树脂包装材料。

包装材料的重复利用和再生,仅仅延长了塑料等高分子材料作为包装材料的使用寿命,当达到其使用寿命后,仍要面临对废弃物的处理和环境污染问题。

2. 可食性包装材料

几十年来,大家熟悉的糖果包装上使用的糯米纸及包装冰激凌的玉米烘烤包装杯都是典型的可食性包装。

人工合成可食性包装膜中比较成熟的是 20 世纪 70 年代已工业化生产的普鲁兰树脂,它是无味、无嗅、非结晶、无定形的白色粉末,在水中容易溶解,经干燥或热压制成的薄膜透明、无色、无嗅、无毒,具有韧性、高抗油性,能食用,也可做仪器包装。

可食性包装材料在食品工业,尤其在果蔬保鲜方面,具有广阔的应用前景。

3. 可降解材料

可降解材料是指在特定时间内造成性能损失的特定环境下,其化学结构发生变化的一种塑料。可降解塑料包装材料既具有传统塑料的功能和特性,又可以在完成使用寿命之后,通过阳光中紫外线的作用或土壤和水中的微生物作用,在自然环境中分裂降解和还原,最终以无毒形式重新进入生态环境中,回归大自然。

可降解塑料主要分为合成光降解塑料、添加光敏剂的光降解塑料和生物降解塑料,以及多种降解塑料复合在一起的多功能降解塑料。

三、流通加工管理

流通加工是流通中的一种特殊形式，是指物品在生产地到使用地的过程中，根据需要施加包装、分割、计量、分拣、刷标志、拴标签、组装等简单作业的总称；是在物品从生产领域向消费领域流动的过程中，为了促进销售、维护产品质量和提高物流效率，对物品进行的加工。流通加工使物品发生物理、化学或形状的变化。

（一）流通加工的基本功能

和一般的生产型加工相比较，流通加工的对象是进入流通过程的商品，具有商品的属性；流通加工的对象是商品，但生产加工的对象不是最终产品而是原材料、零配件、半成品；流通加工程度大多是简单加工，而不是复杂加工，它是对生产加工的一种辅助及补充；流通加工的目的不是创造物品的价值和使用价值，而是在于完善其使用价值，并在不做大的改变的情况下提高价值；流通加工由商业或物资流通企业完成，而生产加工则由生产企业完成；有的时候流通加工是以自身流通为目的，纯粹是为流通创造条件，这种为流通所进行的加工与直接为消费进行加工从目的来讲是有区别的。

流通加工在物流中的功能主要表现如下。

1. 提高原材料利用率

利用流通加工环节进行集中下料，是将生产厂直接运来的简单规格产品按使用部门的要求进行下料。例如将钢板进行剪板、切裁；钢筋或圆钢裁制成毛坯；木材加工成各种长度及大小的板、方等。集中下料可以优材优用、小材大用、合理套裁，有很好的技术经济效果。

2. 进行初级加工，方便用户

用量小或临时需要的使用单位，缺乏进行高效率初级加工的能力，依靠流通加工可使使用单位省去进行初级加工的投资、设备及人力,从而搞活供应,方便用户。

目前发展较快的初级加工有:将水泥加工成混凝土,将原木或板、方材加工成门窗,冷拉钢筋及冲制异形零件,钢材预处理、整形和打孔等加工。

3. 提高加工效率及设备利用率

由于建立集中加工点,可以采用效率高、技术先进、加工量大的专门机具和设备。

(二) 不合理的流通加工形式

1. 流通加工地点设置不合理

流通加工地点设置即布局状况是关系到整个流通加工能否有效的重要因素。一般而言,为衔接单品种大批量生产与多样化需求的流通加工,加工地设置在需求地区,才能实现大批量的干线运输与多品种末端配送的物流优势。

即使是产地或需求地设置流通加工的选择是正确的,还存在一个在小地域范围的正确选址问题,如果处理不善,仍然会出现不合理。这种不合理主要表现在交通不便,流通加工与生产企业或用户之间距离较远,流通加工点的投资过高(如受选址的地价影响),加工点周围的社会、环境条件不良,等等。

2. 流通加工方式选择不当

流通加工方式包括流通加工对象、流通加工工艺、流通加工技术、流通加工程度等。流通加工方式的正确选择实际上是指与生产加工的合理分工。本来应由生产加工完成的,却错误地由流通加工完成;本来应由流通加工完成的,却错误地由生产加工过程去完成,这都会造成不合理性。一般而言,如果工艺复杂,技术装备要求较高,或加工可以由生产过程延续或较易解决者都不宜再设置流通加工,尤其不宜与生产过程争夺技术要求较高、效益较高的最终生产环节。如果流通加工方式选择不当,就会出现与生产过程夺利的恶果。

3. 流通加工作用不大，形成多余环节

有的流通加工过于简单，或对生产及用户作用都不大，甚至存在盲目性，同样不能解决品种、规格、质量、包装等问题，相反却增加了环节，这也是流通加工不合理的一种形式。

4. 流通加工成本过高，效益不好

流通加工之所以能够有生命力，优势之一是有较大的产出投入比，因而有效地起着补充完善的作用。如果流通加工成本过高，则不能实现以较低投入实现更高回报的目的。除了一些必需的、从政策要求即使亏损也应进行的加工外，其他都应看成是不合理的。

（三）**流通加工合理化**

流通加工合理化是指实现流通加工的最优配置，不仅要避免各种不合理，而且要做到最优。目前，国内在这方面已积累了一些经验，取得了一定成果。实现流通加工合理化主要考虑以下几个方面。

1. 加工和配送结合

将流通加工设置在配送点，一方面按配送的需要进行加工，另一方面加工又是配送业务流程中的一环，加工后的产品直接投入配货作业，这就无需单独设置一个加工的中间环节，使流通加工有别于独立的生产，而使流通加工与中转流通巧妙结合在一起。同时，由于配送之前有加工，可使配送服务水平大大提高。这是当前对流通加工做出合理选择的重要形式。

2. 加工和配套结合

在对配套要求较高的流通中，配套的主体来自各个生产单位，但是，完全配套有时无法全部依靠现有的生产单位，进行适当的流通加工，可以有效促成配套，大大提高流通作为桥梁与纽带的能力。

3. 加工和运输结合

流通加工能有效衔接干线运输与支线运输，促进两种运输形式的合理化。利用流通加工，使干线运输与支线运输之间的转换更加合理，从而大大提高运输及运输转载水平。

4. 加工和商流结合

通过加工，有效地促进销售，使商流合理化，也是流通加工合理化的考虑方向之一。加工和配送要相结合，通过加工，提高了配送水平，强化了销售，是加工与商流相结合的一个成功的例证。此外，通过简单地改变包装加工，形成方便的购买量，通过组装加工消除用户使用前进行组装、调试的困难，都是有效促进商流的例子。

5. 加工和节约结合

节约能源、节约设备、节约人力、节约耗费是流通加工合理化重要的考虑因素，也是目前设置流通加工，考虑其合理化的较普遍形式。

对于流通加工合理化的最终判断，要看其是否能实现社会的和企业本身的两个效益，而且是否取得了最优效益。对流通加工企业而言，与一般生产企业的一个重要不同之处是：流通加工企业更应树立社会效益为第一的观念。如果只是追求企业的微观效益，不适当地进行加工，甚至与生产企业争利，那就有违流通加工的初衷，或者已不属于流通加工范畴了。

第三章 现代物流成本合理化管理

第一节 物流成本管理的内涵与意义

一、物流成本管理的内涵

经济发展使得科学技术与生产经营日益结合，企业依靠科学技术积极地开拓市场，同时注重管理，挖掘内部潜力，控制和降低成本，力求以低成本、高质量来发展企业。因此，成本管理是企业管理的一个重要组成部分。物流是一个复杂的系统，物流管理是一个新兴事物，对物流成本管理的研究还处于起步阶段，因此业界对物流成本管理至今没有一个确切的定义。对于物流成本管理，可以从以下几个方面理解。

（一）物流成本管理是通过成本来管理物流活动

许多人一提起物流成本管理，就认为是"管理物流成本"，其实成本是可以计算的，但不能成为被管理的对象，能够成为管理对象的只能是具体的活动。因此，物流成本管理就是通过成本管理物流，即管理的对象是物流而不是成本。通过成本管理物流，一方面是因为成本能真实地反映物流活动的实态，用成本去掌握物流活动，物流活动方法上的差别就会以成本差别的形式明显地表现出来；另一方面，成本可以成为评价所有活动的共同尺度，从而可以把性质不同的活动放到同一场合进行比较。

（二）物流成本核算是物流成本管理的基础

目前我国企业的财务会计制度并没有单独的科目来核算物流成本，企业通常把各种成本费用列在费用一栏，物流成本难以准确地从费用中分离。这使得一些企业仅将向外部的运输企业支付的运输费用和向外部仓库支付的仓储费用作为企业的物流成本。这种计算方式使得企业内与物流相关的人员费用、设备折旧费用等大量的物流成本被隐藏，无法表现出来。而在企业的物流管理中，很难为建立物流独立核算系统而破坏其他成熟的财务会计核算系统。企业对物流成本进行核算的目的是评价物流管理部门的绩效，最终达到控制企业经营管理总成本的目标，因此，有必要在物流成本信息的精确与核算效率两者中权衡，简化物流成本核算过程。不能将核算物流成本停留在某一个物流环节上，而应该站在企业经营管理总成本的高度上去认识物流成本。

（三）物流成本管理要以企业整体为研究分析对象

很多企业物流是分割开来由多个部门管理的，销售、采购、运输、配送、库存控制和客户服务等物流功能往往由不同部门负责。大多企业按部门考核其成本效益，因此相关部门只关心在本环节节约物流成本，使得降低物流成本的努力仅仅停留在某一项活动上，而忽视了对物流活动的整合。由于物流成本中存在效益背反的特点，即单个环节物流成本的降低并不意味着企业物流总成本的降低，有时会出现单个环节物流成本下降而物流总成本上升的现象。比如，追求仓库单位租金最低，而将仓库位置选在偏远的地方，导致交通不便、装卸效率低、配送成本高、完成订单时间长等后果，从而可能增加物流总成本。

因此，节约物流成本最重要的是从总成本的角度出发，而不是追求其中某个环节的成本最低，单一环节物流成本的下降导致其他环节物流成本的上升是不可取的；一味地追求物流成本的下降，而忽略了服务的质量也不可取。企业物流是一个完整的系统，追求物流成本的降低，必须要以系统的观点和现代供应链管理的思想为指导，既要在企业内部系统实行全面成本管理，又要与上下游企业构建供应链实现共赢。

（四）**物流成本管理的宏观视角**

作为政府，从社会总成本的角度认识物流成本，应该有更大范围的全局意识与前瞻性。从整个国家的角度来看，不同企业之间此消彼长的成本是不同企业财务的转移博弈，不影响全社会物流成本。因而政府的关注点不是单一的企业，而是注重政府公共财政对物流基础设施、交易平台的投入，如增加公共投资、提高公路等级、缩短运输路径、减少交通损耗、增加政府信息平台建设、降低企业信息成本等。政府的物流成本提高了，相应地，企业的物流成本下降了，物流成本从企业向政府转移，从而提高了企业的竞争力。

二、物流成本管理的意义

物流成本管理的目的就是要在既定的客户服务水平下，追求最低的物流成本，在物流成本和顾客服务之间找到平衡点，创造企业在竞争中的战略优势。企业在进行物流成本管理时，总体目标是降低物流成本。物流成本管理的意义在于通过对物流成本的有效把握，充分利用物流要素之间的相互关系，通过科学、合理地组织物流活动，加强对物流活动过程中物流成本支出的有效控制，降低物流活动中各种资源的消耗，从而达到降低物流总成本、提高社会经济效益和企业利润的目的。

物流成本管理是物流管理的重要内容，降低物流成本是企业物流管理的重要课题。实行物流成本管理，降低物流成本，提高效益，对国家与企业都具有重要的意义。根据物流成本管理影响的层面，把物流成本管理的意义分为宏观意义和微观意义。

（一）物流成本管理的宏观意义

从宏观的角度看，物流成本管理给行业和社会带来的经济利益体现在以下几个方面。

1.有利于提高行业总体竞争力和经济高质量运行

物流成本管理水平直接影响物流成本水平，从而进一步影响产品成本。我国企业可以利用高质量的现代物流系统，降低物流成本，改进物流管理，提高企业及其产品参与国际市场活动的竞争力。如果全行业的物流效率普遍提高，物流成本平均水平降低，则该行业在国际上的竞争力将会增强，从而可以提高这个行业在市场上的竞争力。

对于全社会而言，降低物品在物流各个环节的损耗，意味着创造同等数量的财富，在物流领域的消耗减少。实现尽可能少的资源投入，创造出更多的物质财富是全社会的共同目标。物流成本的节约亦可增加在生产领域的投入，还可以增加企业为国家上缴的利税，增加国家资金积累，扩大社会再生产的基础。物流成本管理对于优化资源配置、提高经济运行效率，具有十分重要的意义。

2.有利于提高社会消费水平

通过加强物流成本管理，降低商品流通中的物流费用，全行业物流成本普遍下降，将会对产品的价格产生影响，使物价相对下降，即企业可以以相对低廉的价格出售自己的产品，减轻消费者的经济负担，提高消费者的购买力，这有利于保持消费物价的稳定，刺激消费，为消费者带来更多利益，提高整个社会的消费水平。

3.有利于加速产业结构的调整

加强物流成本管理，促进现代物流的发展，可改变区域经济的增长方式。加强物流成本管理可以促进区域经济的增长方式转变，引导企业走新型工业化之路，实现集约式经营，提高效益和效率。

加强物流成本管理，可以促进新的产业形态的形成，优化区域产业的结构；加强物流成本管理有利于对分散的物流进行集中管理，量的集约必然要求利用现代化的物流设施、先进的信息网络进行协调和管理，这又促进了当地的经济发展，既解决了当地的就业问题，又增加了税收，促进了其他行业的发展。

4.有利于促进节约型经济的发展

加强物流成本管理，可以降低物品在运输、仓储、配送、流通加工、搬卸等流通环节的损耗，对企业而言可以提高利润，对于整个社会而言，物流成本的下降，意味着在物流领域所消耗的各种资源得到节约。以尽可能少的资源投入，创造出尽可能多的物质财富，减少资源消耗，从而推动资源节约型企业的创建。近年来，我国提出了建设资源节约、环境友好型社会的目标和要求，而加强物流成本的管理工作，不断降低物流管理领域的各类耗费，节约各类资源，以最少的耗费换取最大的利益，则是建设节约型社会的具体举措。

（二）**物流成本管理的微观意义**

从微观的角度看，物流成本管理给企业带来以下效益。

1.有利于扩大企业利润空间，提高利润水平

在充分竞争的市场环境下，产品的价格由市场的供求关系决定，而价格背后体现的是产品的价值量。商品价值并不取决于个别企业的劳动时间，而是由行业平均必要劳动时间决定的。当企业的物流活动效率高于该行业平均物流活动效率、物流成本低于该行业平均物流成本水平时，企业就有可能获得超额利润，物流成本的降低部分转化为企业的"第三利润"；反之，企业的利润水平就会下降。正是这种与降低物流成本相关的超额利润的存在，会使企业积极关注物流领域的成本管理，致力于降低物流成本。

2.有利于取得价格优势，增强竞争力

物流成本在产品成本中占有较大比重，在其他条件不变的情况下，通过加强物流成本管理，可以降低企业产品的成本。如果企业进行的所有生

产经营活动的成本累计低于竞争对手的成本,企业就具有了低成本优势,这会给企业来带来超额收益。企业按照较低价格销售产品,在竞争中取得价格优势,从而提高产品的市场竞争力。企业进行有效的成本管理,持续不断地降低物流成本,可以提高物流服务水平,为客户提供更好的服务,从而增强企业的竞争力。

3. 有利于企业提高管理水平

物流成本的降低需要系统化的物流管理,要求企业在运输、仓储、包装、装卸、搬运等各个物流活动环节实现作业的无缝连接,减少各种物流活动环节的浪费,避免待工、待料、设备闲置,对客户的需求快速地做出反应。因此,加强物流成本管理可以改进企业的管理水平,例如对现有财务核算进行完善、对组织机构进行改革、采用先进的管理方法等。

总之,加强物流成本管理,降低物流成本,从宏观上看,可以提高国民经济的总体运行质量和竞争力,促进产业结构的调整,发展国民经济;从微观上看,对提高企业的利润空间、增强企业的竞争力、提高企业的管理水平等具有重要意义。

第二节　物流成本管理的内容、目标与方法

一、物流成本管理的内容

企业物流成本管理的内容主要包括物流成本计算、物流成本预测、物流成本决策、物流成本预算、物流成本控制、物流成本分析及物流成本考核等。物流成本管理的各项内容之间相互配合、相互依存,构成了一个有机整体。

(一)物流成本计算

物流成本计算是根据企业确定的物流成本计算对象,采用合适的成本

计算方法，按规定的成本项目，对企业经营过程中发生的与物流有关的费用进行归集与分配，从而计算出各对象的物流成本。通过物流成本计算，可以如实地反映物流的实际耗费，同时，也是对各种物流费用的实际支出的控制过程。

物流成本计算最关键的因素有两个：一是明确物流成本的构成内容，寻找物流和成本之间的交集；二是确定物流成本计算对象，企业物流成本计算对象包括物流成本范围、物流阶段、物流功能等。企业应根据不同时期物流成本管理的要求，动态调整物流成本计算对象。

物流成本计算并非物流成本管理的目的，而是物流成本管理的前提和基础。物流成本计算可以为物流成本管理提供客观、真实的成本信息，为物流成本预测、决策、计划、控制、分析和考核等提供数据基础。

（二）**物流成本预测**

物流成本预测是根据已有的与物流成本有关的各种数据，结合企业内外环境的变化，采用专门的方法，对未来的物流成本水平及其变动趋势进行科学的估计。物流成本预测可以提高物流成本管理的科学性和预见性，普遍存在于物流成本管理中，如对一定量或者一定时期的仓储成本预测、运输过程总的运输成本和货物周转量的预测、流通过程中耗费时间的预测等。

物流成本预测具有三个共同特征：一是成本预测都以不同程度的历史资料为依据；二是成本预测都涉及未来；三是成本预测都存在不确定性。

物流成本预测是成本决策、预算、控制和分析的基础，预测的准确性影响物流成本管理的工作质量。

（三）**物流成本决策**

物流成本决策是指在物流成本预测的基础上，结合其他有关资料，拟定降低物流成本的各种方案，并运用一定的科学方法对各方案进行可行性分析，然后从各方案中选择一个满意方案的过程。

物流成本决策的价值标准应考虑使用综合经济目标的办法，即以长期稳定的经济增长为目标、以经济效益为尺度的综合经济目标作为价值标准。由于物流成本决策所考虑的是价值问题,因此物流成本决策的综合性较强,对企业其他生产经营决策起着指导和约束作用。

物流成本决策决定了今后物流成本管理的工作方向。进行成本决策、确定目标成本是编制成本预算的前提,也是实现成本控制、提高经济效益的重要途径。

(四) 物流成本预算

物流成本预算是根据物流成本决策所确定的物流目标成本、降低物流成本的要求及有关资料,运用一定的方法,并通过一定的程序,以货币形式规定预算期物流各个环节耗费水平和成本水平。

通过物流成本预算管理,可以在物流活动中全方位地向企业员工提出明确的成本目标,实行管理责任制,增强企业全员的物流成本管理意识,控制物流环节费用,挖掘降低物流成本的潜力,保证企业物流成本目标的实现。

(五) 物流成本控制

物流成本控制是根据物流成本预算,对成本发生和形成过程以及影响成本的各种因素施加主动影响,以保证实现物流成本预算的一种行为。在物流成本控制过程中,要制定各项物流消耗定额、标准成本等作为执行标准,在执行过程中不断地反馈其执行情况,当实际执行结果和执行标准有重大偏差时,及时采取措施予以纠正。

物流成本控制的基本内容有运输费用的控制、储存费用的控制、装卸搬运费用的控制、包装费用的控制、流通加工费用的控制等。通过成本控制,及时发现问题,根据问题采取应对措施,以保证目标的实现。

物流成本控制包括事前控制、事中控制和事后控制。根据控制的效力,企业应突出事前控制,强化事中控制,完善事后控制。

(六) 物流成本分析

物流成本分析是对物流活动运行的结果,运用一定的分析方法,对物流成本进行预测、决策、核算和控制的过程,旨在揭示物流成本水平变动的原因及存在的问题,分析影响物流成本变动的各种因素,进行物流成本管理的改进。

通过物流成本分析,可以正确地评价企业物流成本计划的执行结果,揭示物流成本升降的原因,明确影响物流成本的各种因素及其原因,寻求进一步降低物流成本的途径和方法。

(七)物流成本考核

物流成本考核是指在物流成本分析的基础上,对物流成本计划及相关指标进行总结与评价,并实施奖惩的过程。考核的目的在于调动各责任者的积极性,促使其改进工作流程,降低成本,提高效率。物流成本考核要以责任中心为对象,以其可控成本为界限,按责任归属来考核物流成本指标的完成情况。

通过物流成本考核,可以评价各责任单位对当期降低物流成本的贡献,促进各责任单位和责任人员树立物流成本管理意识,激发其降低物流成本的积极性。

上述物流成本管理的内容是一个相互配合、相互联系的有机整体。物流成本预测是成本决策的前提;物流成本计算是物流成本管理的基础,提供了物流成本管理所需要的数据来源;物流成本决策是物流成本计划的基础;物流成本预算是成本控制和成本考核的依据;物流成本控制可以通过对预算执行情况的督促、检查、保证预算目标的实现;物流成本分析为正确地进行成本考核提供依据,同时为下一步的成本预算和成本决策反馈有用的信息;物流成本考核可以通过对各责任中心业绩的评价实施奖惩,调动其工作积极性,促进物流成本计划的顺利完成。

二、物流成本管理的目标

物流是社会不可或缺的一项功能。如果细分消费活动，会发现物流是消费品的载体，而不是消费品本身，物流毕竟不是衣食住行，不能直接被消费，所以，优化物流成本管理就是优化社会成本。

物流管理的目标就是要提升企业的物流能力，实现物流活动的效率化。物流企业要在总成本最低的条件下，提高有竞争优势的客户服务，完成商品从供应地到消费地的流动。企业物流成本管理尽管有自身的具体目标，但必须与企业生存、发展和获利的目标高度一致，同时也应是实现企业目标的细化目标。具体来说，企业物流成本管理的目标有以下几点。

（一）坚持以顾客为中心，提高认可度

在市场经济条件下，顾客是企业物流价值实现的决定因素，企业物流所有价值的实现和增值最终都来自顾客的认可。所以企业物流在进行价值链分析时，应始终以顾客的需求为出发点和归宿。企业物流成本管理理念应建立在顾客对成本管理认可的基础上，一个企业的物流如果不能被顾客认可，即使成本管理再低，也是没有意义的。

（二）降低成本，增加利润

近年来，随着企业原材料成本、人工成本及生产制造成本压缩，探索新的成本压缩渠道、进一步地降低企业成本成为所有企业管理者必须面对的新课题。当"第三利润源"学说、"物流冰山"学说等渐渐被企业认识且认可时，企业降低成本的方向不约而同地转向了物流成本领域。

资料显示，物流成本在企业总成本中占有相当大的比重，其中，生产制造企业和商品流通企业的物流成本占企业总成本的20%左右，而物流企业的物流成本占企业总成本的比重在80%以上。所以，如何挖掘企业物流成本管理的潜力，进一步地降低企业物流成本，进而降低企业的总成本，

提高企业的利润水平,直接关系到企业的生存、发展和获利等基本目标的实现。

从这个意义上说,企业物流成本管理通过物流成本的计算、分析、预测、预算和控制等,使实现降低成本、增加利润的目标与实现企业目标达到了统一。

(三) 提高竞争力

保持企业竞争力的重要因素是降低成本。企业要扩大销售、提高利润,需要依靠价格优势,即降低产品价格。而成本是产品定价的基础,只有降低产品成本才有可能降低产品定价。另外,从收入、成本和利润三者的关系看,在产品收入一定的情况下,成本越低,企业获利越多。因此,企业通过加强物流成本管理,降低成本,提高利润,可以大幅度提高企业的竞争力。

物流合理化也是保持企业竞争力的重要因素之一。物流合理化要求企业能够对原材料、半成品、产成品以及相关信息流动做到 7R(Right),即正确的产品、正确的质量、正确的条件、正确的顾客、正确的地方、正确的时间和正确的成本,这也是现代物流管理的实质。物流合理化能够促进业务流程的优化,实现企业发展从静态化、慢节奏到动态化、快节奏的转变,进而从根本上提高企业的竞争力。

无论是以 7R 原则来衡量物流服务的质量,还是以活动基础作业成本法来控制成本,最终的目标在微观上体现为,以尽可能低的成本为顾客提供最好的服务;在宏观上表现为,在一定的物流收益水平的约束下,追求物流成本的最小化。物流成本管理的最终目标是在提高物流效率和服务水平的同时,不断地降低物流成本,提高企业的利润水平和企业的竞争力。从这一点上说,物流成本管理的目标与企业的目标实现了有效的融合。

三、物流成本管理的方法

为了达到物流成本管理的目的,企业应该采用正确的物流成本管理方法,一般有以下几种方法。

(一)比较分析法

比较分析法是对两个或两个以上相关的、可比较数据进行对比,发现差异和矛盾的一种方法。具体分为横向比较法、纵向比较法和计划与实际比较法。

1. 横向比较法

横向比较法是指将处于同一层次的物流活动成本进行对比,可以用各项物流成本的绝对数相比较,也可以用各项物流成本在企业总成本或物流总成本中所占比重的相对数进行比较。

横向比较法具体是指把企业的供应物流、生产物流、销售物流、退货物流和废弃物物流(有时包括流通加工和配送)等各部分物流费分别计算出来,然后进行横向比较,看哪部分发生的物流费用最多。如果是供应物流费用最多或者异常多,则再详细查明原因,堵住漏洞,改进管理方法,以降低物流成本。

另外,企业还可以与同行同类型的企业进行横向比较,以发现自己的不足和差距。企业也可以对物流活动中的运输成本、仓储成本、配送成本、包装成本等进行比较分析。

2. 纵向比较法

纵向比较法是将两个或者两个以上处于不同层次或不同阶段的事物进行比较。通过纵向比较,可以分析企业物流成本的趋势与走向。

纵向比较法具体是指把企业历年的各项物流费用与当年的物流费用加以比较,如果增加了,再分析为什么增加,在哪个地方增加,增加的原因是什么。如果增加的是无效的物流费，则立即改正。

3. 计划与实际比较法

计划与实际比较法是指把企业当年实际发生的物流成本与原来编制的物流预算进行比较，如果超支了，则分析超支的原因，是在什么地方超支，这样便能掌握企业物流管理中的问题和薄弱环节，进而探索改进措施，提高物流成本管理水平。

（二）**综合评价法**

综合评价法是指用多个指标进行评价的方法，其基本思想是将多个指标转化为一个能够反映综合情况的指标来进行评价。

企业物流是一个完整的系统，物流成本管理要从总成本的角度出发，而不是追求其中某个环节的成本最低。综合评价法就是通过对物流成本的综合效益进行研究分析，用系统的观点对物流活动进行综合评价。

例如，物流过程中采用集装箱运输，不仅可以简化包装、节约包装费，还可以防雨、防晒，保证运输途中物品的质量。但是，如果包装过于简化而降低了包装强度，货物在仓库保管时则不能往高堆码，从而浪费库房空间，降低了仓库的保管能力。由于简化包装，可能还会影响货物的装卸搬运效率等。那采用何种方式运输才能使成本最低呢？这就需要进行综合考虑，经过全面的分析，得出合理的结论。

（三）**过程优化管理法**

过程优化管理法就是通过物流过程的优化来达到降低物流成本的管理方法。物流过程是一个创造时间性和空间性价值的经济活动过程，为使其能够提供最佳的价值效能，就必须保证物流各个环节的合理化和物流过程的迅速与通畅。

运用线性规划、非线性规划，以便能制订最优的运输计划，实现物流运输的优化。

运用系统分析技术，选择货物最佳的配比和配送线路，实现物流配送的优化。目前较成熟的确定优化配送线路的方法是节约法。

运用存储论，确定经济合理的库存量，实现物资储存的优化。其中比较常用的是经济订货批量模型，即 EOQ（Economic Order Quantity）模型。

运用模拟技术，对整个物流系统进行研究，实现物流系统的最优化。

（四）排除法

在物流成本管理中有一种方法叫活动标准管理（Activity Based Management，ABM）。其中一种做法就是把物流相关的活动划分为两类，一类是有附加价值的活动，如出入库、包装、装卸等与货主直接相关的活动；另一类是无附加价值的活动，如开会、改变工序、维修机械设备等与货主没有直接关系的活动。其实，在商品流通过程中，如果能采用直达送货的话，则不必设立仓库或配送中心，实现零库存，等于避免了物流中的无附加价值活动。如果将上述无附加价值的活动加以排除或尽量减少，就能节约物流费用，达到物流管理合理化的目的。

（五）责任划分法

在生产企业里，物流的责任究竟在哪个部门？是物流部门还是销售部门？从客观上讲，物流本身的责任在物流部门，但责任的源头是销售部门或生产部门。以销售物流为例，一般情况下，由销售部门制订销售物流计划，包括订货后几天之内送货，接受订货的最小批量是多少等。假若该企业过于强调销售的重要性，则可能决定当天订货，次日送达。这样的话，订货批量大时，物流部门的送货成本少，而订货批量小时，送货成本就增大，甚至过分频繁、过少数量送货会造成物流费用增加，大大地超过了扩大销售产生的价值，这种浪费和损失，应由销售部门负责。分清类似的责任有利于控制物流的总成本，防止销售部门随意改变配送计划，以此避免无意义、不产生任何附加价值的物流活动。

第三节 物流成本的分类

按不同的标准和要求,企业物流成本有不同的分类。综合来讲,企业物流成本分类的主要目的有两个,一是满足物流成本计算的要求,二是满足物流成本管理的要求。下面分别从成本计算和成本管理两方面来介绍企业物流成本的分类。

一、基于成本计算的企业物流成本分类

企业在计算物流成本时,通常将物流功能、物流成本范围和物流成本支付形态这三个维度作为物流成本计算对象。

(一)按物流成本计入成本对象的方式分类

物流成本按其计入成本对象的方式,分为直接物流成本和间接物流成本。这种分类是为了经济、合理地将物流成本归属于不同的物流成本对象。

成本对象是指需要对成本进行单独测定的活动,可以分为中间成本对象和最终成本对象。最终成本对象是指累积的成本不能再进一步地分配的成本归集点,是物流成本的最终分配结果。中间成本对象是指累积的成本还应进一步地分配的成本归集点,有时也称为成本中心,是将共同成本按某个分配基础进一步地分配给最终成本对象之前的一个成本归集点。设置多少中间对象以及中间对象之间的联系,取决于企业物流成本管理的要求。

1. 直接物流成本

直接物流成本是指直接计入物流成本范围、物流功能和物流支付形态等成本对象的成本。一种成本是否属于直接物流成本,取决于它与成本对象是否存在直接关系,以及是否便于直接计入。因此,直接物流成本也可

以说是与物流成本对象直接相关的成本中,可以以经济、合理的方式追溯到成本对象的那部分成本。

2. 间接物流成本

间接物流成本是指与物流成本对象相关联的成本中,不能用一种经济、合理的方式追溯到物流成本对象的那部分成本。例如,若以物流成本范围为成本计算对象,不能直接计入特定物流成本范围的物流管理成本、物流信息成本都属于间接成本。"不能用经济、合理的方式追溯"有两种情况,一种是不能经济地追溯到物流成本对象,另一种是不能合理地追溯到物流成本对象。

例如,信息人员兼做物流信息工作,从这部分人员的工资中很难分辨出物流信息成本应分担的数额,属于不能合理地追溯到物流成本对象的成本;对于不能经济地追溯到物流成本对象,例如,办公用品的成本可以单独计量追溯到特定部门及人员,但是单独计量的成本较高,而其本身数额不大,准确分配的实际意义有限,不如将其按一定的分配标准统一进行分摊。

(二)按物流活动的成本项目分类

1. 物流功能成本

物流功能成本可分为物流运作成本、物流信息成本和物流管理成本。其中,物流运作成本是指为完成商品、物资的流通而发生的费用,可进一步地细分为运输成本、仓储成本、包装成本、装卸搬运成本、流通加工成本;物流信息成本是指为完成物流信息的收集、传递和处理等发生的费用支出;物流管理成本是指实施物流管理发生的费用支出,既包括物流管理部门的支出,也包括企业物流的管理支出。

2. 存货相关成本

存货相关成本是指物流活动过程中发生的与持有存货有关的成本支出,具体分为流动资金占用成本、存货风险成本和存货保险成本。

物流成本按物流活动的成本项目分类，可以了解在物流总成本中，物流功能成本和存货相关成本各自所占的比重，明确物流成本改善的方向；同时还可以了解物流功能内部不同功能成本的结构，了解各自所承担的物流费用，在进行纵向和横向的比较分析后，明确降低物流成本的功能环节；另外，还可以了解存货相关成本中流动资金占用成本及存货其他成本所占的比重，促进企业加快存货资金周转速度，减少存货风险损失，探索物流功能活动之外的物流成本降低渠道。

（三）按物流活动发生的范围分类

物流成本范围对于物流成本的计算而言，是对物流起点和终点的界定。现代物流，其范围包括从原材料采购开始，经过企业内的生产周转，到产品的销售乃至退货以及废弃物的处理等宽泛的领域。截取其中一部分计算，还是将整个领域作为物流成本计算对象，能引起物流成本的巨大差异。物流成本按物流活动的范围，可分为供应物流成本、企业内物流成本、销售物流成本、回收物流成本和废弃物物流成本。

（四）按物流成本的支付形态分类

按支付形态的不同对物流成本进行分类，是以财务会计中发生费用为基础，首先将物流成本分为企业本身发生的物流费和物流业务外包支出的委托物流费，即自营物流成本和委托物流成本。其中，企业本身发生的物流费又有不同的支付形态，包括材料费、人工费、折旧费、修理费、办公费、差旅费、水电费等。虽然物流成本计算属于管理会计的范畴，但计算物流成本必须以会计核算资料为基础，从基本的费用支付形态出发，逐一提取和分离物流成本信息，这是物流成本计算的难点，同时也是物流成本计算的起点。

财务会计上，费用支付形态多种多样，非常繁杂，鉴于物流成本计算更多地服务于管理，这就需要将形式多样的费用支付形态予以抽象的归类，从而可以从大类上了解物流成本的支付形态构成。

二、基于成本管理的企业物流成本分类

（一）按物流成本是否具有可控性分类

物流成本按是否具有可控性，分为可控物流成本与不可控物流成本。在谈可控物流成本与不可控物流成本之前，首先要明确责任成本的概念。

责任成本是指以具体的责任单位（部门、单位或个人）为对象，以其承担的责任为范围所归集的成本。

可控物流成本是指在特定时期内，特定责任中心能够直接控制其发生的物流成本。其对称概念是不可控物流成本。

可控物流成本总是针对特定责任中心而言的。一项物流成本，对某个责任中心来说是可控的，对另外的责任中心则是不可控的，例如，物流管理部门所发生的管理费，物流管理部门可以控制，但物流信息部门则不能控制；有些物流成本对下级单位来说是不可控的，而对上级单位来说则是可控的，例如，从事运输业务的司机不能控制自己的薪金收入，但他的上级则可以控制。从整个企业的空间范围和很长的时间范围来观察，所有成本都是某种决策或行为的结果，都是可控的；但是对于特定的责任中心或时间来说，则有些是可控的，有些是不可控的。

从管理的角度看，将物流成本分为可控物流成本和不可控物流成本，对于加强物流成本管理、持续降低物流成本具有重要意义。可控物流成本对于特定责任中心而言既然是可以控制的，该责任中心就理应成为控制和降低这部分成本支出的责任单位。同时，从整个企业看，既然所有成本都是可控成本，就应调动企业经营者或物流管理人员，发挥其主观能动性，进一步降低物流成本。

（二）按物流成本习性分类

物流成本习性是指物流成本总额与物流业务量之间的依存关系。物流

成本总额与物流业务总量之间的关系是客观存在的,而且具有一定的规律性。企业的物流业务量水平提高或降低时,会影响到各项物流活动,进而影响到各项物流成本。在一定范围内,一项特定的物流成本可能随着业务量的变化而增加、减少或不变,这就是不同的物流成本所表现出的不同的成本习性。

物流成本按成本习性,可分为变动性物流成本、固定性物流成本和混合性物流成本。

1. 变动性物流成本

变动性物流成本是指其发生总额随物流业务量的增减变化而近似成比例增减变化的成本,例如材料消耗、燃料消耗、与业务量挂钩的物流业务人员工资支出等。这类成本的最大特点是成本总额随业务量的变动而变动,但单位成本保持原有水平。变动性物流成本根据其发生的原因,又可进一步划分为技术性变动物流成本和酌量性变动物流成本两大类。

(1)技术性变动物流成本。技术性变动物流成本是指其单位物流成本受客观因素影响,消耗量由技术因素决定的变动物流成本。例如,物流设施设备的燃料动力消耗支出,在一定条件下,其成本就属于受设计影响的、与物流作业量成正比例关系的技术性变动成本。若要降低这类成本,一般应当通过改进技术设计方案等措施,降低单位消耗量来实现。

(2)酌量性变动物流成本。酌量性变动物流成本是指由主观因素决定,其单位物流成本主要受企业管理部门决策影响的变动物流成本。例如,按物流作业量计算工资的各项物流作业人员费用。其主要特点是单位变动物流成本的发生额可由企业管理层来决定。要想降低这类成本,应通过提高管理人员的素质,来提高决策的合理水平。

2. 固定性物流成本

固定性物流成本指物流成本总额不随物流作业量的变化而变化,其主要特点是物流成本总额保持不变,但单位物流成本与物流作业量成反比关系。固定性物流成本按其支出数额是否受管理层短期决策行为的影响，又可细分为酌量性固定物流成本和约束性固定物流成本。

（1）酌量性固定物流成本。酌量性固定物流成本是指通过管理层的短期决策行为可以改变其支出数额的成本项目，例如物流管理人员的培训费等。这里的费用支出与管理层的短期决策密切相关，即管理层可以根据企业的实际情况和财务状况，考虑这部分费用的支出数额。

（2）约束性固定物流成本。约束性固定物流成本是指通过管理层的短期决策行为不能改变其支出数额的成本项目，例如仓库、设备的折旧费、租赁费、税金、存货保险费等。这部分费用与管理层的长期决策密切相关，具有很大的约束性，一经形成将会长期存在，短期内难以改变。

3. 混合性物流成本

混合性物流成本是指全部物流成本中介于固定物流成本和变动物流成本之间，随物流作业量变动，又不与其成正比例变动的那部分成本。在实务中，有很多物流成本项目不能简单地归类为固定性物流成本或变动性物流成本，它们兼有变动物流成本和固定物流成本两种不同特性。按照其随物流作业量变动趋势的不同特点，混合性物流成本又可分为半变动物流成本、半固定物流成本和延期变动物流成本。

总之，将企业的全部物流成本根据成本习性分为固定性物流成本、变动性物流成本和混合性物流成本，是管理会计规划与控制企业物流成本的前提条件。通过上述成本类型的划分，可以明确不同类型物流成本改善的最佳途径。

对于变动性物流成本，其成本总额随物流作业量的变动而成倍数变动，降低这种成本的途径应是采取多种举措，包括改进技术工艺设计、改善成本效益关系等，在一定物流作业量下，努力降低成本；对于固定性物流成本，其成本总额在一定范围内保持相对稳定，这类成本的降低途径主要在于改善管理层的决策水平，提高固定成本支出项目的使用效率，合理地利用生产能力，取得相对节约；对于混合性物流成本，因其性质的特殊性，首先应根据其与作业量之间的变动关系，将其划分为半变动物流成本、半固定物流成本和延期变动物流成本，然后再结合变动物流成本和固定物流成本的特征，对其逐一进行分析，寻找成本改善的方向。

（三）按物流成本是否在会计核算中反映分类

物流成本是管理会计意义上的"大成本"概念，既包括会计核算中实际发生的、计入企业实际成本费用的各项支出，也包括会计核算中没有实际发生，但在物流管理决策中应该考虑的成本支出。物流成本按在会计核算中是否反映，分为显性物流成本和隐性物流成本。

1. 显性物流成本

显性物流成本是物流成本在管理会计和财务会计两大领域中的共性成本，这部分成本支出是企业实际发生的，既在财务会计核算中反映，又在物流成本管理决策中有所体现。在物流活动过程中实际发生的人工费、材料费、水电费、折旧费、保险费等，都属于显性物流成本。这部分物流成本的计算是以会计核算资料为依据，对会计核算资料分析和信息提取的过程。所有显性物流成本的数据均源于财务会计资料。

2. 隐性物流成本

隐性物流成本是财务会计核算中没有反映，但在物流成本管理决策中需要考虑的成本支出，它是管理会计领域的成本。隐性物流成本的含义较为宽泛，例如，存货占用自有资金所产生的机会成本，由于物流服务不到位所造成的缺货损失、存货的贬值损失、回程空载损失等，这些成本支出并损失确实客观存在，但由于不符合会计核算的确认原则，难以准确量化并缺少科学的计量规则，没有在财务会计中反映。

但是在管理会计领域，为了保证管理决策的科学合理，又要求将这部分成本支出纳入物流总成本范围予以考虑。实践中，从物流成本计算的适度准确和可操作性的要求出发，一般仅将存货占用自有资金所发生的机会成本作为隐性成本纳入物流总成本范围，在管理决策中予以考虑。

将物流成本划分为显性成本和隐性成本，是现代物流成本管理的必然要求。加强显性物流成本管理，可以减少实际发生的成本支出，这是一种绝对成本管理理念；而加强隐性成本管理，可以减少未实际记录的成本损失，是考虑了资金时间和风险价值的成本管理，是一种相对的成本节约理念。

（四）按物流成本管理对象分类

物流成本按管理对象的不同，可以分为事业部物流成本、营业网点物流成本、部门物流成本和作业物流成本等。企业根据物流成本管理实践，选择成本管理对象，通过计算和分析管理对象的物流成本，寻找物流成本管理的薄弱环节，制定相应的措施，改进成本管理。

例如，企业若想通过对各区域分公司物流成本的绩效考核来进行物流成本管理和控制，就应该以区域为物流成本管理对象；若想完善事业部制度，加强事业部的内部利润考核，就应该以各事业部为成本管理对象；若要完善物流作业系统，则应以各物流作业为物流成本管理对象。总之，成本管理的选择应密切配合物流成本管理工作。根据工作需要和管理目标，不同时期的物流成本管理对象可以有不同的选择。

第四节　物流成本管理的方法

一、弹性预算法

（一）弹性预算法的含义及特点

1. 弹性预算法的含义

弹性预算法又称变动预算法、滑动预算法，是在变动成本法的基础上，以未来不同业务水平为基础编制预算的方法，是相对于固定预算而言的。

弹性预算是以预算期间可能发生的多种业务量水平为基础，分别确定与之相应的费用数额而编制的，能适应多种业务量水平的费用预算，以便分别反映在各业务量的情况下所应开支（或取得）的费用（或利润）水平。正是由于这种预算可以随着各业务量的变化而反映该业务量水平下的支出控制数，具有一定的伸缩性，因而称为"弹性预算"。

2. 弹性预算法的特点

弹性预算法的主要特点有以下几点。

能提供一系列生产经营业务量的预算数据，它是为一系列业务量水平而编制的，因此，某一预算项目的实际业务量达到任何水平（必须在选择的业务量范围之内），都有其适用的一套控制标准。

由于预算是按各项成本的形态分别列示的，因而可以方便地计算出在任何实际业务量水平下的预测成本，从而为管理人员在事前据以严格控制费用开支提供方便，也有利于在事后细致分析各项费用节约或超支的原因，并及时解决问题。

弹性预算的优点在于：一方面，能够适应不同经营活动情况的变化，扩大了预算的范围，更好地发挥预算的控制作用，避免了在实际情况发生变化时，对预算进行频繁的修改；另一方面，能够使预算对实际执行情况的评价与考核建立在更加客观可比的基础上。

（二）**弹性预算法计算步骤**

用弹性预算的方法来编制成本预算，其关键在于把所有的成本划分为变动成本与固定成本两大部分。变动成本主要根据单位业务量来控制，固定成本则按总额控制。成本的弹性预算方式的计算公式为：

$$成本的弹性预算 = 固定成本预算数 + \sum（单位变动成本预算数 \times 预计业务量）$$

编制弹性预算的步骤包括以下几步。

首先，选择和确定各种经营活动的计量单位消耗量、人工小时、机器工时等。

其次，预测和确定可能达到的各种经营活动业务量。在确定经济活动业务量时，要与各业务部门共同协调，一般可按正常经营活动水平的70%～120%确定，也可按过去历史资料中的最低业务量和最高业务量为上下限，然后再在其中划分若干等级，这样编出的弹性预算较为实用。

再次，根据成本和业务量之间的依存关系，将企业生产成本划分为变动和固定两个类别，并逐项确定各项费用与业务量之间的关系。

最后，计算各种业务量水平下的预测数据，并用一定的方式表示，形成某一项的弹性预算。

二、目标成本法

（一）目标成本法的含义

目标成本管理就是在企业预算的基础上，根据企业的经营目标，在成本预测、成本决策、测定目标成本的基础上，进行目标成本的分解、控制、分析、考核、评价的一系列成本管理工作。它以管理为核心，核算为手段，效益为目的，对成本进行事前测定、日常控制和事后考核，使成本由少数人核算到多数人管理，成本管理由核算型变为核算管理型；并将产品成本由传统的事后算账发展到事前控制，为各部门控制成本提出了明确的目标，从而形成一个全企业、全过程、全员的多层次、多方位的成本体系，以达到少投入、多产出、获得最佳经济效益的目的。因此，它是企业降低成本、增加盈利和提高企业管理水平的有效方法。

（二）目标成本管理的实施原则

目标成本管理的实施原则包括如下几个。

1. 价格引导的成本管理

目标成本管理体系通过竞争性的市场价格减去期望利润来确定成本目

标，价格通常由市场上的竞争情况决定，而目标利润则由公司及其所在行业的财务状况决定。

2. 关注顾客

目标成本管理体系由市场驱动。顾客对质量、成本、时间的要求在产品及流程设计决策中应同时考虑，并以此引导成本分析。

3. 关注产品与流程设计

在设计阶段投入更多的时间，消除那些昂贵而又费时的、暂时不必要的改动，可以缩短产品投放市场的时间。

4. 跨职能合作

在目标成本管理体系下，产品与流程团队由来自各个职能部门的成员组成，包括设计与制造部门、生产部门、销售部门、原材料采购部门、成本会计部门等。跨职能团队要对整个产品负责，而不是各司其职。

5. 生命周期成本削减

目标成本管理关注产品整个生命周期的成本，包括购买价格、使用成本、维护与修理成本以及处置成本。它的目标是生产者和联合双方的产品生命周期成本最小化。

6. 价值链参与

目标成本管理过程有赖于价值链上全部成员的参与，包括供应商、批发商、零售商以及服务提供商。

（三）**案例分析**

1. 倒扣测算法

倒扣测算法是指在事先确定目标利润的基础上，首先预计产品的售价和销售收入，然后扣除价内税和目标利润，余额即为目标成本的一种预测方法。此法既可以预测单一产品生产条件下的产品目标成本，还可以预测多产品生产条件下的全部产品的目标成本；当企业生产新产品时，也可以采用这种方法预测，此时新产品目标成本的预测与单一产品目标成本的预测相同。倒扣测算法的计算公式为：

  单一产品生产条件下的产品目标成本＝预计销售收入－应缴税金－目标利润

  多产品生产条件下的全部产品目标成本＝∑预计销售收入－∑应缴税金－总体目标利润

公式中的预计销售收入必须结合市场销售预测及客户的订单等予以确定；应缴税金指应缴流转税金，它必须按照国家的有关规定予以缴纳，由于增值税是价外税，因此这里的应缴税金不包括增值税；目标利润通常可采用先进（指同行业或企业历史较高水平）的销售利润率乘以预计的销售收入、先进的资产利润率乘以预计的资产平均占用额、先进的成本利润率乘以预计的成本总额确定。

2. 比价测算法

比价测算法是将新产品与曾经生产过的功能相近的老产品进行对比，凡新老产品结构相同的零部件，按老产品的现有成本指标测定；与老产品不同的部件，应按预计的新的材料消耗定额、工时定额、费用标准等加以估价测定。这种方法适用于对老产品进行技术改造的目标成本的测定。

3. 本量利分析法

本量利分析是成本—产量（或销售量）—利润依存关系分析的简称，也称为CVP分析（Cost-Volume-Profit Analysis），是指在变动成本计算模式的基础上，以数学化的会计模型与图文来揭示固定成本、变动成本、销售量、单价、销售额、利润等变量之间的内在规律性的联系，为会计预算决算和规划提供必要的财务信息的一种定量分析方法。

依据成本、销售量与利润三者的关系式，即

  利润＝单位售价×销售量－单位变动成本×销售量－固定成本

可导出目标单位变动成本的计算式，即

  目标单位变动成本＝单位售价－（利润＋固定成本）÷预计

销售量

三、功能成本分析法

（一）功能成本分析法含义

功能成本分析法是根据价值功能原理，对所生产或研制的产品或对所能提供服务的功能与成本的匹配关系，试图以尽可能少的成本为用户提供其所需求的必要功能或必要服务，或按功能与成本的匹配关系，将产品成本按组成产品的各个零部件的必要功能进行合理的分配，以达到优化成本设计和实现成本控制目的的一种方法。

功能与成本的关系从理论上讲可以表示为：

$$价值 = 功能 \div 成本$$

公式中，功能是指一种新产品、零件或一项服务所具有的用途（或使用价值）；成本是指产品的寿命周期成本（即生产成本与使用成本之和）；价值是功能与成本的比值，与通常的价值概念并不相同，它表明以某种代价（成本耗费）取得某种使用价值是否合理、值得、必要。

功能成本分析的目的在于提高产品或零件、服务项目的价值，即以相对低的寿命周期成本去实现必要的功能。从该表达式可以得出如下提高价值的途径。

在产品功能不变的前提下，降低成本。

在成本不变的前提下，提高产品的功能。

在产品成本略有增加的同时，显著增加产品的功能。

在不影响产品功能的前提下，适当地降低一些次要功能，或去除不必要的功能，从而使成本显著降低。

运用科技手段，或改变产品结构、采用新工艺新材料等措施，既能提高功能，又能降低成本。

（二）功能成本分析法计算步骤

以某机械零件为例，介绍功能成本分析法计算步骤。

1. 计算功能评价系数

功能评价系数计算公式为：

$$功能评价系数 = 某零件的功能分数 \div 全部零件的功能分数之和$$

从上式可以看出，功能评价系数是反映某零件功能重要程度的一个指标。根据价值工程原理，某零件的成本应与该零件的功能重要程度相匹配；换句话说，某零件的功能评价系数数值比其他的零件高，则应配以较高的成本。同理，假如某零件的成本较高，但其功能在产品中相对较低，则说明这个零件的成本分析偏高，应予以改进。

功能的高低，通常是一个定性的概念，将其进行量化评价，是一项较难的工作，通常采用专家打分法来确定。

2. 计算成本系数

成本系数计算公式为：

$$成本系数 = 某零件成本 \div 组成该产品的全部零件总成本$$

成本系数反映当前的各零件成本（即当前各零件的单位变动成本）在总成本中所占的比重。

3. 计算价值系数

价值系数计算公式为：

$$价值系数 = 功能评价系数 \div 成本系数$$

计算价值系数是为了系统地反映各零件的功能与成本之间的匹配情况，从理论上讲，如果某零件的价值系数接近1，两者是相适应的；如果某零件的价值系数偏大，则说明其成本匹配不足；如果某零件的价值系数偏小，则说明其成本匹配过剩。

显然，零件价值系数偏小者，应是成本控制的重点。

4. 计算某零件的目标成本

据功能评价系数将产品的目标成本在零件之间进行分配，其计算公式为：

$$某零件的目标成本 = 该产品的目标成本 \times 功能评价系数$$

5. 计算各零件的成本降低额

计算各零件的成本降低额是为了确定各零件按功能评价系数和产品目标成本要求的升降幅度。

6. 制定降低成本的措施

功能成本分析法的关键，并非只是计算出各零件的目标成本和确定其成本应降低额，更重要的是确定如何对成本控制的重点零件采取必要的措施与方法，使成本实现合理的降低。

四、责任成本法

（一）责任成本法含义

责任成本法（Responsibility Cost Method）是以具体的责任单位（部门、单位或个人）为对象，以其承担的责任为范围所归集的成本，也就是特定责任中心的全部可控成本。所谓可控成本指在责任中心内，能为该责任中心所控制，并为其工作好坏所影响的成本。确定责任成本的关键是可控性，它不受发生区域的影响。责任成本是按照谁负责谁承担的原则，以责任单位为计算对象来归集的，所反映的是责任单位与各种成本费用的关系。

从一般意义上讲，责任成本应该具备以下四个条件。

可预计性。责任中心有办法知道它的发生以及发生什么样的成本。

可计量性。责任中心有办法计量这一耗费的大小。

可控制性。责任中心完全可以通过自己的行为来对其加以控制与调节。

可考核性。责任中心可以对耗费的执行过程及其结果进行评价与考核。

采用责任成本法，有着很现实的意义。

采用责任成本法，对于合理地确定与划分各部门的责任成本，明确各部门的成本控制责任范围，进而从总体上有效地控制成本有重要的意义。

使成本的控制有了切实的保障。建立了责任成本制，由于将各责任部门、责任人的责任成本与其自身的经济效益密切结合，可将降低成本的目标落实到各个具体部门及个人，使其自觉地把成本管理纳入本部门或个人的本职工作范围，使成本管理落到实处。

使成本的控制有了主动性。建立责任成本制，可促使企业内部各部门及个人主动寻求降低成本的方法，积极地采用新材料、新工艺、新能源、新设备，充分依靠科学技术来降低成本。

横向责任单位。横向责任单位是指企业为了满足生产经营管理上的需要，而设置的平行职能机构。它们之间是协作关系，而非隶属关系。横向责任单位主要包括供应部门、生产部门、劳资部门、设计部门、技术部门、设备管理部门、销售部门、计划部门和质量管理部门等。上述各部门内部下属的平行职能单位之间，也可以相对看作是横向责任单位，如供应部门内部的采购部门与仓储部门之间互为横向责任单位。横向责任单位的划分，从某种意义上讲，是将物流成本在横向责任单位之间的合理分割与责任划分。

纵向责任单位。纵向责任单位是指企业及其职能部门为了适应分级管理的需要，自上而下，层层设置的各级部门或单位。纵向责任单位之间虽然是隶属关系，但因其在成本的可控性上有各自的责任与职权，所以有必要在责任单位划分上将其区别出来。以运输部门为例，其纵向责任单位分为公司总部、分公司、车队、单车（司机）。

（二）责任成本的计算方法

为了明确各单位责任的执行情况，必须对其定期进行责任成本的计算与考核，以便对各责任单位的工作进行正确的评价。责任成本的计算方法包括直接计算法和间接计算法。

1. 直接计算法

直接计算法是将责任单位的各项责任成本直接加和汇总,以求得该单位责任成本总额的方法。其计算方法为:

$$某责任单位责任成本 = \sum 该单位各项责任成本$$

2. 间接计算法

间接计算法是以本责任单位的物流成本为基础,扣除该责任单位的不可控成本,再加上从其他责任单位转来的责任成本的计算方法。其计算公式为:

$$某责任单位责任成本 = 该责任单位发生的全部成本 - 该单位不可控成本 + 其他单位转来的责任成本$$

第五节 物流成本管理的策略

一、加强库存管理,合理控制存货

加强库存管理,合理控制存货,是物流成本控制的首要任务。企业的存货成本包括持有成本、订货或生产准备成本以及缺货成本。存货量过多,虽然能满足客户的需求,减少缺货成本和订货成本,但是增加了企业的存货持有成本;存货量不足,虽然能减少存货持有成本,但是又将不能正常地满足客户的需求而增大缺货成本和订货成本。如何确定既不损害客户服务水平,也不使企业因为持有过多的存货而增加成本的合理存货储量,这就需要加强库存控制,企业可以采用 EOQ 经济订货批量法、MRP(Material Requirement Planning,物资需求计划)库存控制法、JIT(Just In Time,准时制生产方式)库存控制法等。

二、实行全过程供应链管理、提高物流服务水平

控制物流成本不仅仅是追求物流的效率化，更应该考虑从产品生产到最终用户整个供应链的物流成本效率化。在当今激烈的企业竞争环境下，客户除了对价格提出较高的要求外，更要求企业能有效地缩短商品周转的时间，真正做到迅速、准确、高效地进行商品管理，要实现这一目标，仅仅是一个企业的物流体制具有效率化是不够的，它需要企业协调与其他企业以及客户、运输业者之间的关系，实现整个供应链活动的效率化。因此降低物流成本不仅仅是企业物流部门或生产部门的事，也是销售部门和采购部门的责任，要将降低物流成本的目标贯穿到企业所有职能部门之中。提高物流服务也是降低物流成本的方法之一，加强对客户的物流服务，有利于销售的实现，确保企业的收益。当然在保证提高物流服务的同时，又要防止出现过剩的物流服务，超出必要的物流服务反而会阻碍物流效益的实现。

三、通过合理的配送来降低物流成本

配送是物流服务的一个重要环节，通过实现效率化的配送，提高装载率和合理地安排配车计划、选择合理的运输线路，可以降低配送成本和运输成本。

四、利用物流外包来降低物流成本

物流外包是控制物流成本的重要手段。企业将物流外包给专业的第三方物流公司，通过资源的整合、利用，不仅可以降低企业的投资成本和物流成本，而且可以充分利用这些专业人员与技术的优势，提高物流服务水

平。笔者对我国一些大型企业进行过调查，物流成本在这些企业中占有相当大的比重，有很多企业的物流配送成本占了销售成本的 20% 以上。它们均在实践过程中通过不同形式的物流外包，降低了物流成本，并且使服务质量得到了明显的提升。

五、控制和降低物流成本

现代物流技术的发展十分迅速，物流系统软件日趋完善。借助物流信息系统，一方面使各种物流作业或业务处理能准确、迅速地进行；另一方面随着物流信息平台的建立，各种信息通过网络进行传输，从而使生产、流通全过程的企业或部门分享由此带来的收益，充分应对可能发生的需求，进而调整不同企业的经营行为和计划，有效地控制了无效物流成本的发生，从根本上实现了物流成本的降低，充分体现出物流的"第三利润源"。

综上所述，物流成本控制是一个全面、系统的工程，要建立全新的控制思想，应从全局着眼，才能获得较好的经济效益，物流"第三利润源"的作用才能真正地发挥。

在现实中，最高的物流服务水平和最低的物流成本两者是不可能同时实现的，它们之间存在"二律背反定律"。高水平的物流服务要求有大量的库存、足够的运费和充足的仓容，这势必会产生较高的物流成本；而低物流成本要求的是少量的库存、低廉的运费和较少的仓容，这又必然导致减少服务项目、降低服务水平和标准。

（一）运输成本控制

这就要求企业必须充分运用社会的现有设施，从全局出发，力求运输距离短、运输能力省、中间运转少、到达速度快、运输费用低、运输质量高，高效地规划航空、铁路、公路、水路联运。

（二）配送成本控制

物流企业可按网点分布和发展规模适度地设置配送中心。而一些生产型企业的内部物流，在现阶段则根本不必考虑建立配送中心，只需优化仓储。

（三）物流设施与设备的合理化

每个企业的物流都有自身的特点，企业应就此合理地选择物流设备与物流设施。仓库是自建还是租赁，需要设置何种货架，使用何种材质、规格的托盘，配备哪些种类的运输、搬运工具与车辆等，都是每个企业要认真考虑的问题。物流设施与设备不要求多而全，但一定要能适应本企业的特点。例如，以商品流通为主的仓储配送中心拥有自己的仓库，将托盘式货架与重力式货架相结合，多用塑料托盘，配备厢式货车，以及四种叉车，以满足物流需要。以第三方物流为主业的公司则租用仓库，采用托盘式货架，主要用木制托盘，实行公路、铁路联运，适量配备两种叉车。

（四）信息系统适度化

物流的信息流决定了物流系统的有效性，指导着资金流的运作。当代社会的需求多样化、个性化，生产类型向多品种、小批量方向发展，生产加工设备也从专用加工设备的流水生产线，转向采用具有多功能的加工中心的柔性制造系统。以一个中等商品流通型企业为例，其经营品种至少有5000种，由此产生的大量信息远远地超出了人力计算的能力。物流系统为了适应这种变化，必然需要高度的信息化。但这一信息化的过程应该是渐进式的，信息系统不必追求非常先进，关键在于是否可以满足本企业的物流管理和成本需要。

第四章 现代物流质量合理化管理

物流质量一个整体概念：其一，在进行物流活动时，各类所需的资源和操作技术是可以实现控制的，易于确定工作标准与质量规格；其二，物流是一种服务工作，会依据客户的不同要求提供对应的服务，客户依据自身的期望来评价企业的物流服务质量。所以，物流质量实质上是企业以物流变化规律所确定的物流工作量化标准与根据物流经营需要而评估的物流服务的客户期望满足程度的有机结合。

第一节 物流质量管理概述

一、物流质量管理的概念

物流质量管理是指科学地运用先进的质量管理方法，以质量为中心，对物流的全过程进行系统管理，包括保证和提高物流产品质量和工作质量而进行的计划、组织、控制等各项工作。质量保证是为了维护用户的利益，使用户满意，并取得用户信息的一系列有组织、有计划的活动，质量保证是企业质量管理的核心。质量控制是保证某一项工作、过程和服务的质量所采取的作业技术标准和有关活动。

物流质量管理是物流服务系统运作的体现，指满足客户的基本需要，明确物流服务的标准，运用经济的办法实施计划、组织、协调、控制的活动过程。企业物流质量管理既要确保实现生产方的要求，将商品完整地配送至顾客手中，又要满足客户的要求，按照客户的要求将所需的产品交至其手中。

二、物流质量管理的内容

物流质量不只包括服务对象的质量，还包括物流工作、产品、工程、服务水平的质量，它是一种具体的多元质量观，主要包括以下内容。

（一）保证和提升产品质量

物流的对象是一定质量、规格的客观实体，它具有性质等级、尺寸大小等要求。物流在其生产作业中会形成服务质量，物流活动的工作就是要确保在运送中产品的质量不被损坏，做到物流服务的质量保证。所以企业对顾客的质量保证不仅要依靠生产流程，也要依靠物流。现代物流活动已经不像传统物流那样只是单纯地运输产品，还要通过其他先进的方式来更好地保护产品质量，甚至是提升产品质量。可以说，物流活动就是产品质量的"形成过程"。

（二）提升物流服务质量

物流活动具有服务的本质特性，也就意味着物流活动的目标是提高公司的物流服务质量。不同顾客所需要的服务质量存在差异，这就要求企业深入地了解顾客的需求，如产品质量的保护、运送规定、交付产品期限、何种配送方法、物流费用（客户索赔或投诉）等相关内容。

（三）提升物流工作质量

物流工作质量指的是物流各环节、各工种、各岗位的具体工作质量。

物流工作质量与物流服务质量，二者相似但也有明显区别。一般来说，物流工作质量是物流服务质量的基础，因为服务质量依靠工作质量，只有将工作质量搞好，物流服务质量才能顺利进行。同样，提高物流服务质量，完善物流运作系统，也会对工作质量起到推动作用。

由于物流系统的信息量过于繁杂，物流工作质量也具有不同的侧重点。以仓库工作质量为例，可以归纳为商品损坏、变质、挥发等影响商品质量因素的控制及管理；商品丢失、错发、破损等影响商品数量因素的控制及管理；商品维护、保养、商品出库、入库及验收、商品入库出库计划管理、计划完成的控制、商品标签、标识、货位、账目管理、库存量的控制、质量成本的管理及控制、库房工作制度、温湿度控制、作业活动标准化等。

（四）提升物流工程质量

工程质量和工作质量一样重要，都会影响物流质量。在进行物流作业时，我们把影响货物质量的环节称作"工程"，其中包括人的影响、设备影响、活动影响、管理系统影响和环境影响等。因此，要提升物流质量就要实现物流工程质量的提升，只有提高工程质量，企业物流质量才会得到更进一步的发展。

三、物流质量管理的方法

（一）目标管理

目标管理是指由企业的管理者和员工参与工作目标的制订，在工作中实行"自我控制"并努力完成工作目标的一种管理制度。目标管理有助于提高员工的积极性与上进心，增强集体荣誉感和团队精神，有利于企业树立质量服务目标。目标管理还有助于公司的经营战略发展，促进科学、合理化的管理，它还是公司创新的"活力素"，能够有效地提高公司的整体工作效率与企业的经营水平。目标管理重视服务活动的结果，便于确保当前的工作技术和科学管理水平，从而进一步地实现企业的经营目标和营业标准。

目标管理的步骤有以下几步。

制订企业的整体质量目标。一般企业会确定某段时间或某个周期内的目标，大部分企业的周期是一年左右。目标是要可实现的、具体的。

制订质量分级目标。要想企业每一位员工都参与实现质量目标的活动，需要调动大家的工作积极性。公司的目标也是员工的目标，无论是员工、部门，还是单位，这不只是个人或集体的要求，也需要每位成员的奉献与努力。企业在确保能够实现经济效益的同时，还需要确定质量责任制。为了方便考核与评估，企业在明确各个分级目标时，应着重把握重点，做到多元化与个性化。

实施企业质量总目标。要根据企业自身的特点，结合质量管理发展的现状，运用科学合理的管理方式和相对应的工作设备，确保能够保质保量地实现企业质量总目标。

评估企业质量总目标。目标同绩效一样，需要先进行评估，然后找出不足，从而进行相应的改善和调整。公司可以通过按时考核、奖惩等方式，对质量总目标进行评价，实现对自身情况的全面、系统的分析，避免在下一个目标中出现相同的错误。

（二）PDCA 循环

1. 工作内容

PDCA 是指计划、执行、检查、总结这四个环节的循环系统，也被称为戴明环。PDCA 是当下大多数公司普遍使用的进行质量管理与控制的重要管理方式之一。四个环节的工作内容如下。

（1）P（Plan）环节：以顾客需求为出发点，以社会、经济效益为目标，制订技术经济指标、研制、设计质量指标、确定相应的措施和方法，这是计划环节。

（2）D（Do）环节：以定好的目标为发展方向，运用准备妥当的工作方式，切实全面地执行工作。这是执行环节。

（3）C（Check）环节：及时检查工作内容，进行相应的反馈，及时发现存在的问题，不断地进行调整和改进。这是检查环节。

（4）A（Act）环节：在检查的基础上，肯定成功的经验，发现自身的优势并加以巩固和发展；同样地，对于缺点和不足，善于吸取教训，避免再犯；而对于尚未解决的问题，可以在下个循环中再进行努力，总结出最适合自身的工作管理系统。这是总结环节。

2. 具体步骤

若将四个环节具体化，可以得出以下八个步骤：

（1）全面分析问题，最大限度地将问题数据化与具体化；

（2）找出影响质量问题的各类影响因素；

（3）抓中心、找重点，找出最主要的影响因素；

（4）结合实际，针对最主要原因，拟订解决计划与方案；

（5）严格按设定好的解决方案实施；

（6）立足质量目标，进行方案结果的检查评价，与预计效果进行比较分析；

（7）根据检查的结果进行全面总结；

（8）找出尚未解决的问题所在，在进行下一轮 PDCA 循环时解决。

3. 三大特点

PDCA 循环有以下三个特点。

（1）大环套小环，各环节相辅相成。PDCA 是一种先进且适应性很强的公司管理方式。各个部门有自己的 PDCA 循环，小到作业层，大到管理层，甚至整个企业，都有自己的 PDCA 循环，彼此之间相辅相成，相互影响。

（2）螺旋式上升。PDCA 循环意味着每循环一次便会上一个台阶。因为每一次新的循环都会解决新的质量问题，循环系统是有规律且不断上升发展的。

（3）总结环节对于PDCA循环是不可或缺的。企业要使自身服务质量水平得到提高，那么总结环节是十分重要的，它可以使工作实现质的飞跃，善于总结更利于创新。故PDCA循环的发展需要总结环节的推动力。

企业可以遵循PDCA循环的四环节、八步骤，来进行相应的质量管理工作安排，还要运用科学技术和设备及管理手段等，对质量资料进行整理和分析，对面临的质量问题做出准确的判断，进而实现企业质量管理总目标。

（三）QC小组活动

质量管理（Quality Control，QC）小组是指企业的员工围绕企业的质量方针和目标，运用质量管理的理论和方法，以改进质量、改进管理、提高经济效益和人员素质为目的，自觉组织起来的以开展质量管理活动为主的小组，简称QC小组。它是企业开展质量管理的基础，可以改善和增强相关人员的素质，提高企业的管理水平，为提高企业的经济效益与降低成本开辟途径。

开展QC小组活动是质量管理的一种必要措施和手段，只有加强管理才能使QC小组的活动取得满意的成效。通常应从以下六个方面实施管理。

1. 组建QC小组

组建原则：立足实际情况，可以进行自我选择合作或企业安排，又或者是在本单位、跨单位建成小组等合作方式。

QC小组类型：主要有现场型、攻关型、管理型和服务型QC小组。

QC小组工作：结合QC小组的本质特点，制订对应的工作任务。例如提高员工参与度，明确质量管理理念，掌握质量管理的方式，制定相关的执行标准，确保质量为大、质量第一；以服务为主，树立顾客至上的理念；对质量管理过程进行优化，对质量管理技术进行改进，对质量管理系统进行科学、合理的规划；有序地组织相关攻克小组，对面临的难题进行全面攻克，有针对性地提出解决方案；对近况进行系统分析，尽最大可能地将资源进行最优配置，减少污染浪费，提高公司的经营成果；最后总结经验，保持并发展好的方面，改善坏的方面。

2. 登记注册 QC 小组

为了实现对 QC 小组的掌握和管理，QC 小组需要进行登记注册，以便对小组的工作情况和结果有适当了解，还可以为其提供正确的工作方向，使小组的工作活动可以顺利地进行下去。另外，登记注册 QC 小组不仅可以提高成员的工作积极性与集体归属感，还有利于下一步工作的开展和落实。

3. 开展 QC 小组活动

QC 小组应以科学的 PDCA 循环工作为理论依据，按程序开展活动，其注意事项如下：要制订活动计划；正确选择课题；选择生动灵活、有魅力的方式；贯彻工作的实效性、实际性、创新性；提高小组成员的参与度，提高他们的工作积极性，实现分工明细化与准确化，加大合作力度，提高工作效率；正确对待所存在的问题，最大限度地利用各个成员的能力，依靠集体的力量发现问题的关键之处，及时确定解决方案；选择实际可行的处理方式，不可脱离实际，好高骛远；在进行每一个工作环节时，应该认真谨慎地做好相关工作记录，这不仅能有效地掌握工作近况，还能与最终成果进行对比。

4. 发表 QC 小组活动的成果

QC 小组工作任务结束后，要进行成果申报，填写申报表，表格经过受理之后，会成立成果评审会，评审会负责对 QC 小组工作活动的最终成果进行评价验证。成果评审会会根据以下因素进行评审：工作是否依计划落实，有无做好工作记录；工作方式是否合理、科学；工作活动是否具有灵活性、创新性；工作成果是否在计划预算之内；活动成果是否达到要求；对工作过程中出现的各类问题，是否及时解决并总结经验；对工作优良之处有无加以巩固等。

经成果评审会完成对工作的鉴定和分析后，公司会开展一系列的成果发布会。这不仅可以增强组织的管理科学性，还能提高小组成员的工作积极性与集体荣誉感，更能使下一步的工作得到正确的开展，促进企业文化的建设，提高企业的经济效益。

5. 评价 QC 小组的工作结果

第一，要先成立一个评价小组，确定对应的、合理的评价标准与评价方式，务必确保评价的公正性与透明性。因为只有公平合理的评价才是对 QC 小组工作成果的肯定，才能促进 QC 小组的有效发展，提高小组成员的工作积极性。

对 QC 小组工作结果的评价有以下两个内容：评价小组活动过程、评价小组活动成果。评价小组活动时要注重评价小组工作流程的特性，比如合理性、过程性等，而评价小组活动成果的重点在于是否具有统一且合理的评价标准，最重要的是一定要确保评价的公平、公正性。

6. 评选及奖励优秀 QC 小组

企业要进行经常性的评选活动，对在物流工作的质量管理和服务管理环节中有突出成绩的优秀 QC 小组进行鼓励与奖赏。这不仅是对小组成员工作的认可与肯定，还可以激发小组成员的工作积极性与责任感；同时也对 QC 小组下一次的工作任务有着不小的激励作用，有利于增进集体归属感，促进小组的健康发展。

四、物流质量管理的基础工作

企业要开展物流质量管理工作，必须先做好一系列的基础性工作。包括完善物流质量管理体系文件、标准化工作、计量工作、质量信息工作等。

（一）物流质量管理体系文件

企业应根据企业本身、员工及企业基础设备等特点，编制科学、合理的物流质量管理体系文件。现代企业物流质量管理体系文件应包括以下内容。

1. 物流质量管理手册

物流质量管理手册是一份规范的纲领性文件，它解释了企业的物流质量方针及企业质量管理体系，其中包括管理者的工作权限、职责和相互关系；物流质量管理工作流程；企业质量方针和目标；关于物流质量管理手册的使用、更改和控制要根据国家标准进行编写。

2. 物流质量管理规范和质量计划

企业物流质量管理规范是质量手册的支持性文件，它是为进行某项物流服务活动所规定的程序文件。例如，进行物流活动的目的、内容和范围；活动的主体与执行者；活动时间、地点；使用的基础设备；由谁负责物流活动的最后成果等。质量计划可以按照企业规定的标准来进行编写，也可以和质量手册的内容顺序相同。质量计划是针对特定的产品、项目和合同，规定专门的质量措施、资源和活动顺序的文件。

3. 物流服务规范

物流服务规范作为一类解释物流服务内容和物流服务质量要求的操作性文件，对现代企业物流服务工作进行了标准化规范。物流服务规范主要有职员工作条件、职位任务和要求、物流服务流程、物流服务等内容，是用来衡量现代企业物流服务质量水平的标准之一，也是企业工作的最低要求。

4. 物流质量记录

质量记录是一个见证性文件，是指为已完成的质量活动或达到的结果提供客观依据，即建立在观察、测量、试验或其他手段所得到的事实基础上，证明信息真实的文件。

（二）标准化工作

物流标准化工作立足于系统，按照标准要求，将整个物流系统进行统一；要求确定物流系统基础设备各个环节的技术标准；确定工作流程，如生产包装、装卸、运输等环节的工作标准；提升物流系统的配合性、融合性，全面优化系统结构，实现物流工作流程的标准统一。

（三）计量工作

全面质量管理理论提到了计量工作的重要性，企业要重视物流质量管理的计量，建立相应的系统评估体系，将进行物流工作时的出错率降至最低。企业不仅要对顾客的服务满意度进行计量，还要对顾客的服务期望水平进行计量。顾客评估服务质量的基础是顾客对服务质量的期望。企业想要正确地掌握顾客对其物流服务的评价，就必须进行顾客期望的计量。只是有一点要注意，进行顾客期望调查计量，会增加物流服务的工作量。

计量工作是一种技术基础性工作，是保证测量值准确有效的重要工作。企业的计量工作是质量管理的重要工作之一，需要贯彻、落实技术标准，保证测量结果准确并且一致。

（四）建立有效的物流质量信息管理系统

建立一个有效的物流质量信息管理系统对于企业来说是十分必要的，它会将企业经营所需要的信息加以集成综合，便于企业管理者正确地做出决策，还能提高员工的工作效率，提升企业物流服务质量水平。

质量信息是指可以反映物流服务质量的基本数据、原始记录及客户投诉等信息。质量管理中不可缺少的就是质量信息，后者是前者的重要依据，因为质量信息带来的价值十分巨大，掌握质量信息有助于优化物流质量管理，提高物流工作的服务质量。通过对质量信息进行分析，以及改善工作质量，企业可以对自身的经营情况进行更深入的了解，进而做出高效、科学的决策。

企业在开展经营活动时，因为某些内部或者外部原因，不可避免地会出现自身物流质量的波动变化。想要提高企业物流服务质量管理，那就必须实时掌握物流质量信息，掌握其当前现状、活动流程及发展趋势，分析其存在的问题并加以改善，将物流质量管理的基础任务做好。通常，企业会建立一定的评价指标体系与一套标准规范的工作流程，及时对企业物流质量管理信息进行收集和整理分析，力求实现服务质量最优化，减少工作误差，提高自身质量管理水平。

（五）质量责任制

对于企业来说，提高物流服务质量与工作效率是发展的必经之路，更是在当今激烈的竞争市场中立足的根本。服务质量是一个企业物流服务管理水平的评价标准，是企业展示给客户的最直接表现形式。因此，企业必须重视质量管理，把提高服务质量作为一项首要工作，建立相应的评价系统，对工作效率与服务质量进行考核，提高客户满意度，提高企业物流服务质量管理水平。

公司中每个员工的工作都会在一定程度上对产品的质量有着或好或坏的直接影响或间接影响。每个个体究竟应该做些什么？应该怎样去做？应该承担什么责任？又应该享有什么权利？这些都必须通过建立责任制进行明确的规定。因此，建立质量责任制，是组织共同劳动、保证生产正常进行和确保产品质量的基本条件。只有通过建立质量责任制，才能够把质量管理任务落实到每一个工作环节中去，才能够全面地提高企业物流服务质量，进而提高客户的满意程度，使企业获得更多的经营效益。

（六）质量教育工作

企业物流活动是为生产经营服务的服务性活动。要推动企业物流质量管理水平的提高，质量管理培训必不可少。质量教育工作立足于物流可持续性发展的重要措施，质量管理要从质量教育工作开始。质量教育工作是保持员工进行生产或提供服务时具有活力的重要因素，部门员工与各工作环节的技术水平决定着物流服务的质量。只有将质量教育工作作为提高服务质量的第一步，全面提高员工的职业素养与服务水平，才能系统地开展物流质量管理，建设企业服务文化，提高企业的经营水平。

第二节 物流全面质量合理化管理

一、全面质量管理概述

（一）全面质量管理的产生和发展

全面质量管理的起源可以追溯到第二次世界大战结束以后。当时由美国贝尔实验室发起了一个关于质量管理的活动，称为"全面质量保证计划"，认为质量管理贯穿了整个生产过程。这个活动向人们阐明了建立质量标准的重要性及必要性。1961年，美国通用公司质量经理费根堡姆在其著作《全面质量管理》中阐述了全面质量管理的理念，标志着全面质量管理体系的问世。他在书中说明，只注重重点部门的工作活动是不科学的，要合理规划所有部门的质量活动，只有这样才能降低生产成本，生产出高质量产品，更好地适应市场和消费者的需求。费根堡姆的理念极具创新性，许多国家的企业纷纷借鉴他的思想，并加以改进，特别是在日本，得到了更进一步的落实。

全面质量管理是一种科学管理方法，是一种全面的方式，它不仅仅适用于生产产品的工作流程，还在产品上进行延伸，深入到各个环节领域中。它实现了"四全、一科学"，就是指全企业、全成员、全过程、全指标，注重员工参与度，以科学数理统计方法进行活动，提高顾客满意度，实现企业经济收益，提升企业文化建设。

所以，全面质量管理不只是一般的产品质量管理，它还把质量管理的覆盖面拓宽到产品特点、经济特点、环境特点及企业管理标准上；不单涉及产成品的功能，还涉及其全寿命周期的性能。

（二）全面质量管理概念

从改革开放至今，我国大力推行全面质量管理发展战略，将全面质量管理做到真正的全员参与，实现全性能、全流程的质量管理。从20世纪80年代到今天，全面质量管理已经有了质的飞跃，从早期的TQC（Total Quality Control）向TQM（Total Quality Management）转型，它被赋予了更为深远的含义，已经成为一种科学的、系统的经营管理方法和理念。

全面质量管理是为了能够最经济、充分地考虑到顾客要求，进行市场研究、设计、制造和售后服务，把企业各部门的研制质量、维持质量和提高质量的活动构成一个有效体系。全面质量管理要求的不只是企业员工，通常还包括企业管理层。它要求企业所有人员共同合作，将技术与经营理念、工作方式和思想教育进行系统结合，做到可以在工作全过程中体现质量管理系统，将现有资源进行最大化的利用和配置，在满足顾客需求的同时，提高顾客满意度。实际上，全面质量管理的本质就是不断地提高员工的工作素养与工作积极性，激励员工做好本职工作，从而实现工作效率的提高，在产品或服务质量方面实现质的飞跃。

对于企业而言，建立全面质量管理体系具有较多的优势。第一，可以增强员工的士气和工作责任感，有利于提高产品质量水平，使得产品更好、更快地进入竞争市场；第二，有利于加快产品的生产进程，减少生产成本，在生产前期就做到"快、好、准"，同时降低工作误差，乃至预防工作事故的发生。因为全面质量管理的特性就是将传统的处理方式进行转型，将事后总结转变为全过程控制。贯彻系统性理念，对质量工作进行科学、系统的调整；比起结果，应该更加重视过程，重视所运用的工作方式，从而使企业经营具有针对性，提高质量管理的全员参与度。结合系统的技术手段和先进设备，实现生产过程优化升级，务必确保提高产品质量，提升顾客服务质量水平。

二、物流全面质量管理的内容

物流全面质量管理的内容有：全过程物流质量管理、全员物流质量管理及全性能物流质量管理。

（一）全过程物流质量管理

从供应链的系统观点出发，产品（服务也是产品）的生命周期是指从原料、半成品和成品的生产、供应、销售，直至到达最终消费者的整个过程。供应链管理就是通过协调这个过程中的物流、信息流、资金流，以满足顾客的需要。供应链管理涵盖了整个物流过程，它强调和依赖战略性举措，指出要运用系统的方法，不断地实现各个环节的调整合作，进而提升质量管理目标。同时，供应链管理指出，不仅仅只是进行企业间的资源集中与分享，而是要将供应链上存在的各个企业看作一个整体。

在实际操作中，供应链的业务流程是正向和逆向的流程组合。正向流程是指从供应方向消费者提供服务活动的供应链过程；逆向流程是指从消费者向供应商进行市场需求反馈的供应链过程。从供应方开始，到制造方、销售方，最后到消费者，都是供应链上的主体。供应链不是单向流动的，它是双向的。各个环节都有各自的工作任务，虽然任务不同但是可以相互合作、相互影响、相互协调。每个环节必不可少，它们一起形成了一条完整的供应链。

物流全面质量管理所针对的物流过程是指供应链物流的全过程。这个过程中的所有产品、服务都会被纳入一个统一的质量管理体系。无论是供应商、制造商，还是分销商、零售商，只要是供应链上的节点企业，都要以顾客的利益为中心，它们追求的目标和信息是一致的。所以，现代市场竞争不是个别企业之间的竞争，而是供应链与供应链之间的竞争。

（二）全员物流质量管理

企业在进行经营活动时，不可避免地会直接或间接地对产品生产或者物流服务质量产生一定影响，所以物流质量管理要求企业各部门与员工必须提高工作素养和工作积极性。工作人员必须树立"物流质量人人有责"的理念，全面调动工作积极性，提高工作素养；企业要制定相关规范和标准，提高质量管理的全员参与度，这样才能将质量管理落实到工作中，从而提高生产效率，提升顾客满意度。开展质量管理工作，要做到下列几点：

第一，进行质量管理培训教育。提高员工质量服务水平，将"质量第一"置于首位。全面提升员工的技术水平、管理理念及自身工作素质，激励员工参与质量管理相关工作活动，提高建设参与度，科学、系统地从根本上开展全面质量管理工作。

第二，制定质量管理规范标准。明确员工的工作任务、工作标准，使质量责任制得到切实开展，让员工严格按照标准进行工作，实现工作的系统化、全面化与规范化。特别是企业领导必须重视并参与质量管理，要确保产品质量的安全性，提高质量管理和决策工作的正确性。公司领导层要树立榜样形象，做好引导作用，提高自身素养，积极学习质量管理知识，并将质量管理思想贯彻于实际工作中的方方面面。只有领导层做好示范作用，企业员工才能更好地投入到质量管理建设中。有了公司领导层的强力支持，全面质量管理工作的开展与建设就不是件难事。

第三，激发员工的创新性与活力。企业可以开展各类参与性较强的质量管理建设活动，如组建质量管理小组、举行质量管理的交流会议等，使员工的创新能力得到充分发挥，群策群力，实现人力资源利用最大化。这不仅有利于公司质量管理水平的提升，还有利于加快企业文化建设。

（三）全性能物流质量管理

因为物流质量会受到多种因素影响，企业要想进行物流质量管理，就必须对这些因素进行分析比较，掌握其发展规律，以便更好地落实物流质量管理工作。

1. **安全性质量管理**

（1）产品强制性认证。质量认证是国际上通行的关于产品、过程和服务的评价方式，是随着现代工业发展逐渐形成的一种外部质量保证的手段。围绕一些健康、安全、绿色产品，进行立法或颁布强制性认证制度，维护社会稳定发展。企业必须严格遵守，不生产不销售没有国家认证标志的不良产品。

（2）环境标志产品认证。生产力的发展为人类创造了丰富的物质生活，同时环境问题也日益严峻。所以，各个社会组织需要对自身的环境形象进行相应的改善，将保护环境作为工作的前提之一，来谋求长远的生存和发展。现代企业不能仅仅追求短期的经济效益，也要关注企业的长期战略发展目标，同时也需要注意环境保护与生态建设。环境标志产品认证是所有企业必须进行的工作之一，物流企业更是如此。

（3）食品安全质量管理控制体系。食品质量问题和食品安全问题一直是民众关心的重大问题，同时也是食品制造业应该置于首位的工作。食品生产企业会受到来自政府的严格监督和管理，现在最为常见的就是对食品企业的质量和安全管理体系进行认证。这种认证严格明确了标准和工作规范，要求企业将客户的人身安全问题放在第一位，同时对食品的生产、储藏、运输、销售全过程进行标准化管理及监督。

2. **质量经济性管理**

产品质量之中蕴藏了提高经济效益的巨大潜力，"向质量要效益"也反映了质量与效益之间的内在联系。质量效益来自消费者对产品的认同及其后续消费支付。质量损失是指在产品的整个生命周期过程中，由于发生产品质量问题所导致的供应链上各个主体，甚至是社会所付出的全部损失成本之和。

（1）生产者损失。生产者损失分为无形损失与有形损失两种。因为质量不过关而产生的生产者损失不一定都在出厂之前发生。也可能在出厂之后发生，通常称为"剩余质量"，剩余质量使生产者花费过多费用而带来不必要的损失，过度追求产品质量，导致产品质量远远超过用户的实际需求。

（2）消费者损失。消费者损失，是指产品在使用过程中，因为产品自身的质量问题而造成的消费者损失。常见的有，产品质量问题、交货期限延长、产品因故障停产、维修问题等。按照我国有关法律规定，面对消费者损失问题，企业必须对消费者进行合理的赔偿。

（3）资源损失。资源损失大多是指产品的缺陷对社会造成污染或因公害引起的损失，以及对环境的污染和破坏、对资源的浪费等所导致的损失。因为不容易发现和确定这种损失的受害方，所以生产方往往会忽略这一损失。就像是排放大量废气的机动车，实际上对环境伤害很大，但是如何确定受害人，如何赔偿，没有人能给出一个特定答案，所以很难去追究生产方的责任。

3.质量成本及控制

质量成本就是指为使产品质量保持在规定质量水平上所需的相关费用，同时也包括生产流程中为实现质量目标的成本，或者没有达到质量目标而需要耗费的有形和无形的成本。质量成本是企业生产总成本的组成部分之一。

质量成本包括与预防、鉴定、维修和修复次品相关的成本及因浪费生产时间和销售次品而导致的机会成本。传统的质量成本被纳入间接成本的范畴中，只用来对产成品进行检验。为了满足顾客的需要和期望及有效地维护企业自身利益，企业必须有计划、高效地利用可获得的技术、人力和物质资源。在平衡风险、费用与利益这三者的关系前提下，全面地掌握质量管理工作。

质量成本控制立足企业目标，通过科学、规范的手段将质量成本控制在确切标准之中。控制过程分为核算、制订控制决策和执行控制决策三步。

第三节 物流服务质量的控制与改进

一、物流服务质量标准的概念和分类

物流服务质量标准是指物流服务质量所要达到的水准。物流服务质量标准的制定是企业经营过程中非常重要的决策阶段，物流服务质量标准的完整性和严格程度直接影响物流系统的整体运行水平。

（一）物流服务质量标准的概念

标准是指在一定范围内获得最佳秩序，以科学、技术、经验的综合成果为基础，对活动和结果规定共同的和重复使用的规则、指导原则或特性的文件。

物流服务质量标准是指在运输、配送、包装、装卸、保管、流通加工、资源回收及信息管理等环节中，对服务质量提出明确应该达到的，并能够检验的和可重复使用的规则或指导性文件，是物流企业在为客户提供服务时的准则和依据。

物流服务质量标准主要包括：有形的，如物流系统的各类固定设施、移动设备、专用工具的技术标准；无形的，如物流过程各个环节内部及之间的工作标准，物流系统各类技术标准之间、技术标准与工作标准之间的配合要求，以及物流系统和其他相关系统的配合要求等。制定和实施物流服务质量标准，目的在于实现物流质量管理的制度化、科学化，明确物流企业和客户的权利和义务，确保物流工作目标的实现。

物流服务质量标准不仅是物流企业向社会提供和承诺的可监控、可考核的服务产品性能的指标，还是物流企业规划建设、设施设备的配备、管理条例、工作流程和规章规范，以及工作人员（尤其是一线服务人员）素质和工作方法的标准。这种标准化管理方法的核心,是以物流服务工作中大量出现的重复作业方法为对象,以现行的规章制度为依据,在物流服务工作实践的基础上,协调一致地制定并实施服务标准。物流服务质量标准通过建立一整套质量控制体系,将他控、自控和互控结合起来,将预先控制、现场控制和事后控制结合起来,实现物流质量管理的制度化、科学化。其基本思想是统筹人、物和环境等因素,优化物流服务与管理方法,从而满足物流工作的中心目标——把合适的产品以合适的数量和合适的价格在合适的时间和合适的地点提供给客户,以获得良好的社会效益和经济效益。

(二) 物流服务质量标准的分类

根据物流系统的构成要素及功能,物流服务质量标准可以划分为以下三类:

1. 大系统配合性、统一性标准

物流作为一个整体系统,其子系统之间的配合应有统一的标准。这些标准主要有:专业计量单位标准,物流基础模数尺寸标准,物流建筑模数尺寸标准,集装模数尺寸标准,物流专业名词标准,物流核算、统计标准,标志、图示和识别标准等。

2. 分系统技术标准

大的物流系统可以划分为许多子系统,子系统中也要制定一定的技术标准。主要包括:运输车船标准,作业车辆(如叉车、台车、手车等)标准,传输机具(如起重机、传送机、提升机等)标准,仓库技术标准,站台技术标准,包装、托盘、集装箱标准,货架、储罐标准等。

3. 工作标准与作业规范

工作标准与作业规范是指对各项工作制定的统一要求及规范化规定,其内容很多。例如,岗位责任及权限范围,岗位交接程序及作业流程,车船运行时间表,物流设施、建筑的检查验收规范等。

二、物流服务质量标准化的实施

物流是一个比较开放的系统，涉及资源的整合、协作。实施物流标准化，有利于合作各方的责任落实，对于促进物流运作的高效通畅、提高物流服务水平、优化物流作业流程、更好地与国际接轨具有重要作用。现代物流体系主要由运输、装卸、仓储、加工、包装、配送、信息服务等环节构成，随着信息技术和电子商务、电子数据、供应链的快速发展，国际物流业已经进入了快速发展阶段，物流业迫切需要制定系统内部各个环节的工作标准、技术标准、服务标准、各岗位责任制、操作程序、机械设备使用规定等。物流业应以系统为出发点，研究各个分系统与分领域中各个标准的配合性，统一整个物流系统的标准、计量单位标准等。为此，国家标准化管理委员会将建立物流服务标准化作为推进服务业标准化的重要内容之一。

（一）物流服务质量标准化的含义

标准化是指在一定范围内获得最佳秩序，对现实问题或潜在问题制定可共同使用和重复使用的条款的活动。而物流服务质量标准化就是通过对物流服务质量标准的制定和实施，以及对标准化原则和方法的运用，达到服务质量目标化、服务方法规范化、服务功能模块化、服务流程合理化以及服务设施和设备的通用化，从而获得优质服务的活动过程。

随着消费多样化、流通高效化，一般性的服务以及传统的运输和仓储服务难以满足专业化、定制化、供应链一体化的需求，物流成本不再是客户选择服务的唯一标准，人们更多地关注服务质量，对综合物流服务的要求越来越高。同时，产品的多样化带来服务的多样化和个性化，也构成了对企业资源优化配置能力的全新的挑战，售前、售后服务，物流服务，产品寿命周期终端回收、处置服务等，已成为市场营销竞争战略的重要内容和手段。因此，物流服务质量标准化是提升企业市场竞争力的必然选择。

物流服务标准的建立，可以使物流企业管理者规范管理制度、统一技术标准和服务岗位的工作项目及程序，向物流服务产品的消费者提供统一的、可追溯的和可检验的重复服务，并且降低企业员工培训的人力资源成本。物流企业可以此来建立自己的品牌优势，在竞争激烈的市场上赢得一席之地。

（二）物流服务质量标准化的原则

物流服务标准化是物流业规范发展的基础。因为物流是一个复杂的系统工程，对待这样一个大型系统，要保证系统的统一性、一致性和系统内部各环节的有机联系，需要多种方法和手段，而标准化就是现代物流管理的重要手段之一。物流质量标准化建设应遵循如下主要原则：

1. 面向客户

物流服务质量标准的制定要面向客户需求。物流业属于现代服务业，主要为生产者提供服务。因此，物流服务提供商要对客户的生产和营销体系有着透彻的了解。建立客户物流服务需求的调查规范，将有利于为客户提供高效、经济的物流解决方案，方便客户获得和使用物流服务，与客户共担风险和共享收益。

2. 注重过程

物流服务质量标准的制定要面向服务过程。物流服务具有服务产品的一般特性，即无形性、不可储存性、过程互动性和异质性等特点。对于服务质量的控制不可能像有形产品那样采取事后检验的办法，因此必须对服务过程实施监测和控制，即对物流服务质量实施预防性或前置性管理。物流企业通过服务标准，确保服务过程的可见性，以消除客户对过程不确定性的担忧，从而保障客户的利益。

3. 方便接轨

物流服务质量标准的制定要考虑未来的发展。由于经济全球化已经成为时代的潮流，因此物流服务质量的标准化体系应尽可能地为物流服务采用其他标准体系预留接口，以便与客户接轨、与国际标准接轨，打破市场壁垒。

（三）物流服务质量标准化的内容

随着物流的社会化程度不断地提高，现代物流作为一种产业类型，要成长为一个社会化的产业集群，必须要有一定的标准来保驾护航。因此，物流服务比较发达的国家基本都有较为完善的物流标准体系。加快物流服务标准化建设也是推动我国物流产业发展和提高物流企业竞争力的基本要求。作为标准化的一部分，物流服务标准化是按照物流合理化的目的和要求，制定各类技术标准、工作标准，并形成全国乃至国际物流系统标准化体系的活动过程。具体来说，物流服务质量标准化主要涉及如下五个方面的内容。

1. 物流技术方法标准化

物流技术方法标准主要分为四部分，即物流技术方法通用标准、物流综合技术方法标准、物流环节技术方法标准和物流增值业务作业标准。物流技术方法通用标准主要包括物流技术方法的总则、术语、内容、分类等；物流综合技术方法标准主要包括综合作业技术方法标准、物流集成优化技术标准、综合物流业务单证标准和特定产品物流作业规范；物流环节技术方法标准主要涉及运输、仓储、包装、配送、装卸搬运及流通加工等环节的技术方法标准；物流增值业务作业标准是指对物流延伸业务进行作业的标准与规范，主要包括采购和销售延伸业务作业规范、专项代理业务作业规范、金融延伸业务作业规范，以及其他业务作业规范。

2. 物流设施设备标准化

物流设施设备标准包括基础标准、集装化器具和物流设备标准。物流设施设备基础标准主要涉及物流设施设备的主要术语、分类、图示符号等；集装化器具主要分为托盘、集装箱、周转箱和其他集装器具等，不同形式的集装化之间，其标准应相互适应、相互配合；物流设备标准主要规范设备的尺寸（如货车车厢）、性能要求（如冷餐车的制冷性能）、稳定性要求（如叉车的稳定性）等，对具体的单体设备则不作过多的参数性、部件性要求。

3. 物流管理标准化

物流管理标准分为物流管理基础标准、物流规划标准、物流安全标准、物流环保标准、物流统计标准。物流管理基础标准主要包括物流管理术语标准、物流企业分类标准、物流从业人员标准等；物流规划标准包括物流规划基础标准、区域物流规范标准、物流园区（基地）规划标准、物流中心规划标准；物流安全标准包括物流设施设备安全标准、物流作业安全标准、物流人员安全标准、危险品及特殊物品安全标准；物流环保标准包括物流基本业务环保标准、物流特殊业务环保标准、废弃物流环保标准；物流统计标准主要包括物流统计基础标准、物流业务活动统计标准、物流从业人员统计标准、物流绩效评估标准等。

4. 物流服务标准化

物流服务标准包括物流服务基础标准和物流服务管理标准。物流服务基础标准由物流服务分类标准组成，是制定其他服务标准的依据；物流服务管理标准是对物流企业建立质量管理体系中的质量方针、质量目标、质量职责评审等提出的各项要求。

5. 物流信息标准化

物流信息标准主要包括物流信息基础标准、物流信息技术标准、物流信息管理标准、物流信息服务标准等。物流信息基础标准是物流信息建设中的通用标准，主要包括物流信息术语、分类、编码等；物流信息技术标准主要分为物流信息采集标准、物流信息交换标准、物流信息系统及信息平台标准等；物流信息管理标准主要包括物流信息管理的基本要求，以及物流管理过程中订单处理、仓储作业、运输及配送作业、结算、合同管理、投诉管理、统计分析等环节的信息管理要求；物流信息服务标准的现有标准较少，鉴于从业人员是服务标准中的重要方面，因此物流信息服务标准可分为物流信息从业人员服务标准和其他人员服务标准。

三、物流服务质量控制的内容

对物流企业服务质量进行控制，必须建立起一套完整的控制体系，必须要有一定的标准。围绕顾客的物流服务过程会涉及的问题，都应当进行分析并提出相关的优化途径。一般来说，物流服务质量控制主要分为物流服务过程质量控制和物流服务支持过程控制两个方面。

（一）物流服务过程质量控制

由于物流服务具有需求的不确定性和过程的复杂性等特点，因而不能完全按照制造业中完全一致的质量控制方法来进行，这就造成物流企业的质量定量化较为困难。为此，依据质量控制环节，可将物流服务质量划分为方案设计质量和一致性质量。方案设计质量是指物流服务创新过程输入的结果；一致性质量是指物流服务能在多大程度上符合设计的规范。方案设计质量控制主要是物流方案设计阶段的质量控制；过程一致性质量控制主要是在物流提供过程阶段的质量控制。

1. 方案设计阶段控制

方案设计控制是指通过与顾客进行有效的沟通，对顾客的需求、顾客对于物流企业服务质量的期望、竞争企业的服务状况做全面的了解后，通过科学的设计方法，设计出符合客户期望的物流服务方案。方案设计质量的控制难度较大，不同客户对质量的期望不同，也就是说，物流结果的质量需要"符合期望"，而顾客的期望具有不确定性，受价格、竞争企业的质量、宣传的效果等方面的影响。方案设计控制具体包括确定顾客需求、将需求转化为质量特性、将质量特性转化为物流服务提供方案等方面。

2. 提供过程阶段控制

过程一致性控制是指使物流过程中提供服务的工程设施、技术装备等的质量"符合规格"，从而使物流对象和物流结果的质量也符合规格。过程一致性控制是根据方案设计和物流行业标准、企业标准、物流服务提供规范等要求，设立质量控制标准，然后在整个物流过程中严格按照标准来执行，并对整个过程进行测量、监视和不合格改进，使整个过程符合标准。过程一致性控制具体包括确立服务质量标准、建立测量过程、测量实际绩效、比较质量标准与实际绩效以及纠正偏差。

（二）物流服务支持过程控制

物流服务支持是一个完整的物流质量控制体系能够有效运行的基础，对物流服务质量影响很大。物流服务支持过程是指对物流方案设计与提供过程、顾客感知过程、物流服务内容等提供合适的支持和保证的过程，具体包括所有对物流过程提供支持的人员、机器、管理方法、环境等要素。各种硬件和软件设施，如各种工具的可靠性和准确性、物流作业流程的合理性、信息系统的快速响应性，以及标准本身制定得是否合理、人员和机器的匹配是否恰当，都影响着物流服务标准的达成。因此，物流服务支持过程主要致力于对物流活动、顾客感知、客户服务要求的关键支持过程的识别，进行关键过程设计并提供关键支持服务，运用适合的统计、测量、分析技术与方法实施监控。具体来说，物流支持过程控制主要通过设置组织机构、明确管理职责和实施资源管理来实现支持物流服务的目的。

1. 设置组织机构

物流企业质量控制以物流过程为主线，所以在组织设计中应建立以过程为导向的水平化组织。传统的垂直职能组织属于部门分割的形式，各种物流活动分散于各个独立的部门中，企业物流活动几乎处于割裂状态，造成物流业务运作相互牵制，物流效率低下。而物流服务的灵活性要求企业的组织也必须灵活，在对物流各环节进行全过程的质量管理时，有效的物流组织是至关重要的因素。

2. 明确管理职责

物流服务质量涉及各个部门和人员，因此应结合物流企业的实际情况，商讨、分析、明确质量职责，在此基础上进行分工，明确各部门的责任，加强配合和协作，保证质量职责的落实。同时，应对服务质量形成的各环节进行分析，建立严格的质量控制程序，做到服务质量管理程序化。此外，为保证服务质量，必须制定严格的质量管理制度、物流服务规范和标准等，以规范和约束物流服务人员的行为。

3. 实施资源管理

物流资源是物流服务质量控制体系的物质、技术基础和支撑条件，是物流服务质量控制体系赖以存在的根本，也是其能有效运行的前提和手段。物流资源主要包括人力资源、物质资源和信息资源三部分。人力资源是实现物流服务质量控制最为基础和关键的要素。根据服务利润链原理，客户忠诚才能给企业带来更多的利润。而物流企业要真正做到顾客满意，必须加强人员培训，提高服务人员的基本素质、服务方法、服务技能、职业道德等。物质资源主要涉及物流基础设施及设备。物流企业可根据客户的需求及企业自身的服务能力，设定设备设施提供物流服务的产能，在确保为客户提供全面服务的同时，减少对技术设施及设备的投入。物流服务质量控制体系还有赖于物流管理信息系统的支持。物流企业可根据自身的信息资源，给客户提供个性化的物流服务，并针对客户的偏好适时地调整自身的物流服务，以提高物流服务效率。

四、物流服务质量持续改进的环节

为了能使物流服务质量的持续改进能有效地开展，物流企业应确保改进的组织、职能和计划落实，并运用正确的工作步骤和方法。在PDCA循环中，计划、执行、检查和处理这四个管理环节是不断循环转动的，每一个循环解决一个主要的问题，服务质量就提高一步，并不断地向新的质量目标持续下去。

（一）P——计划阶段

这一阶段的主要工作是收集物流服务质量信息，确定服务质量目标、计划，并制订相应的实施措施。物流服务质量因不同用户而要求各异，比如：配送额度、间隔期及交货期的保证程度，成本水平及物流费用的满足程度，运输方式的满足程度等。物流服务提供者必须要了解需求，通过访问、市场调查等方式搜集服务质量信息。要搞清楚用户的要求和标准，即用户需要什么类型的物流服务及相应的水平要求。在此基础上，分析自身服务质量的现状，找出质量差异；分析影响质量产生差异的因素，找出影响质量的主导因素及影响程度，要客观准确，有数量分析。针对影响质量的主导因素，结合企业资源的实际情况，制订出提高质量的技术组织措施，即制订出计划，并要具体落实执行者、时间、地点和完成方法等。总之，计划和措施要求具体、准确、可行、明确。

（二）D——执行阶段

这一阶段的主要任务是实施改进计划，按既定计划、目标、措施及分工，严格组织计划实施，同时根据实际情况对原计划进行补充和调整。物流活动涉及许多环节，在为顾客提供物流服务的过程中，多种因素的共同影响导致企业物流服务质量的变化。加强物流服务质量管理需要随时了解和掌握物流服务质量的现状、运行过程和发展趋势，及时发现问题、改进管理，提高企业物流服务与管理质量。物流服务的提供者可建立有效的服务质量管理信息系统，控制物流过程，同时为企业提供物流服务质量改进决策所必需的各种信息，激励企业内部员工改进物流服务工作。比如，通过物流服务质量管理信息系统，计量顾客对物流服务质量的期望，实时监控物流服务质量状况等。此外，该阶段涉及相关部门和相关人员，要注意全员参与管理的重要性。

（三）C——检查阶段

这个阶段主要是物流服务提供者在计划执行过程中或执行之后，检查执行情况是否符合计划的预期结果，如果实际与预定目标偏离，应分析原因。这一阶段可建立一些具体的指标考核方法，比如物流服务可采用关键绩效考核法（Key Performance Indicator，KPI）。

（四）A——处理阶段

这个阶段主要是对检查结果进行总结，有针对性地修改和制定有关标准及质量工作制度，防止问题再次发生。必要时还应查明并列出这一循环尚未解决的问题，拟订措施和对策。遗留问题转入下一循环中，继续解决。该阶段的重要性在于对解决问题的成功经验进行总结，使质量水平提高一个层次；同时指出此次循环的问题，推动下一循环的进行。对遗留问题应进行细致分析，要充分看到改进的成果，不能因为存在遗留问题就打消了改进的积极性；但也不能盲目乐观，对遗留问题视而不见。质量改进之所以是持续的、不间断的，是因为任何质量改进都可能存在遗留问题。一次质量改进成功后，又可能产生新的问题，进一步改进的可能性总是存在的。

在处理阶段需要进行的另一项重要工作是通过采用一定的测量评价技术，对改进的效果进行度量。其主要方法是：通过测量改进前后的差距，确定持续改进的效果。因此，为了度量持续改进的效果，至少需要进行两次度量，一次是在改进之前，另一次是在改进之后。改进前后的测量应在相同条件下，采用相同的方法进行，以增强结果的可比性。改进之后的测量是确认持续改进是否取得效果的关键。根据测量的结果，对持续改进的效果进行分析与评价。评价方法主要有单项分析评价和系统评价。单项分析评价就是将改进之后的测量效果与改进之前的测量效果进行比较，如果前者优于后者，就说明改进取得了效果。这种评价方法操作起来简单易行，但考虑因素比较单一，往往难以评价持续改进的综合效果。若需要评价持续改进的综合效果，则可采用系统评价的方法，即通过构建相应的指标体系对持续改进的效果实施分析评价。

第五章 物流管理方式优化路径

第一节 物流管理系统化路径

运输、仓储、包装、装卸、搬运、流通加工、配送和信息处理等，是企业物流作业的基本环节，也是企业物流能力的基本构成要素和企业物流的基本职能。为生产提供支持和服务，是企业物流及物流管理的主要功能。但在生产者还未完全认识"物流冰山"的时候，企业物流功能被部门分割，物流作业的各环节由不同的职能部门承担，物流作业的管理也分别由企业的不同部门分散负责。物流作业的分散管理增加了企业管理资源的不合理消耗，管理部门之间及物流作业各环节之间容易出现不协调，生产流程的阻塞甚至停滞有时也难以避免，致使物流成本居高不下，严重影响企业利润最大化目标的实现。更重要的是，相互联系的各种物流作业活动被分割开来进行管理，不但无法追求物流整体的合理性，也不可能引起整体物流的思想或设想。《供应链下的物流管理》一书的作者汤浅和夫曾用"只见树木不见森林"来比喻企业物流的分散管理状态，指出"物流之所以落后，正是由于将本是一个整体的领域分割开来，致使看不到其真实全貌而造成的"。要看到企业物流的"真实全貌"，就需要把各种物流作业和物流功能整合放到一起来观察。

一、整合企业内部被分割的物流作业

随着生产者对物流成本的认识加深,物流总成本受到关注,通过分析各物流作业之间的内在关系,人们更深刻地认识到运输、存货、仓储、包装、物料搬运及其他一些物流活动或物流成本中心之间的系统关系,追求最低的物流总成本就成为企业物流管理的重点。对此,有学者指出,"一种运输方式的选择和应用(如铁路运输)会影响到存货、仓储、包装、客户服务和物料搬运的成本,另一种运输方式(如汽车运输)会对同一成本中心产生不同的影响"。生产者意识到,从整体性角度来观察运输和仓储等物流活动,企业内部的这些物流作业活动之间不但具有内在的联系,甚至也可以改变或重构这些联系。于是整合企业内部被分割的物流功能,将各种物流作业组织起来构成物流系统,进行集成化管理,开始成为企业物流管理的新方式。

二、以实物配送为主的销售物流整合

以实物配送为主的销售物流,在企业内部的分割现象并不是很严重,但随着企业的规模扩大,市场范围和市场竞争的激烈程度也显著增加,相对于产品的生产成本来说,以实物配送为主的销售物流成本,如存货成本、订货成本和运输成本等,占产品总成本的比例不断地攀升。有效控制或合理地降低销售物流成本,不但成为物流管理的焦点,也成为企业管理的重点内容之一。所以彼得·德鲁克1962年就指出:"配送是最易被忽视但也是美国商业最有前途的领域之一。"

货物运输费持续上升,运输成本对企业利润造成严重侵蚀,货物配送质量的好坏还直接决定客户满意度的高低,影响企业的竞争力。所以,整合销售物流,对降低物流成本及产品总成本和提升企业竞争力,都具有极为重要的意义。此外,整合销售物流,相对来说不会对生产或其他成本中心产生较大影响,所受的制约条件较少,企业也更容易控制。这就使得那些谋求快速发展的企业特别关注和寻求销售物流的整合与集成管理,生产高价值产品或是在运输过程中易损产品的企业,则尤其重视实体配送环节的物流管理。20世纪中期成立的美国实体配送管理委员会(NCPDM),就是由当时生产高科技产品、副食品和其他消费品企业的管理人员,以及一些对实体配送非常感兴趣的学者发起成立的。

三、对供应物流作业进行整合

处于实物供应环节的各种物流活动(包括原材料采购、存储、搬运和运输等)成为企业关注的重点,当这些物流活动之间的界限逐渐淡化,彼此之间的联系日益加强时,生产者也开始寻求供应物流的整合与集成管理来进一步地降低物流成本。对此,科伊尔、巴蒂和兰利指出,"对运输业解除管制,能够将大型托运人的进货运输和出货运输结合起来,通过减少空回程车来降低承运人的运输成本,从而降低托运人的运费"。跨国公司发展起来之后,原材料和物资的全球采购更加突出了国际运输在采购物流中的重要性,由供应物流整合与集成管理带来的成本降低,为跨国公司创造了竞争优势。这表明,供应物流的整合与集成管理,与销售物流的整合与集成管理一样能降低物流成本和增强企业竞争力。

四、整合与集成企业物流系统

随着现代生产技术的创新发展,包括供应物流、生产物流和销售物流在内的各种物流环节发生的成本,在企业总运营成本中所占的比重很大。

生产者越来越发现，对供应物流、生产物流和销售物流分散管理，并不能有效地控制物流总成本。基于物流成本意识的清晰化，人们更深刻地认识了物流成本的特性，生产者逐渐将物料管理和实体配送看成一个有机整体，开始寻求将企业各种物流作业进行一体化整合，建立一个完整的成本系统来跟踪物流决策，对企业各种物流作业实行集成管理，"后勤保障"这一现代物流管理理念应运而生。

供应物流、生产物流和销售物流的整合与集成，降低了物流各环节之间衔接的"摩擦系数"，加大了内部联系的力度，提高了库存周转率，使库存管理得到有效的控制。不但如此，通过整合与集成，企业物流从原材料采购到产品交付，从上游供应商到最终客户的所有作业和环节都聚集到一起，形成了一条完整的价值链，真正意义上的企业物流系统也得以形成和建立。

企业物流系统的形成和建立，为企业物流管理和物流竞争力的发掘带来了深刻的改革，对企业管理的要求也更高。整合与集成物流管理，建立功能强大的企业物流系统，要求将企业的组织结构重新进行编制，整合企业内部的物流组织，将整合与集成的物流管理思想付诸实践，设立相应的物流管理部门。企业建立物流系统的关键，是对如何处理有关物流交叉职能的事务所做出的重大调整。1965年以后，日本一些企业相继设立了"物流管理课"，并以此为基础形成了物流管理组织。美国物流管理委员会（CLM）在1992年进行的一项调查表明，有三分之一以上的企业将与物流任务有关的部门命名为"物流部"，并承担较多的责任与职能。如今，"物流部"已成为许多企业，特别是跨国公司必不可少的一个组织部门。

整合与集成企业物流系统的基本目标，是发掘物流竞争力。巴罗认为，企业物流系统的新颖之处在于两点：第一，对相关活动的协调管理，而不是早期实践中的分别管理；第二，增加产品或服务的价值，对提高客户满意度和忠诚度，以及实现产品或服务的销售十分重要。巴罗强调，企业物流系统是"使正确的商品或服务在正确的时间、以良好的状态到达正确的地点，同时对企业做出最大贡献"。所以，企业物流系统是否能够提供可靠的物流保障，正在成为企业赢得竞争优势的关键。王晓东和胡瑞娟对不同产品的企业进行了比较并指出，在一些产品差异小的行业，如日用化工品、纸张等行业，物流系统的效率对企业利润贡献的大小成为优秀企业赢得竞争的根本，即使产品差异较大的行业，如汽车业、服装业等，亦将物流系统对提高客户满意程度的作用摆在重要地位，并逐渐成为许多企业竞争优势的根本所在。

不同类型的企业存在着多种形式的物流活动，因而所整合或集成的物流系统可以有不同形态。零售企业的物流整合或集成，主要体现在供货方式的变化之上，由传统的"一对一"供货方式转换为集中供货的方式。但对于制造型企业，整合后的企业物流系统通常具有以下几个方面的特点：①企业物流系统是生产系统的十个组成部分之一，它们之间有非常强的联系，几乎不可能出现物流活动完全独立运行的状况；②企业物流系统起到成本中心的作用，因为生产过程中的物流活动频繁，对成本影响很大；③企业物流是专业化"定制"物流，具有专门的适应性，可以通过"定制"取得高效率；④企业物流是精益物流，可以运用资源管理系统等有效的手段，使生产过程中的物流"无缝衔接"，实现企业物流系统的精益化。

五、建立物流子公司

随着社会经济的快速发展和企业生产方式的革命性转变，企业开始超越既有的组织机构界限，将供应商（包括提供产品或提供运输服务等的供应商）、分销商以及客户纳入物流管理的范围，并尝试与它们建立和发展稳定、良好、互助合作伙伴式的双赢关系，已形成了一种联合影响力量以赢得竞争优势。这意味着企业需要站在更高层次管理与控制这些关系。企业物流管理的内容也开始从内部向外部延伸，物流管理的重点也相应地由物流成本转移到物流竞争力上来。为了有效率、有效益地管理企业的物流，企业有三种选择可以考虑：①加强内部物流功能；②通过设立或购买物流企业的方式来拥有物流子公司；③外包物流功能并购买物流服务。在企业整合与集成内部物流功能的过程中，内部物流功能的加强逐渐显现出边际效应，而外包物流功能或购买物流服务，需要外部存在交易成本足够低的第三方物流企业。通常情况下，企业建立物流子公司，无论是通过改造内部物流管理部门，将其独立为单独的物流子公司，还是并购一家物流企业成为物流子公司，物流子公司都具有独立性，但与母公司存在内在的和有机的联系，所以既能有效缓解物流功能整合或继承的边际效应，又能突破第三方物流企业发展不足或交易成本较高的障碍。这使得从20世纪60年代开始，物流子公司逐渐成为企业物流管理的一种重要方式。

物流子公司是日本企业物流管理中使用较多的一种方式。20世纪60年代，日本经济迅速发展，并逐渐进入以消费为主导的时代，企业生产规模和市场范围都急剧扩大，但由于物流成本"高高在上"，企业利润并没有因此得到较大的提高。如何降低经营成本，特别是有效地降低物流成本，开始成为企业管理的焦点和企业经营战略的关键。为解决物流成本的高昂和合理化问题，生产者在对企业物流整合与继承的基础上，利用系统思想寻求降低物流成本的新方法，物流子公司也随之兴起。很多制造企业为了降低物流活动的总成本，纷纷将企业的物流职能从其生产职能中剥离，以强化自身的物流管理功能，成立自己的物流子公司，为企业提供专门的物流服务。一大批物流子公司和专业物流企业应运而生，蓬勃发展成为日本经济体系中的物流产业，有效地支撑了日本制造业和经济的快速发展。

日本学者花房陵认为，物流子公司是"生产性企业把物流部门剥离，让其成立独立的公司，主要承担母公司和其他企业的物流业务"。他强调，企业设立物流子公司源于以下背景：①物流部门的工作时间没有规律，而不同的工作时间不利于企业内部的统一管理；②用通常的会计方法不能正确地计算物流成本；③即使是相同的商品，由于销售形式和物流渠道等方面的不同，使物流变得复杂，因此要求有专门的物流技术。

企业设立物流子公司的主要理由，是为了将物流成本明确化，进而降低物流成本。从母公司的角度来看，物流子公司与企业内部的物流部门一样，主要是承担成本核算或成本中心的职能。但物流子公司如果只为母公司经营物流业务的话，就很难长久维持，因此需要从成本中心向利润中心转变，这就要求扩展自己的业务，或者说是需要开辟新的业务领域。随着物流管理实践的发展，以及人们对物流本质认识的加深，综合物流管理理念被引入企业。企业开始转变传统的财务、采购、销售、市场、研发等企业分解式管理的思维方式，系统整合的管理思想在实践中得到贯彻实行，协作化与专业化逐渐成为企业物流管理的创新方向。与此同时，电子数据交换（EDI）、准时制生产（JIT）配送计划以及其他先进物流技术的不断发展与应用，为物流管理提供了强有力的技术支持和保障。基于此，许多企业为了适应新的竞争形势，纷纷对传统的物流体制及物流子公司进行改造，以期切实削减成本、突出经营责任、强化竞争力。在企业物流管理的发展过程中，物流子公司的发展也出现了合并重组、国际扩张、专业化三种典型趋势。

第二节　物流管理社会化路径

一、物流管理职能外包

企业将有关职能活动外包实际上早已有之，伯格曼认为，外包就是"将先前由内部执行的功能转移给外部供应商来完成"。查尔斯·盖伊和詹姆斯·艾辛格将外包定义为"依据服务协议,将某项服务的持续管理责任转嫁给第三方执行",并强调企业寻求外包具有十大原因:①降低和控制运营成本;②改善企业焦点领域;③达成世界级绩效表现;④为其他目的释放内部资源;⑤获得无法由内部取得的资源;⑥促进重整利益;⑦处置管理困难失控的业务;⑧取得资本基金;⑨分摊风险;⑩获取现金注入。汤浅和夫强调,外包"具有一种全新的含义",是指"企业等组织就本身既有的或新制定的功能及业务,从业务设计开始到实施经营的活动全部对外委托",其战略目的在于把经营资源向核心业务集中,确保专业化以及削减成本等。将外包概念引入物流领域,企业物流管理就此创新出物流管理职能外包这一新型的管理方式,通常称为物流外包。物流外包是指企业将物流系统设计或具体物流活动的经营,部分或全部委托给外部的物流服务提供者,提供部分或全部物流服务的这些企业可以是发货人(供应商),也可以是发货人与收货人之外的第三方(第三方物流供应商)。企业对可持续竞争优势的追求,对有效率、有效益地提供良好客户服务的强调以及对核心业务和重组战略价值的关注,是导致企业物流管理职能外包的基本原因。

  物流外包可以是企业的部分物流职能,也可以是全部的物流职能,可以是一次性的交易关系,也可以是长期的合作关系。但物流外包是有约束条件的,不同的约束条件下,物流外包的形式也不相同。因而,在实践中企业物流外包有多种选择,即交易物流、合同物流或战略联盟。交易物流是建立在一次性交易或一系列独立交易基础上的物流外包关系;合同物流是一种按具体情况确定的物流外包关系,它以合同为指导,但有赖于供应商满足委托人特定的履约目标;物流战略联盟是一种有计划的持久的物流外包关系,合作双方彼此都能满足对方的需要,并基于共同的价值取向、目标和战略实现共同的利益。企业是否采用物流外包来管理企业的物流职能,取决于有关物流职能对企业发展或成功的影响及企业物流管理的能力。如果客户服务对企业发展很重要,物流成本占企业经营总成本的比重较大,企业也有能力对有关物流运作进行有效的管理，企业就应该自营物流而不是将物流外包出去。但如果物流能力不能构成企业的核心竞争力，企业的物流管理水平也不是很高，那么将有关物流职能外包给第三方物流供应商就有利于降低企业的经营成本或提高客户服务质量。因此，企业是否采用物流外包进行物流管理，是需要认真决策的。

物流外包是企业追求专业化发展的结果，没有工商企业的专业化发展或第三方物流企业的发展，就没有物流外包的存在。物流外包虽然以市场机制为基础，但追求的是外包双方的专业化利益及整体利益的最大化，所以物流外包双方需要建立以共同利益和相互信任为基础的合作关系，否则便不会有物流外包的利益及双方整体利益的最大化。如今，许多企业已经注意到利用物流外包可以获得多方面的利益，其中最主要的利益是降低经营成本和提高客户服务水平，人们强调最多的也是在节约企业经营成本和改善客户服务方面所具有的潜力。拉宾诺维奇等人指出，无论单一物流功能外包还是多重物流功能外包，从成本效益以及来自时间效用、空间效用和形式效用等方面提高客户的满意度，是企业物流外包的基本驱动力，进而使企业在核心竞争力的发展上能够更有效地利用财务资源。列伯等人的研究表明，使用物流外包（主要是第三方物流）可以降低30%~40%的物流成本。通过物流外包可以在成本约束或者低成本的情况下获得高质量的服务。如英国零售供应系统的结构调整和"快速反应"压力，导致物流配送频率和小规模订单的数量上升，这也迫使供应商必须增加对外部物流服务的使用，以分享服务的形式减少成本。如此，企业可以仅仅根据当时的匹配求所需的服务水平来签订合同，如果需求超过企业的执行能力时，再请第三方来帮助，这样就使需求方的固定成本转为变动成本，进一步地达到降低成本的目的。此外，随着JIT理念的流行，制造和配送过程中的存货与物流控制变得更加严格，物流外包可使其最大限度地适应市场的变化，并得到外包物流企业所掌握的具有领先优势的专业技术和服务，也可解决企业内部的劳动力和人力资源管理，以及劳动效率不高的问题。骆温平将物流外包的主要利益进行量化比较，发现虽然减少成本和改善服务水平是物流外包的主要利益所在，但其他一些利益（如获取更多的专业物流知识、灵活性和信息技术等）也不容忽视。伯格曼强调，将物流功能外包有利于避免不必要的资本支出，并将资金集中于企业的核心业务，因此物流外包可以达到盖伊和艾率格所指的释放内部资源的目的，所以物流外包也有利于提高资本投资效益，让企业更多地关注核心业务和发展企业的核心竞争力。

物流外包还可以改善物流服务提供商的物流服务范围和提供物流服务的能力，可以促进第三方物流服务提供商（最初主要是一些运输企业和仓储企业）所提供的服务从简单的运输、仓储功能扩大到营销、包装，甚至进出口业务。列伯和兰德尔列举了许多第三方物流公司所能提供的服务，如物流信息系统、集装化运输、仓储经营管理、选择承运人、协商运费率、运输车队的经营管理、产品回收、订单履行、客户备用品、选择供货商与采购等。多尔蒂和皮特曼研究了企业如何在物流经营中制定基于时间的战略，强调通过对客户供应链中动态互动性的理解，以快速的、出众的客户服务使他们变得更有竞争力，获得更多利润。随着物流服务标准的提高，物流服务供应商凭借其专业化的物流能力，不仅可以帮助物流外包企业选择最佳的运输模式，决定货物在何处储存，如何进行包装以适应运输的需要，还可以通过提供软件和咨询服务帮助企业建立高效的物流网络，甚至可以为企业处理诸如支付账单和跟踪运输成本之类的琐事。当然，企业物流外包的发展也可以促进物流服务提供商不断地拓展其物流服务的内涵，从而促进物流服务提供商发展处理复杂多样的物流需求的物流服务能力。

需要指出的是，物流外包也存在一些风险，最值得注意的风险是企业可能失去对关键物流活动的控制，也就是失去获得物流竞争力的机会。物流竞争力的丧失可能阻碍物流外包的潜在利益的实现。

二、第三方物流管理

第三方物流是物流外包的典型模式和主流模式。通常所说的第三方物流，是由相对"第一方"发货人和"第二方"收货人而言的第三方专业物流企业，来承担"第一方"与"第二方"之间的物流活动的一种物流形态或物流管理方式。第三方物流主要通过与客户（"第一方"或"第二方"）的合作来提供其专业化的物流服务，它不拥有物流活动承载的商品，也不参与这些商品买卖，而是为"客户"提供以合同约束、以结盟为基础、系列化、个性化、信息化的物流代理服务，包括设计物流系统、EDI能力、报表管理、货物集运、选择承运人、货代人、海关代理、信息管理、仓储、咨询、运费支付和谈判等。

（一）采用第三方物流的企业可以集中精力于核心业务，培育核心竞争力

任何企业的资源都是有限的，很难在各种业务上面面俱到，为了赢得竞争优势，把主要资源集中于擅长的主业，把辅助性的物流功能留给物流公司，对企业来讲是合理的选择。如美国通用汽车的萨顿工厂通过与赖德专业物流公司的合作，取得了良好的效益。萨顿集中于汽车制造，而赖德管理萨顿的物流事务。赖德接洽供应商，将零部件运到位于田纳西州的萨顿工厂，同时将成品汽车运到经销商那里。萨顿使用电子数据交换（EDI）进行订购，并将信息发送给赖德。赖德从分布在美国、加拿大和墨西哥的300个不同的供应商那里进行所有必要的小批量采购，并使用特殊的决策支持系统软件来有效地规划路线，使运输成本最小化。

（二）采用第三方物流可有效减少有关物流设施的固定资产投资

采用第三方物流的企业可以减少有关物流设施的固定资产投资，加速资本周转。企业自建物流需要投入大量的资金建设仓库等专业物流设备，

这些资源对缺乏资金的企业（特别是中小企业）来说是个沉重的负担。如果使用第三方物流公司提供的物流服务，则不但能减少物流设施的投资，还解决了仓库和车队方面的资金占用，加速资金周转。

（三）采用第三方物流为客户提供灵活多样的价值

采用第三方物流的企业可以提供灵活多样的客户服务，为客户创造更多的价值。对原材料供应商来说，客户对原材料供应要求快速、及时，那么供应商就需要建立地区仓库，通过第三方物流的仓储服务，供应商不但可以满足客户的及时物流需求，而且可以摆脱建造新设施或长期租赁仓储服务而在经营灵活性上受到的限制。

需要指出的是，第三方物流在为企业提供上述便利的同时，也会给企业带来诸多的不利，如企业对物流活动不能直接控制。若不能保证供货的准确和及时，不能保证客户服务的质量和维护与客户的长期关系，就需要放弃。此外，企业在使用第三方物流时，第三方物流公司的员工经常与企业的客户发生交往，此时第三方物流公司会通过在运输工具上喷涂自己的标志或让公司员工穿着统一服饰等方式，来提升第三方物流公司在客户心目中的整体形象，从而取代企业的地位。这实际上也意味着，企业选择第三方物流模式还是自营物流模式，应根据自己的需要和资源条件综合考虑、慎重决策。企业在进行物流管理方式（模式）的决策时，要综合考虑的因素主要有以下几点。

1. 物流对企业成功的影响度和企业对物流的管理能力

物流对企业成功的重要度高，企业处理物流的能力相对较低，则采用第三方物流；物流对企业成功的重要度较低，同时企业处理物流的能力也低，则外购物流服务；物流对企业成功重要度很高，且企业处理物流能力也高，则选择自营物流。

2. 企业对物流控制力的要求

越是竞争激烈的产业，企业越是要强化对供应和分销渠道的控制，此时企业应该选择自营物流。一般来说，主机厂或最终产品制造商对供应链过程的控制力比较强，通常选择自营物流，即作为龙头企业来组织全过程的物流活动和制定物流服务标准。

3. 企业产品自身的物流特点

对于大宗工业品原料的回运或鲜活产品的分销，则应利用相对固定的专业物流服务供应商和短渠道物流。对全球市场的分销，宜采用地区性的专业物流公司提供支持。对产品线单一的或为主机厂做配套的企业，则应在龙头企业统一下自营物流。对于技术性较强的物流服务，如口岸物流服务，企业应采用委托代理的方式。对非标准设备的制造商来说，企业自营虽有利可图，但还是应该交给专业物流服务公司去做。

4. 企业规模和实力

一般说来，大中型企业由于实力较雄厚，有能力建立自己的物流系统，制订合适的物流需求计划，保证物流服务的质量。另外，还可以利用过剩的物流网络资源拓展外部业务（为别的企业提供物流服务）。而小企业则受人员、资金和管理资源的限制，物流管理效率难以提高。此时，企业应把资源用于主要的核心业务上，就适宜将物流管理交给第三方专业物流代理公司。

5. 物流系统总成本

在选择是自营还是物流外包时，必须弄清两种模式物流系统总成本的情况。物流系统总成本是由总运输成本、库存维持费用、批量成本、总固定仓储费用、总变动仓储费用、订单处理和信息费用、顾客服务费用等相加构成的，各项成本之间存在着二律背反现象，如减少仓库数量时，可降低保管费用，但会带来运输距离和次数的增加而导致运输费用增加，如果运输费用的增加部分超过了保管费用的减少部分，总的物流成本反而增大。所以，在选择和设计物流系统时，要对物流系统的总成本加以论证，最后选择成本最小的物流系统。

6. 第三方物流的客户服务能力

在选择物流管理方式时，对物流成本的认真考虑尽管很重要，但第三方物流为本企业及企业客户提供服务的能力也是重要的参考指标。通常情况下，第三方物流在满足本企业对原材料及时需求的能力和可靠性，以及对本企业客户不断变化的需求的反应能力等，应作为企业是否选择第三方物流的主要因素来考虑。

7. 第三方物流企业是否拥有运输和仓储等物流设施

拥有自己的运输工具和仓库的第三方物流企业，他们通常都有较大的规模、雄厚的客户基础、完善的物流服务系统。这类物流企业的专业化程度较高，但对物流运作的灵活性有一定限制。不拥有硬件设施或只租赁运输工具、仓储设施的第三方物流企业，他们主要从事物流系统设计、库存管理和物流信息管理等职能，货物运输和仓储保管等具体物流作业活动则由其他物流企业承担，但对物流系统运营和管理承担责任。这类物流企业运作灵活，能根据物流服务内容组合物流作业运作及调配供应商，物流管理费用较低。对这两类第三方物流管理方式或模式，企业应根据自己的物流管理要求进行选择和利用。

三、第四方物流管理

第三方物流在节约物流成本、提高物流效率方面发挥着重要作用，但在如何全面整合所有的社会物流资源，如何使物流的整体运作效率达到最大，以及如何更好地管理与第三方物流供应商之间的关系等问题上，还存在着一些缺陷。随着企业的发展和对物流管理认识的加深，企业物流管理的方式已不再局限于将各种技术层面或劳动力层面的物流业务外包，他们还希望能从外部获得更多、更好的物流服务，希望外部的专业物流企业能够给他们带来一些更深入、更高层次的物流服务，包括更高级的物流管理，如根据企业长期的发展战略提供针对优化物流供应链的系统管理和集成，以及有关物流的咨询服务等。在这种背景下，第四方物流管理理念从第三方物流中"孕育而生"。

埃森哲咨询公司将第四方物流定义为"集合并管理自身组织和附加服务商的资源、能力和技术，以提供全面的解决方案"。花房陵认为，第四方物流是"不拥有运输工具、物流网点等资产，以协调其他公司的设备、技术为主体的无资产型物流业者"。概括地说，第四方物流以合同为中心，建立起企业（发货人或收货人）与若干第三方物流供应商及物流技术服务供应商之间的一种新型关系，并对供应链上的一系列供应商和客户（发货人或收货人），以及"垂直一体化"或"水平一体化"网络中的多个第三方物流活动进行综合性的管理和指导。所以，第四方物流最主要的特点是以第三方物流为基础，将"客户需要、第三方物流供应商、信息技术供应商和业务的可用资源以及业务过程管理的元素集合起来"。科伊尔等人强调，第四方物流是"使用第三方物流服务的一个必然的结果"，除了管理更多的第三方物流活动以外，作为具有一定领导力量的物流供应商，第四方物流可以通过对整个供应链产生影响力，整合和管理自身的资源以及其他服务供应商提供的资源，帮助客户形成获得知识、信息技术，以及形成和保持供应链关系的能力，提供综合的供应链解决方案，为客户创造更大的价值。第四方物流是第三方物流吸纳供应链上有关物流资源和物流要素后，进一步地整合与集成而来的产物，这使得第四方物流供应商具有更强大的物流管理能力，能够比第三方物流商提供范围更广、内容更丰富的物流服务，如技术、供应链策略技巧、市场营销、项目管理等专业技术服务。

作为供应链的集成者，第四方物流不是对第三方物流的简单整合，而是将诸如咨询、金融和信息技术之类的功能有机地融入第三方物流中。对信息系统的重视，使第四方物流不仅扩展了第三方物流的职能，也将企业物流管理与供应链紧密地结合起来，第四方物流也因此具有高度的客户适应能力和问题解决能力。

整合整个供应链的物流职能是第四方物流的重点。通过对供应链物流的集成，第四方物流组织和管理具有互补性的资源、能力和技术，充分利用分包商来控制与管理客户"点到点"的供应链物流运作，提供"一对一"的专业物流服务及综合的供应链物流管理解决方案。第四方物流为客户提供独特和广泛的供应链解决方案，不但包括为寻找每个领域的行业最佳供货商，把这些不同的物流服务整合以形成最优方案，而且包括将最优秀的物流服务提供商、技术供货商、管理咨询顾问和其他增值服务商进行有效的整合和重新配置，为供应链上的企业提供跨功能作业一体化的物流服务运作平台。作为供应链整合的结果，第四方物流所实现的是一种针对客户需求的供应链物流集成管理的高级管理理念，具体表现为以下几点。

（一）第四方物流运作的核心

第四方物流运作的核心是由物流集成商负责针对市场制订全面的供应链物流方案，增强以客户服务为中心的供应链物流集成管理的战略性。第四方物流通过集成统一组织，选择满足客户需求的合作团队，并利用整个团队来控制与管理客户公司的供应链物流运作。首先，集成商通过资源配置、部门职能发挥以及相关技术开发之间的相互关系，提供一个全面集成供应链管理方案。其次，集成商不仅控制和管理特定的物流服务，而且对整个物流流程提出策划方案，并通过电子商务将这一过程集成，针对客户需求进行全方位的物流服务。最后，在第四方物流的运作中，集成商强调供应链上的各合作伙伴整体的同步与协作，依据供应链的运作特点进行策划，保证各方的运作能够同步，以实现供应链管理的一体化。

（二）第四方物流运作的基础

第四方物流运作的基础是第四方物流供应商的能力和对市场的影响力，以及其与第三方物流供应商之间的密切关系。第四方物流一般采用签订合同、合资或者建立战略联盟等形式与第三方物流进行合作。一些第三方物流服务供应商也积极地采取措施，通过与相关的咨询公司以及技术供应商结盟来提高自身的服务能力。如美国瑞得物流和信息技术巨头 IBM 以及第四方物流的创始者埃森哲公司结为战略联盟，使瑞得物流拥有了技术和供应链管理方面的特长。如果没有"第四方物流"的加盟，瑞得物流要发展这些特长可能需要很长时间。

（三）第四方物流供应商以整合整个供应链的物流职能为重点

提供供应链物流管理理念、技术支持和实施方案，其服务范围远远超出了第三方物流的服务领域，并对第三方物流供应商的资源、能力和技术进行监督和综合管理。由第四方物流供应商评估、设计和制订全面的供应链集成方案，再由第三方物流供应商将集成的供应链解决方案予以实现，为客户提供更大的跨功能整合和更广泛的自主运行，以达到更好地服务客户的目的。

（四）第四方物流特别重视物流信息系统的建设和物流信息平台的应用

第四方物流突破了单纯发展第三方物流服务的局限性，运用环球追踪系统（GTS）、全球供应链管理、条形码技术、全球定位系统（GPS）、物料需求计划（MRP）和企业资源计划（ERP）等信息化物流管理软件，能做到低成本、高效率、实时运作和整合大范围的物流资源及供应链流程，为货物供应商、客户以及其供应链伙伴，提供整套集成的解决方案，实现供应链物流的无缝连接和有效整合，充分满足客户日益增长的高效物流管理及物流服务需求。

总而言之，由第三方物流整合与集成而来的第四方物流，能够提供不断更新和优化的技术方案，更好地满足客户的复杂需求，在为企业提供整体物流解决方案的基础上，有效地协调了客户与第三方物流供应商之间的关系，强化了对供应链资源的整合，使供应链的每个环节都可以发挥最大的效益，并有利于实现物流信息的充分共享和社会物流资源在整个社会范围内的优化配置。第四方物流要真正地成为企业物流管理的新方式，其根本性的基础是建立完善的物流信息系统，实现物流管理信息化。

第三节 物流管理信息化路径

在市场竞争渐趋激烈的今天，企业之间的竞争在更大程度上是运营管理效率方面的竞争，自然离不开物流管理的竞争，离不开供应链管理的竞争。如何将物流技术与信息技术予以有效的结合并广泛地应用到物流领域，并以此为基础不断地增强竞争优势，是企业面临的最大挑战之一。在知识经济和信息经济时代，不断地实现物流技术的跨越式发展已是必然的选择，竞争优势的获得不再是围绕价格的竞争，越来越多的企业采用JIT、MRP或者ERP来组织生产，加强管理，正如纳雷安安的理论所指，"技术战略与创新"是"竞争优势的源泉"。毫无疑问，先进的物流技术正在成为现代企业物流管理以及发掘物流竞争力的重要武器。

一、物流管理信息化的意义

物流管理中所使用的信息化技术，主要有电子数据交换、条形码技术、销售时点信息系统、电子订货系统、无线射频技术、全球定位系统、地理信息系统和数据仓库技术等。

现代物流管理创新的途径之一，是物流管理的信息化、集成化。物流管理的信息化和集成化，需要依靠信息化技术的创新才能实现，因而物流信息化技术的创新与应用，对物流管理的高效化及精确运作具有极其重要的作用。

（一）物流信息化技术为综合物流及供应链物流集成化管理提供了重要手段

企业通过物流信息化技术，能有效地整合供应链物流资源，统筹规划以消除部门冗余，实现信息的可追溯性和供应链物流与信息流和资金流的更好整合，从而有利于打破传统物流职能之间的条块分割，使各种物流功能之间的联系得到加强。物流信息化技术也有利于物流服务供应商与多个物流委托方建立动态物流联盟，物流服务供应商可在没有物流业务时照常运营自己的业务，当物流委托方提出服务请求时，可迅速提供相关的物流服务，这既有利于提高物流资源的利用率，也有利于物流服务供应商向现代化、信息化、网络化、自动化和智能化的方向发展。通过物流信息化技术还可以建立信息传输网络，使物流信息的交流或共享更流畅、更透明。随着全球信息网络的建成和发展，物流信息也将从"点"发展到"面"，实现物流服务供应商、银行、电信以及保险机构之间的有效衔接，为电子商务的高效性及时性提供有力的保证。

（二）物流信息化技术推动物流管理走向高级化

物流信息化技术创新可以使 EDI、GPI、人工智能技术、自动识别和条形码技术等现代信息技术在物流管理中得到普遍应用，使物流服务与管理的技术含量不断地提高，促进物流管理方式从传统的经验管理或手工管理向以技术为支撑的现代管理方式转变。

现代物流管理要求通过向客户传递销售和库存信息，提供货物的实时跟踪信息，快速地响应客户要求，为客户设计经济有效的物流方案，以此满足客户不断变化的物流服务需求。这意味着物流信息化技术创新的目的，已从单纯的降低物流成本逐渐转变为改善客户服务质量，从而成为发掘物流竞争力的重要法宝。国际上许多大型的连锁企业就是借助计算机优化排单等现代信息技术，实现物流配送管理创新而获得竞争优势的。如美国的SEARS（西尔斯）百货基于信息技术的物流管理改革，可以保证客户在任一指定的时间段内收到商品，甚至在客户订购电话打进来的时候，服务生就立刻能报出什么时刻就能送达商品。计算机优化配送系统为西尔斯节约运输及操作成本达 10%~15%。在西尔斯，物流科研人员还将智能交通系统的多种技术巧妙地运用到物流配送中，及时将单行道、封路区域、封路时间等信息通知物流大军，他们甚至能根据数学分析，给出高峰时间特殊路段的"交通预报"供驾驶员参考。随着物流运作对信息需求量的增加，各种先进技术将更广泛地应用于物流服务活动中，如结合实时 GPS 定位服务平台，物流服务供应商可随时对货物的运输情况进行跟踪监视，这无疑会提高物流管理的技术含量，也能发掘更大的物流竞争力。

（三）物流信息化技术支持物流业务流程重组

传统供应链中的物流运作属于"推动式（Push）"模式，在接受发货人的物流传递信息后，将货物通过物流网络传递给收货人。这种模式是根据发货人的要求，而不是从收货人的角度考虑货物传递在时间和数量上是否适当。随着"准时制"思想在物流管理中的应用以及供应链物流管理的集成化，现代物流的运作已转向"拉动式（Pull）"模式，企业的业务流程也进行大调整，强调物流服务能够对客户需求做出快速的反应，即在客户有需求的时候，迅速组织订货和送交货物，从而有效地降低库存积压，减少浪费。如今，许多大型企业的物流配送管理不仅实现了内部物流的信息网络化，而且建立了配送货物的跟踪信息系统，如"有效客户信息反馈"，从而大大地提高了物流管理和物流服务的水平及质量。"有效客户信息反馈"和 JIT 等信息系统的建立，使物流管理效率更高。如沃尔玛就是借助物流信息化技术建立快速补货体系来重组其业务流程并取得了巨大成功的。通过物流信息化技术，沃尔玛为供货商提供每天的销售数据，不仅要发到自己的总部，同时还通过"RETAILLINK"软件包，利用互联网发送到供货商的计算机系统内。如此一来，供货商对其商品在沃尔玛的销售数据可以做到"实时监控"，及时掌握该地区的商品销售组合、流行、顾客类型、销售时段，据此可按照自己的生产，提前组织资源进行生产和分销，而不是做一种想当然的"预测"。沃尔玛在与有些供货商的合作中，甚至可以做到不用准备商品库存（货架除外），因为供货商对其货架情况了如指掌，一旦发现沃尔玛某类商品货架的数量接近最低点，供货商则立即组织主动送货，这就使零售商与供货厂家之间形成了真正的合作伙伴关系。

二、物流管理信息化模式

企业物流管理的创新过程，始终伴随着物流技术的创新。20世纪60年代至80年代间，促进物流管理创新的技术主要有MRP、MRPⅡ、DRP、DRPⅡ、EDI和JIT等。兰伯特和斯托克指出，这些技术的广泛实施，强调了对物流活动进行整合并使其效力最大化的必要性，这些技术还表明在物流与制造、市场营销和其他企业功能之间存在一定的关系。20世纪90年代以后，ERP、CRM和ERM等新技术的兴起，将物流管理创新带入了更为广阔的天地，使企业物流管理发生了改革性的变化，物流效率大为提高，并为物流一体化和集成管理创造了更好的条件。如今，MRP、MRPⅡ、MRPⅢ、DRP、DRPⅡ、EDI、JIT、ERP、CRM和ERM已从单纯的技术发展为新型生产方式和现代物流管理模式。

（一）基于MRP、MRPⅡ和MRPⅢ的物流管理模式

MRP是物料需求计划（Materials Requirement Planning）的简称，是一种通过计算机对企业物料资源进行配置的现代化管理技术和方法，主要用于工业制造企业的物资计划管理，实现物流管理中的订货管理和库存控制职能。在制造业的鼎盛时期，由于市场环境处于"卖方市场"，市场对产品的需求大于供给。在这种背景下，按最终的产品需求量来决定生产所需原材料的数量与投入时间，并按时完成产品生产以满足市场需求成为企业希望实现的目标，但是要达到这一目标企业也面临着诸多问题：①如何合理地安排生产计划；②如何提高库存管理水平；③如何提高设备的利用效率。其中，最大的问题就是如何解决物料短缺与超储之间的矛盾。20世纪60年代，计算机技术的完善使MRP这一"思想"得以实现。

MRP 以反映产品和物料之间关系的物流清单（BOM）为基础，依据客户订单和需求预测，决定产品的独立需求并制订主生产进度计划（MPS），再利用库存记录和主生产计划，确定产品结构各层次的物料从属和数量关系，以每个物品为计划对象，按时间分段计算物料需求，以完工日期为时间基准，倒排生产计划，按提前期长短安排各个物品下达计划的先后时间次序。对于库存不足的物料则下达采购订单，补充订货及调整原有的订货，以满足生产变化的需求。

MRP 的主要特点在于，需求具有相关性和确定性，但是计划具有复杂性。例如，产品与物料之间是相关的，需求时间与生产流程的决定也是相关的，而且产品与物料的品种、数量和需求时间都要精确计算，因而制订计划通常要经历一个复杂的过程。

MRP Ⅱ这一理念产生于美国福特汽车公司开创的大量生产方式（Mass Production），是制造资源计划（Manufacturing Resources Planning）的简称。MRP Ⅱ是从整体最优的角度出发，运用科学的方法，对企业的各种制造资源和企业生产经营各环节实行合理、有效的计划、组织、控制和协调，达到既能连续均衡生产，又能最大限度地降低各种物品的库存量，进而提高企业经济效益的管理方法。

20 世纪 70 年代，追求企业价值最大化成为所有企业的目标。为了加强企业的财务管理，出现了将生产子系统和财务子系统相结合的有反馈功能的闭环式 MRP。闭环式 MRP 遵循"计划—实施—反馈—控制"的循环管理逻辑，对生产制造过程中的各项资源进行有效的规划和控制，既能保障计划得到有效实施和及时调整，又能及时分析财务状况。20 世纪 80 年代末，闭环式 MRP 又与企业的生产、销售、财务、成本和技术等主要环节相集成，组成了一个全面生产管理的系统优化模式，成为一种覆盖企业生产制造活动所有领域、能够为整个企业制订计划的综合性管理工具。奥列费·怀特把这种有效地利用企业制造资源、实现企业制造资源的整体优化的管理技术称为 MRP Ⅱ。

MRP Ⅱ 是以 MRP 为核心的管理体系，它要求企业按计划来配置资源，整个物流都是在计划驱动之下，因而 MRP Ⅱ 又被称为"推动式"管理。MRP Ⅱ 的主要优点：①控制资金占用，降低成本；②缩短生产周期，提高生产率；③模拟未来的物料需求并对任何可能的缺料提出警告；④模拟生产能力需求并及时发出能力不足的警告。其中，MRP Ⅱ 的模拟功能可以为企业管理者提供必要的信息并争取时间，使管理者能及时地进行准备和安排。

一般来说，企业采用 MRP Ⅱ 之后可以获得多种经济效果，如库存资金降低、库存盘点误差率降低、短缺件减少、加班工作量减少、成本下降、采购费用降低、资金周转次数提高、劳动生产率提高、按期交货率提高、利润增加，诸如此类。

MRP Ⅲ 概念最初由国际计算机有限公司提出，但由于"没有明确的管理理念，缺乏一个最终的价值标准和是非观念"，也有人认为这是一些厂商或机构所使用的标新立异的新名称，因而未能得到普遍的响应和承认。李巍巍和周惠光分析了原有的 MRP Ⅱ 的思想渊源及不足，对 MRP Ⅲ 概念加以丰富，将 MRP Ⅲ 定义为"MRP Ⅲ 是一种管理思想，旨在通过合理统筹，全员参与，杜绝一切浪费，达到顾客满意，取得竞争优势"。在技术手段方面，MRP Ⅲ 应在面向过程的资源组织原则下配备市场拓展系统、全面质量管理系统、全面成本管理系统、全员参与系统和设备系统性保养系统等子系统，并兼顾"TQCS"（T——时间、Q——质量、C——成本、S——服务）。物流系统是企业增值全过程的核心，应从存货、提前期、均衡排程和质量四个方面对物流系统进行评估，使物流系统能够适应各种可能的变动，物资从供应商连续不停地向终端用户（或经销商）流动，不断消除不连贯流程，达到物流无"瓶颈"的状态，保证客户在最短时间内得到满意的产品和服务，形成一个对客户需求做出敏捷反应并达到增值目的的物流系统。

所以，从 MRP Ⅲ 的内涵来看，其本质在于客户导向的增值观和面向过程的资源配置规则，这一增值观及资源配置规则落实于物资流程之中，便构成 MRP Ⅲ 物流系统"灵活、连续、简洁和均衡"的设计原则。

（二）基于 DRP 与 DRP Ⅱ 的物流管理模式

配送需求计划（Distribution Requirements Planning，DRP）是"一种既保证有效地满足市场需要，又使得物流资源配置费用最少的计划方法，是 MRP 原理与方法在物品配送中的运用"。配送资源计划（Distribution Resource Planning，DRP Ⅱ）是"一种企业内物品配送计划系统管理模式，是在 DRP 的基础上提高各环节的物流能力，以达到系统优化运行的目的"。

DRP 是对 MRP 思想的扩展，但 MRP 是在相关需求和确定需求的环境下进行运作的，而 DRP 则是在客户需求不确定的情况下来决定物料的需求和配送计划，因而具有较强的动态性。朱道立、龚国华和罗齐将 DRP 在物流方面所具有的优点归纳为以下几个方面：①由于实行了协调装运，降低了配送中心的运输费用；②DRP 能准确确定何时需要何种产品，降低了存货水平和仓库空间需求；③DRP 减少了延迟供货现象，降低了客户的运输成本，改善了物流与制造之间的存货可视性和协调性；④DRP 能有效地模拟存货和运输需求，提高了企业的预算能力。

通过分析我国物流企业的情况，并总结国际成功物流企业的经验，方家平指出，DRP 能够实现物流企业高效率的集成化管理，具有优化流程与规范化管理、降低经营成本、优化资源分配等优点，是"物流企业提升竞争优势、打造核心竞争力的关键"。许多跨国公司和第三方物流公司为体现企业的核心竞争力，通常量身定制自己的 DRP 系统，例如，零售业巨头沃尔玛通过实施 DRP，优化了计划管理、配送方案和库存控制，大大地加快了商品配送速度，在销售增长 45% 的情况下，库存仅增长 12%。

（三）基于 JIT 的物流管理模式

准时制（Just In Time，JIT）是在精确测定生产各工艺环节作业效率的前提下按订单准确地计划，以消除一切无效作业与浪费为目标的一种管理模式。而准时制物流则是一种建立在 JIT 管理理念基础上的现代物流方式，这是为适应 20 世纪 60 年代消费需求的多样化、个性化变化而建立的一种生产体系及为此生产体系服务的物流体系。JIT 的目的是削减库存，直至实现零库存，同时又能使生产顺利进行，这种目标本身就是对物流功能的一种反映。

JIT 理念源于日本丰田汽车公司开创的精益生产方式，这是丰田公司在 20 世纪 60 年代实行的一种生产方式。1973 年以后，这种方式对丰田公司渡过第一次能源危机曾起到重要作用。随着社会生产从大量生产方式向精益生产方式的过渡，JIT 引起许多国家生产企业的重视，并逐渐在欧洲和美国的企业中流行开来。现在这一方式与源自日本的其他生产、流通方式一起被西方企业称为"日本化模式"，日本生产、流通企业的物流模式对欧美的物流产生了重要影响，JIT 不仅作为一种生产方式，也作为一种物流模式在欧美物流界得到推行。在制造领域，JIT 要求将所需的零部件按需求数量在规定的时间送到生产线，并且要求只将必要的零部件、只以准确的数量、只在准确的时间投入生产，而在物流领域，JIT 就是指要将正确的商品以合适的数量在合适的时间送到合适的地点。当然，这是一种理想化的状况，在多品种、小批量、多批次、短周期的消费需求情况下，厂商、供应商、物流中心以及零售商要调整自己的生产、供应和流通过程，按下游的需求时间、数量、结构及其他要求，合理地组织生产、安排供应和规划物流作业。

例如，海尔公司实施物流管理系统后，实现了三个准时（JIT），即 JIT 采购、JIT 配送和 JIT 分拨物流的同步流程，取得了巨大成功，成为物流界的典范。JIT 是一种以看板为核心的管理体系，它以市场需求为依据，由市场决定生产什么、何时生产以及生产多少，这使得 JIT 物流看上去更像是受到市场的拉动，因而又被称为"拉动式"管理。JIT 与 MRP Ⅱ 的本质区别在于：①对资源浪费的认识不同。JIT 将不能增加客户购买企业产品和服务的要素均视为资源浪费，而 MRP Ⅱ则认为这些资源在数量上存在一个经济值，必须保持某个水平，否则会付出更大的代价。②资源组织的原则不同。JIT 的资源组织原则是面向过程的，即将客户需求分解成若干过程来实现，而 MRP Ⅱ的资源组织原则是面向功能的，即将客户需求分解成一系列有层次的子功能来实现。③资源组织的外在表现形式不同。JIT 是流水型的，MRP Ⅱ是网络型的，以便达到各自的增值目的。

（四）基于 ERP 的物流管理模式

企业资源计划（Enterprise Resource Planning，ERP）是由美国著名的咨询公司加特纳公司在 20 世纪 90 年代初期首先提出的一种新理念，当时的解释是针对信息时代管理信息系统在各类制造业中的发展趋势和变革而做出的。作为一种基于计算机技术和"供应链"理论的管理思想，加特纳公司将 ERP 界定为：①超越 MRP Ⅱ范围的集成功能；②支持混合方式的制造环境；③支持能动的监控能力，模拟分析和决策支持；④支持开放的客户服务器计算环境。

ERP 是由 MRP 和 MRP Ⅱ逐步演变并结合信息技术发展的最新成就而发展起来的，是"在 MRP Ⅱ的基础上，通过前馈的物流和反馈的信息流、资金流，把客户需求和企业内部的生产经营活动以及供应商的资源整合在一起，体现完全按用户需求进行经营管理的一种全新的管理方法"。ERP 不仅在 MRP Ⅱ的基础上扩展了管理范围，并给出了新的管理结构，具体表现在：①管理核心转移。ERP 将对物流系统的管理核心从"在正确的时间制造和销售正确的产品"转移到了"在最佳的时间和地点，获得企业价值的最大增值"。②集成化功能加强。ERP 系统在传统 MRP Ⅱ系统的制造、分销、财务功能基础上，为满足新的竞争和供应链管理模式的需要，提供了更多的功能和解决方案，业务集成性有了很大的加强，分析、评判、优化和决策支持的功能尤为突出，特别是商务智能的引入使得以往简单的事务

第五章　物流管理方式优化路径

处理系统变成了真正智能化的管理控制系统。③适用领域扩大。为了满足第三产业蓬勃发展的趋势，ERP 的发展已经打破了 MRP Ⅱ 只局限于传统制造业的格局形式，扩展到物流业、金融业等其他行业和企业。④适应环境变革。随着企业经营管理模式从单一生产方式向混合型生产方式的变革，传统的 MRP Ⅱ 已无法满足企业利用市场资源快速、高效经营管理的需求，而 ERP 则能很好地适应与支持企业所处的"多品种、小批量生产"和"大批量生产"并存的混合型环境，满足企业多角化经营的需求。

ERP 是一个信息高度集成的管理系统，它的实施不仅有助于实现对企业整个物流系统各个环节的管理，而且从企业内部向供应链的扩展更有利于对整个供应链环节的管理。ERP 仍在不断发展，其未来发展呈现以下趋势：①网络化。加强与互联网技术的融合与接轨。②综合性和机动性进一步提高。③商业智能化。扩大在电子商务领域的应用。④不断扩展新的客户群。从 MRP、MRP Ⅱ 到 ERP，物流技术的成长经历了信息集成覆盖范围更广、功能更强大的变迁，更能满足企业增强竞争优势的需要，也更加适应全球市场竞争环境下供应链物流管理发展的需要。

（五）基于 CRM 的物流管理模式

从物流管理创新发展的过程来看，客户关系管理（Customer Relationship Management，CRM）是物流管理发展到高级阶段的重要产物。客户关系管理水平是衡量物流系统为客户创造的时间和地点效用能力的尺度，也反映了企业留住现有的客户及吸引新客户的能力。客户关系管理水平直接影响着企业物流总成本的高低，并最终影响其赢利能力。因此，在企业物流管理系统的设计和运作中，CRM 已成为至关重要的一环。

CRM 是现代管理科学与信息技术结合的产物，是企业为最终实现电子化、运营目标所创造和使用的软硬件系统及集成的管理方法、解决方案的总和。它以客户为中心，通过再造企业组织体系和优化业务流程，开展系统的客户研究，从而提高客户的满意度和忠诚度，提高运营效率和利润收益。在市场竞争日趋激烈的今天，企业所有业务产生和发展的出发点，是向客户提供服务并尽力满足客户的需求。由于企业所提供的产品在价格、特性和质量方面已很难区分高下，因而客户关系管理水平的差异将决定其服务水平的高低，并成为企业能否提供超越竞争对手的竞争优势的决定因素。面对日益激烈的国内、国际市场竞争和消费者价值取向的多元化，企业的经营管理者已发现加强物流管理，改进客户关系管理是创造持久竞争优势的有效手段。

CRM 是企业从"以产品为中心"的模式向"以客户为中心"的模式进行转移的必然结果。从宏观层面看，CRM 是现代企业制度的一种经营管理理念；从中观层面看，CRM 为企业提供的是一整套技术解决方案；从微观层面看，CRM 则是实现企业管理自动化的一个应用软件系统。以海尔公司为例，在该公司的物流理念中，CRM 是"一个通过选择和管理客户为企业实现长期效益的商务策略，它要求企业在有一个以客户为中心的理念和文化的基础上来有效地实施产品研发、市场营销、销售和服务等流程"。通过业务流程再造，海尔形成了"前台一张网，后台一条链"的闭环系统，前台的"客户关系网"成为与客户快速沟通的桥梁，将客户的需求快速收集、反馈，实现与客户的"零距离"接触；后台的供应链系统可以将客户需求快速地反馈给物流系统、财务系统等流程子系统，实现对客户需求的协同服务，从而达到快速地响应市场和客户需求的目的。

CRM 的核心就是客户服务。客户服务是发生在买方和卖方之间，使交易中的产品或服务实现增值的一个过程。这种发生在交易过程中的增值，对单次交易来说是短期的，当各方形成较为稳定的合同关系时，增值则是长期持久的。同时，这种增值意味着通过交易，各方都得到了价值的增加。因而，从过程管理的观点看，客户服务是通过节省成本为物流管理提供重要附加价值的过程，而且企业在制定客户服务策略时，更应当以客户的真实需求为基础并支持整个市场营销战略。

（六）基于 ERM 的物流管理模式

在电子商务环境下，企业内外部的运作方式会发生很大的变化，李军和于洋通过分析电子商务环境下 ERP 需求的新特点、ERP 发展和实际应用中存在的问题，论述了 ERP 与电子商务集成化的发展方向，提出了企业关系管理（Enterprise Relationship Management，ERM）的基本框架。他们认为，"需要在 ERP 系统的基础上融入 SCM 的功能，做到一个企业内外部信息的集成，然后，基于互联网技术，在电子商业环境下，将电子商务、交易管理和客户关系管理加入 ERP 之中，集成后的 ERP 系统不再局限于单个企业实体，而把重点转向以客户为中心，基于供应链进行管理"。所以，ERP 的内涵发生了深刻的变化，传统 ERP 中的资源 R（Resource）被代表企业与供应商和客户之间的关系 R（Relationship）所取代。传统 ERP 中的计划 P（Planning）被管理 M（Management）所取代，ERP 正在发展为 ERM（企业关系管理）。

三、物流管理信息系统的创建

现代信息技术是现代物流的支柱之一，缺少了物流信息系统的支持，物流管理的效果便要大打折扣。降低库存可以提高物流速度、加快资金流转，从而降低物流成本。其实一个完善的物流信息系统，完全可以大量降低库存，甚至做到"零库存"，以信息代替库存。

建立物流管理信息系统，企业可以在各项经营活动开展过程中，对负责订货到发货的各种物流职能进行控制，实现高效率，并且增加物流系统各环节对市场变化反应的灵敏度，可以减少库存，节约成本。物流信息系统实际上是管理理念和物流作业流程的固化。企业的物流信息系统必须有明确的功能定位和具体的流程说明。企业对信息系统的选用或开发，必须坚持以实用为原则。

建立物流信息系统关键是要解决好三个方面的问题：一是要解决好物流信息资源的采集问题。这不仅要搜集包括订货单、存货单、付账款、交易条款、用户情况等大量内部数据资料和信息，还要收集外部供应链上各参与方的信息。二是要求在包括订货、采购、业务、交易、储存、运输等各个物流环节，采用最新信息技术，缩短物流运作时间，加快物流速度，降低物流成本。三是要建立数据仓库平台，支撑物流信息系统和解决系统。目前，物流信息管理技术已从看板管理（JIT）和物料需求计划（MRP）等，转向配送需求计划（DRP）、再订货点（ROP）和自动补货计划（ARP）等基于对需求信息做出快速反应的决策系统。数据仓库应以面向主题的、集成的、稳定的、不同时间的数据集合为主，要能有效地提供集成化和历史化的数据，支撑各种决策分析，以提高企业物流管理对市场的反应能力。此外，企业物流管理还要加强机构的网络建设，通过客户和供应商的信息共享，增加供应链的信息覆盖率，及时掌握供应链信息。

总之，企业应建立自己的物流信息系统，充分应用流程优化技术和互联网等信息共享技术，使企业及整个供应链之间的物流活动流畅、协调，提高效率，降低成本。

建立物流信息系统有两条可供选择的路径：一是量身定制途径，另一途径是集成系统导入。物流信息系统量身定制的前提是设计企业的物流运作流程；集成系统导入则要求改变企业现有的物流运作流程。所以，无论哪条路径，确定企业的物流运作流程都是企业建立物流信息系统的基本前提。

设计或再造企业的物流运作流程的基本依据，一是客户的物流服务需求，二是企业的物流管理模式。客户的物流服务需求是企业物流系统及其管理的根本目标，这一目标的变化可能导致企业物流系统如配送中心的选址、布局和结构的变化，进而导致流程的变化。物流管理模式是实现客户服务目标的手段，是企业为满足客户需求而配置物流服务资源的方法。存货水平的控制、存货的布局和结构配置、存货可得性的优先度排序、不同运输方式的选择等，都属于物流管理模式的范畴。显然，企业采用不同的物流管理模式，其物流运作的流程以及相应的物流信息系统是不一样的。但只有在客户需求确定以后，企业的物流管理模式才能对流程设计起决定性的作用，此时的物流运作流程设计问题也就转化为客户服务需求和企业服务能力的匹配问题。所以从根本上来说，客户服务需求是企业物流信息系统设计的根本依据。但在实践中，人们通常只注意企业的物流管理模式而忽视客户具体的物流服务需求，使物流信息系统的设计失去最根本的依据，导致所建立的物流信息系统要么是过于理想化而不适用，要么是企业现有物流运作管理模式和台账的桌面化。电脑屏幕上充斥着大量不得要领的经营和统计数据，其实和提高客户服务水平和企业物流管理并没有什么直接的关系。对企业物流运作过程的调节和控制还是要靠管理人员的经验，还要对有关信息进行二次或三次处理。所以，许多企业在物流信息系统运行后通常感到其开放性和灵活性甚至是适用性不足也就不奇怪了。

总而言之，企业建立物流信息系统，必须根据企业确定的物流服务目标，制定企业物流发展战略和物流管理模式，在此基础上权衡物流流程设计与改造的利弊，据此选择是采取量身定制途径，还是集成系统导入途径。通常情况下，对这种利弊的权衡，可能需要借助专业机构的能力。企业建立物流信息系统属于长期战略投资行为，所以必须以企业发展战略和物流竞争战略为基本指针。如果没有发展战略作为依据，企业对物流信息系统的投资就可能是盲目的投资。物流信息系统的投资回报不仅包括企业运营成本的降低、运营效率的提高和客户服务水平的提高，也应包括物流管理知识的获得和积累。建立物流信息系统还必须有明确的市场定位或行业定位、产品定位、客户定位。明确的市场定位本质上是要求服务定位明确，包括仓储服务、货运服务、货代服务、供应服务、分销服务、供应链整合等。企业在进行市场定位的时候，不仅要认真考察客户，而且要考察客户企业所属的行业的发展趋势。此外，企业在进行服务定位的时候，要仔细分析潜在客户现行物流运作的流程和价值链的结构，选准切入点。与此同时，对企业本身现有物流运作流程和价值链也要做精心的分析，找出企业内部业务流程最需要改进的地方。信息系统的建立应该从投资回报最有潜力的环节切入，而不是盲目地全面铺开。没有战略和重点的全面信息化，并不能够带来全面的服务水平和服务利润的提高，还可能在投资和实施方面产生负面影响。为客户提供满意的物流服务，是企业建立物流信息系统的基本着眼点，因此要与客户一起商定物流服务目标、确定企业物流管理模式，以及信息分享的机制。与客户一起商定物流服务目标对第三方物流服务供应商特别重要。因为没有互动的机制，就没有信息的分享，没有信息的分享，就没有高水平的物流服务，也没有第三方物流。

企业建立物流信息系统还要求具有开放性和扩张性。如要把现在的仓库改造为增值服务中心，则在信息系统的配置方面，至少要有仓储管理系统（WMS）和商务管理系统（BMS），还要配置条形码系统和无线射频技术（RF）等。但一定要以企业的物流发展战略为依据，同时还要考虑有关信息技术的经济寿命，要防止为预留功能接口而购进冗余的设备或造成资金沉淀。对此，企业应该认真考察信息系统的供应商是否拥有相关设计经验，信息系统的供应商所设计的信息系统目前使用的情况如何，是不是可以在企业现有的管理信息平台上运作，走访该供应商以前的客户可能是有必要的。此外，还要考虑系统供应商对系统从安装调试到正常运行所需的时间。

在确定市场和服务定位以后，企业建立物流信息系统要有明确的投资预算，并且要做好变革的准备，尤其是服务理念和企业文化的变革，对新旧管理运营模式的转换及其对客户服务可能产生的影响应有所准备，否则所建立的信息系统就可能无法有效地运转。

第六章 绿色物流管理模式创新发展

当今社会,人们越来越重视环境,绿色经济已成为当今世界的主题之一。本章将探讨绿色物流的概念、减少资源消耗的废旧物资的回收及产品退回物流管理的基本内容。

第一节 绿色物流的基本概念

一、绿色物流概念的提出

物流与社会经济的发展是相辅相成的,在经济的高度成长期,国民总生产与货物输送量具有很大的相关性,这种关系表现为:一方面,经济的发展会产生对物流总量增长的要求;另一方面,物流产业又成为经济发展的支柱之一。这样,现代物流既促进了国民经济从粗放型向集约型发展,又成为消费生活高度化发展的支柱之一。

然而,无论是大量生产—大量流通—大量消费的时代,还是多样化消费—有限生产—高效率流通的时代,都需要形成一个环境友好型的物流管理系统。特别是在当前环境污染问题越来越严重,如空气污染、水污染、酸雨等，使人们充分认识到环境与人类的共生性，保护环境就是保护人类自身。

因此，必须采取各种措施来维护我们的自然环境，以达到长期可持续发展的目标。这种可持续发展政策同样也必须应用于物流管理活动，即在抑制物流对环境造成危害的同时，形成一种促进经济和消费生活健康发展的物流系统，即向绿色物流、循环型物流转变。

在各种经济活动中，如何与环境共存，保护环境、减少污染是首要的，因为环境污染对人类的生存与发展的威胁越来越大。因此，人们对环境保护越来越重视。人们希望的绿色物流，就是要在组织物流活动的过程中，减少资源消耗，减少环境污染，提高人类生存和发展的环境质量。

二、绿色物流的含义

绿色物流是指在物流过程中抑制物流对环境造成危害的同时，实现对物流环境的净化，减少资源的消耗，使物流资源得到最充分的利用。绿色物流其实是物流管理与环境科学交叉的一门分支。在研究社会物流和企业物流时，我们必须考虑到环境问题。尤其在原材料的取得和产品的分销过程中，运输作为主要的物流活动，对环境可能会产生一系列的影响。而且，废旧物品如何合理回收、未销售出去的商品如何退回、如何减少对环境的污染、最大可能对回收的废旧物品和退回的产品的再利用等都是物流管理所需要考虑的内容。

物流是物品从供应地向接收地的实体流动过程，根据实际需要，将运输、储存、装卸、搬运、包装、流通加工、配送、信息处理等基本功能实施有机的结合。物流管理必须在每一个功能环节上充分体现绿色物流的理念，消除非绿色的因素，才能实现绿色物流的目的。

（一）运输

运输是使商品发生场所、空间移动的物流活动。运输在整个物流系统中是最为重要的构成要素。运输过程的非绿色因素主要表现为三个方面。一是交通运输工具的大量能耗、对大气的污染和噪声污染。现在大部分运输工具的运行都需要消耗燃料（汽油或柴油），过分的消耗不利于可持续发展。而且，交通运输工具排放出大量有害气体以及所产生的噪声污染，都损害人类的健康生存与发展，降低了环境质量。二是大量的物流活动导致道路需求面积的增加，而道路修建本身是对生态平衡的一种破坏。行驶的交通工具排放的废气损害了道路周边植物的健康生存，加剧了生态失衡。三是输送的商品也有可能对环境造成损害。如运输原油的海轮发生泄漏事故，造成海水污染，导致海生动植物的死亡。

因此，我们必须要用绿色的观点来选择运输合理化的标准。比如，公路运输的最大优点是方便，可以做到"门到门"运输，系统费用也低，但汽车运输对空气污染严重，噪声大，也增加了交通的拥挤状况。所以，从对社会环境的影响看，公路运输应受到控制。目前一些发达国家已把公路集卡运输看作是污染空气的"元凶"，在物流系统设计的过程中尽可能减少公路运输。

（二）储存

在物流系统中，储存和运输是同等重要的构成因素。储存具有商品储藏管理的意思，保管的主要设施是仓库。储存是一种静止的状态，也可以说是时速为零的运输。

储存过程中的非绿色因素主要有两个方面：一方面，一些化学方法，如喷洒杀虫剂，对周边生态环境会造成污染；另一方面，一些商品，如易燃品、易爆品、化学危险品，由于保管不当，爆炸或泄漏也会对周边环境造成污染和破坏。因此，商品保管中心必须对储存的商品进行养护，必须从绿色物流的角度来加强储存管理。

（三）装卸搬运

装卸搬运是跨越运输和物流设施进行的，发生在输送、保管、包装前后的商品的取放活动。物品由生产到消费的流动过程中，装卸搬运作业是不可缺少的，装卸搬运的好坏影响着物流成本，装卸搬运不好会把物品弄脏或造成破损进而影响包装成本。

装卸搬运过程中的非绿色因素有：装卸搬运不当导致商品实体的损坏，造成资源浪费和废弃；废弃物也有可能对环境造成污染，如化学液体商品的破漏，造成水体污染、土壤污染等，同样不经济，也不利环境保护。

（四）包装

包装是生产的终点，同时又是物流的起点。包装的寿命一般来说不是很长，大多到达目的地就没什么特别的作用了。但随着物流量的增大，包装物的垃圾公害问题被提上了议事日程。随着当今社会大众对"资源有限"的认识，包装材料的回收利用和再生利用受到重视。今后，应尽可能地推行包装容器的循环利用，并尽可能地发挥废弃的包装容器的作用予以再生利用，这是非常重要的，特别是近年来过大包装、过分包装、包装废弃物问题、回收再生利用等包装与社会机制协调的问题日益突出。绿色包装是指采用节约资源、保护环境的包装。绿色包装的途径主要包括：促进生产部门采用尽量简化的以及由可降解材料制成的包装，商品流通过程中尽量采用重复使用单元式包装，实现流通部门自身经营活动用包装的减量化，主动地协助生产部门进行包装材料的回收及再利用。

废弃的包装物对环境的污染已引起社会的极大关注，但还没有有效的解决办法。用可降解材料做包装容器则成本高，而采用周转箱方式，一方面会增加费用，另一方面空箱回流也是难题。

（五）流通加工

流通加工是指在流通过程中继续对流通商品进行生产性加工，以使其成为更加适合消费者需求的最终产品。流通加工环节有较强的生产性，也是流通部门对环境保护大有可为的领域。流通加工不仅能够提高物流系统效率，而且对于生产的标准化和计划化，对于提高销售效率、提高商品价值和促进销售也将越来越重要。绿色流通加工的途径主要分为两个方面：一方面变消费者分散加工为专业集中加工，以规模作业方式提高资源利用效率，以减少环境污染，如餐饮服务业对食品的集中加工可减少家庭分散烹调所造成的能源浪费和空气污染；另一方面是集中处理消费品加工中产生的边角废料，以减少消费者分散加工所造成的废弃物污染，如流通部门对蔬菜的集中加工减少了居民分散垃圾丢放及相应的环境治理问题。

（六）配送

配送是一项综合性的物流活动，它包括了物流中的运输、储存、装卸、搬运、流通加工等各个环节。绿色配送就是要消除各环节上的非绿色因素。

（七）信息

信息活动是通过收集与物流活动相关的信息，使物流活动能有效、顺利地进行。信息流对环境几乎无损害或无直接的损害，但是无用、错误的信息也会造成浪费等非环保的问题，也应该尽量避免。

三、绿色物流与传统物流的差异

绿色物流与传统的商品流通下的物流概念是不同的，具体表现如下。

（一）具体的功能和内容的不同

传统的物流的主要功能和内容是使商品（实物）实现"空间转移"和"时间推移"，克服生产与消费在时间和空间上的差异，履行一般商品流通的功能；而绿色物流在履行一般商品流通功能的同时，还要履行诸如支持绿色生产、经营绿色产品、促进绿色消费、回收废弃物等以环境保护为目的的特殊功能。

（二）目标不同

传统的商品流通活动在现实运行中表现出多重目标，如实现流通活动主体的盈利、满足用户或消费者对商品和服务的需求以及扩大生产和流通企业的市场占有率等，但这些目标均有一个共同点，即实现某一经济主体的经济利益；而绿色流通的目标则在上述各种经济利益目标之外，加上了节约资源、保护环境这一既具有经济属性，又具有人文社会属性的目标。节约资源、保护环境与经济盈利目标从长远的和宏观的角度讲是一致的，但对特定的流通活动的主体则往往是矛盾的，服务于商品流通的物流活动同样存在着这对矛盾，这也是绿色物流要处理和解决的一个中心问题。

（三）物流流程的不同

另外，绿色物流中还需解决废弃物及产品退回的问题。从系统构筑的角度看，降低废弃物物流成本，需要实现资源的再使用（物品的回收处理后再使用）、再利用（不用的物品处理后转化成新的原材料使用），为此应当建立起生产、流通、消费的循环往复系统，即废弃物的回收利用系统。这就需要从整个物流供应链的视野来组织物流，而且随着这种供应链管理的进一步发展还必须考虑废弃物的循环物流。在将来的物流管理中，物流控制的对象包含了生产商、批发商、零售商和消费者全体，并且物流流程不再是从上到下，信息流程也不再是从下而上，而是不断循环往复。

第二节　生产企业物料回收物流

由于社会对物流管理的日益重视以及人们对环境保护意识的日益增强，绿色物流的概念正逐步被人们认识，而物料的回收物流也已逐渐成为经济生活中的一个重要问题，无论是企业界还是理论界，都开始重视这一问题。

一、生产企业物料回收与物料管理概述

废料、呆滞物料和陈旧物料的处理是每一个企业物流管理人员面临的

一个难题。废料是在现时条件下不能使用的物料。部分废料可通过收集、分类、加工、供应等环节转化成新的产品，重新投入到生产或消费中，这一过程称为回收物流。对那些无明显使用价值的废料，一般通过销毁、填埋等方式予以处理，这一过程称为废弃物流。呆滞物料是指一段时间内（如一年或一个季度）未使用或现存量超出一段时期的需用量的物料；而陈旧物料是指已使用过或长期未使用的，但仍有使用价值的物料。这里我们将废料、呆滞物料和陈旧物料通称为废旧物料。多余的存货由于无休止的储存成本可能造成成本过高，其任何损失都要由收入来补偿。

随着社会生产力和科学技术的发展，物料回收利用的经济效益更加显著，如何变废为宝，将废旧物料进行回收，减少生产经济活动过程中的资源消耗已成为全世界范围内人们广泛重视的课题。

废旧物料不仅仅只是在生产企业中出现，实际上在我们整个社会中的每个领域中都会涉及，整个社会的废旧物料的回收是一个大课题，这里只论述生产企业的废旧物料的回收物流。

（一）生产企业废旧物料的产生原因

在企业生产的组织过程中，不可避免地会产生一些废旧物料，废旧物料产生的原因也很多，主要原因可以归纳为以下三方面。

生产过程中产生的废旧物料，包括报废成品、半成品，加工产生的边角废料、钢渣、炉底，生产中损坏报废的设备以及由于设计变动或产品更新换代而不再使用的呆滞物料等。

流通过程中产生的废弃物料，包括各种原材料和设备的包装物、流通中因长期使用而损坏的设备工具、产品更新过程中因标识改变而废弃的物料、保管过程中因储存时间太长而丧失部分或全部价值的物料。

由于精神损耗而产生的废旧物料。精神损耗是指由于生产率的提高、科学技术的进步而造成某些物料继续使用不经济的现象。尤其是机电产品，更新换代很快，老的产品只能作为废旧物料被淘汰。

（二）生产企业废旧物料回收工作的作用

生产企业对废旧物料进行回收利用的工作是利国利民的大事，它不仅可以减少生产过程中的资源消耗、弥补自然资源不足，而且可以降低成本、提高经济效益。

物料资源总是有限的，回收利用废旧物料就相当于利用社会资源的潜在资源，从而可以在一定程度上缓解资源的紧张状况。

以炼钢为例，炼钢要经过采矿、炼铁、炼钢等这样一个复杂的过程方能完成，如果用废钢代替生铁炼钢，不仅可以节约找矿、采矿、炼铁等一系列生产所耗费的支出，而且冶炼的钢材质量要比以生铁作为原料的好。

二、生产企业废旧物料的处理

（一）生产企业废旧物料处理的原则与措施

退货与回收物流处理的基本原则在于"事前防范重于事后处理"。对废旧物料进行事后处理，如焚毁、掩埋、低价转让等，会有很大的经济损失。为尽量避免这类损失，在事前就要采取有效措施，动员和综合协调设计、生产、采购、销售等部门，统一规划，防止废旧物料的产生，主要措施如下。

在企业内部实行全面物料控制，对企业内各单位的存料进行综合调剂管理；采取适用于物料性质的保管和保养条件；与设计、生产部门协商配合，在一定的许可范围内，等原存物料全部用完后再改用新材料；与销售部门配合，及时了解产品需求状况，合理预测并提前准备，以避免重大损失；实行物料标准化，若同一物料有多种用途、可用于多种产品中，此种物料陈旧或呆滞的可能性就大大降低。

（二）废旧物料回收物流的组织

与一般物流相比，废旧物料的回收物流具有分散性、缓慢性、混杂性和逆向性的特点。如何组织好生产企业废旧物料的回收物流工作是放在企业物流管理人员面前的一个重要任务，原则上讲，企业可以从以下三个方面入手来加强企业废旧物料回收物流工作。

编制废旧物料回收计划。编制计划时要突出重点，抓住一般，首先考虑对国民经济有重要影响作用的紧缺物料的回收项目，同时考虑生产、技术、经济方面的可能性。

建立健全的物料回收管理机构。物料回收管理机构是完成废旧物料回收任务的组织形式，应本着精简统一的原则，建立健全的物料回收网。

制定废旧物料回收的技术、经济方案。这些方案是开展物料回收利用的重要依据。

（三）废旧物料的实际处置方法

废旧物料的处置方法有很多，不同性质的废旧物料可以利用其不同的特点进行处置。下面是几种在企业中常见的处置方法。

将钢铁、铝、铅等废旧物料适当分类，再分成若干等级，以便于企业内部设法利用；

对拆卸下的大件废料，如钢或其他金属，可以用乙炔剪断，作为废料；或予以拼接，以备日后代用作新料；

对某些拆下后可以转用到其他地方的废料，如电动机、泵、管道等，应小心拆解，再送到维修保养部门整修后，重新入库待用；

对某些存量很多且有利用价值的废旧物料，可以在组织内部调用或设法利用，如代作其他物料使用或大材小用；或退还给供应商；或集中定期向外出售，如直接销售给其他企业等；

对某些已无明显利用价值的物料，采取焚毁、破毁、掩埋等处理方法。

第三节　产品的退回物流管理

产品的退回物流与废旧物料回收物流一样是一种逆向物流，它与废旧物料的回收不同之处在于产品不是在生产企业内部的逆向流动，而是在物流系统中不同的企业或消费者（最终用户）与零售商之间的逆向流动。产品的退回物流就是物品自零售商开始沿着供应链向最初供应商或其他处理点的整个回流过程。良好的退回物流管理可以更有效地利用各种资源，减少资源的消耗和对环境的污染，从这层意义上讲这也体现了绿色物流的基本要求。

一、产品退回物流管理概述

产品退回物流管理就是要对回流的产品进行处理。决定退回物流的系统，也就是说退回产品该送到哪里，或是返还给生产商，或是掩埋，或是去二级市场，这也是整个物流系统规划设计时必须考虑的，它也会影响到整个物流系统运作的效率与企业在市场上的竞争能力。

（一）产品退回的原因

产品退回在现代经济生活中是常见的现象，其产生的原因可能很多，这里我们分别从顾客（最终用户）和供应链合作伙伴或零售商作为产品退回源的角度分析产品退回的主要原因。

以顾客（最终用户）为产品退回源考虑时，产品退回可能有以下几个原因。

顾客（最终用户）购买的商品其功能或质量未能满足需要。

产品的使用技术与操作方法十分复杂烦琐，顾客（最终用户）不能很

第六章 绿色物流管理模式创新发展

好地合理使用产品。

顾客（最终用户）在购买商品后，在使用过程中或使用前发现商品存在着严重的缺陷。

某些顾客（最终用户）滥用某些零售商在销售某些产品时承诺的"无理由退货"的销售政策。

以供应链合作伙伴或零售商为产品退回源考虑时，产品退回可能有以下几个原因。

零售商的库存产品的有效期即将过期或已经过期。按规定零售商无法再销售该产品，这在食品、药品等类产品的销售中最为常见。

零售商的库存产品的包装已过时。过时的包装可能会影响产品销售的业绩，零售商更愿意销售新颖包装的产品。

零售商的库存中产品具有季节性。市场对该产品的需求是有季节性的，在对该产品无需求的时期，零售商要求把未销售完的产品退回。

零售商的库存中产品被新的版本替代。随着新产品的推出，供应链合作伙伴要求把旧的产品退回。

零售商的库存中的商品某些法规规定不能再使用。如新的法规禁止使用包含某些成分的药品，则零售商要求退回含有该成分的药品。

零售商的某些商品库存过多。库存影响着零售商的库存费用，也占用流动资金，零售商会根据市场需求与销售状况调整产品的库存水平。

零售商由于各种各样的原因退出零售行业或破产。

当然，在一件产品被更新的型号所代替时，零售商可能会继续销售老的型号，一般会在销售价格上打个折扣，直到销完为止，这样的话，产品就永远不会进入二级市场。但如果旧型号产品进入了退回物流中，企业就可能把旧型号产品卖给清算商以获取相对高的卖价。当新产品只比旧的曾经很受人欢迎的产品有稍许改进的话，这种情况尤其可能发生并成为现实。如果产品的变化比较大，制造商可能给予零售商更慷慨的优惠条件以激励零售商卖完剩余的旧商品。当商品进行了显著的改进时，旧的商品很难再销售出去，这时零售商更乐意把旧商品从柜台撤下，然后送到二级市场去。

当某类商品由于销路不好而停产时，即使价格十分优惠，企业也很可能难以为这些产品找到买家。零售商可能尽量清理库存，而这些产品通过传统的零售渠道又很难完成，所以，二级市场上该类产品价格很可能被降下很多。

（二）产品退回物流管理的作用

典型的产品退回物流的管理包括这样一个过程：把使用过的、损坏的、不需要的（平衡库存产品回流）或者是过时的商品以及包装或装运材料自最终使用者转移至重新出售者。根据美国物流协会的统计，产品的退回率由于产业的作用存在着很大差异。

一般来说，采用直销模式的公司商品退回率要高于采用其他销售模式的公司。对于一个直销公司来说，退回率可能达到35%，平均的水平大概是25%，因此这类公司必须改善他们对商品退回过程的控制管理。唯一的例外是"为订单而生产"的电脑直销商的产品退回率要低于采用传统模式销售的电脑制造商的退回率。

大多数采用直销模式的公司都制定了一整套的产品退回流程和原则，从战略的角度利用退回物流的管理来减少成本，以获取市场的竞争优势，因此对于那些产品价值很大或是退回率很高的企业，产品的退回物流管理是十分重要的。

有效而科学的产品退回物流管理除与废旧物料的回收物流一样具有减少资源消耗、节约成本、增加企业的利润及减少对环境的污染等作用之外，还具有以下三个方面的作用。

1. 它是提高顾客满意度，培养顾客忠诚度的有效营销手段

在某些商品的流通渠道中，消费者可以将任何商品退回给零售商，如某些零售企业承诺"无理由退货"，而零售商和批发商与生产企业又有自由退回协议。由生产企业对产品的市场寿命周期负起完全的责任，这对提高产品的品牌价值，培养品牌忠诚的消费者以及提高产品在市场上的竞争力起到促进作用。"以旧换新"的促销方式同样也具有一定的作用。

2. 使企业获取社会效益，提高企业的社会公众形象

企业把那些部分损坏但仍可以使用或过时的产品直接捐赠给慈善机构，可以提升企业在公众中的良好形象。当然，企业也可以采取其他的产品退回处置方式来达到这一目的。

3. 建立起更有效的供应链合作伙伴关系，使供应链上的合作伙伴取得"双赢"的结果

供应链合作伙伴退回产品，可能是由于商家购买了太多的商品，但销售则没有预期的那么好，这样会造成库存积压；也有可能是因为产品在市场中已过了它的生命周期；或者是产品已过了销售季节；还有可能是商品在运输过程中遭到了损坏。因此，建立公平合理的产品退回机制，对建立良好的供应链战略合作伙伴关系是十分重要的。

在图书出版业，当出版商允许图书经营商退回任何图书时，一本图书的退回率往往就决定了它的盈利性。相反地，图书分销商作为出版商的最大客户，出版商制定销售策略时会允许图书经销商从卖给书店的图书中退回一定百分比的图书。图书零售商开始意识到出版商和分销商之间的图书退回策略的不一致：书店往往将他们所得到的退回额度先返还给分销商，然后再把剩余的返还给出版商——即使他们只是从分销商而不是直接从出版商那里购买图书。在某些情况下，图书零售商甚至不必再费力把图书运回给上游的分销商而直接送到出版商那里。

这种退回方式使得出版商承担了图书退回所引起的绝大部分成本和费用。由于出版商可能以比卖给零售商的直接价格更低的价格把这些书卖给分销商，出版商的利润就会降低，而分销商却无需承担处理退回书本的费用。这一机制显得既不高效，也不公平。

因此，科学、合理、公平、高效的产品退回机制是产品退回物流管理取得良好效果的先决条件。

二、产品退回物流的管理

产品的退回物流对企业来讲可能有积极影响，也可能有消极影响，因此必须加强对产品退回物流的管理。

（一）产品退回管理的原则

产品退回物流管理必须注重以下几个方面的原则。

1. 加强对产品退回物流起始点的控制

要想使整个产品退回物流实现利润，良好的起始点控制是一个重要的环节。多少年来，人们往往注重库存管理与企业盈利的关系，从实物的正向配送和分销角度来研究物流的系统。实际上，产品的退回物流在物流系统中同样应该得到重视。产品退回物流起始点控制就是在产品退回的起始入口对有缺陷或无依据的退回产品进行审查，并进行控制。

顾客的满意就是企业获取成功的关键，所以许多零售商的成功都在很大程度上归功于通过以顾客为导向的营销而实现的优良客户服务，其中往往包括了"无理由退货"策略，也称为自由回流策略。

虽然自由回流策略能够吸引客户，但它又会鼓励客户进行欺诈或滥用这一政策。在美国的一些零售商退货处理中心，经常可以发现有些退回的商品，并不是零售商出售给要求退货的这些客户的产品。零售商店的员工不应接受这些退货，然而由于缺乏完善的退货控制系统和训练有素的员工，这种欺诈行为发生的频率往往高于商店能够容忍的限度。

零售商往往是起始点控制的关键，而目前许多零售商都把在它们店铺内审查有缺陷或无根据退货看作是他们的额外工作，而店铺的一线员工也不愿把好商品退回物流的入口这道关。

集中式的产品退回物流处理中心能显著地加速产品退回物流流程,但许多零售商不是这样做的。他们先积累商品的退回物品,然而每隔一段时间大批量地运送到制造商那里。积累的退回商品堆积如山,而零售商只承担处理这些退回物品成本中的一小部分。这种方式破坏了制造商和零售商之间的交流渠道。如果产品退回物流的起始点控制功能成为优先考虑的项目,而不是作为补充的话,这种损害可能是可以避免的。

2.尽量缩短产品退回处理的周期

在产品退回物流管理方面比较成功的企业往往是那些能够比较好地在退回产品的入口起始上进行控制,同时也能够缩短与退回物品的转移和处置有关的回流周期的企业。

虽然绝大多数退回物品并不随时间的增加而变得更好,但很明显,许多公司仍未能找到缩短冗长的退回商品处理周期的方法。从涉及的许多公司来看,物品的退回是额外的作业过程。当物品退回至某个配送销售中心后,员工不清楚它是可重新整修或可利用的缺陷品,还是需要掩埋的废品。想要经营一个正向物流的配送中心都是困难的,而公司配置资源去经营一个逆向物流配送销售中心那更是难上加难。

企业压缩退回产品处理周期的困难部分在于对退回产品怎么及时处理。各种不同原因的退回产品,其处理方式也不同,这些处置方式有时很难用文字语言来表述,同时还常常会有一些例外的情况,所以员工有时很难对这些退回产品作出处理决定。这也使得产品退回处理的周期变长。相对来讲,在供应链中把退回物品转移到邻近的前一阶段是容易的,因为这减少了个人和公司双方的风险。

3.建立一套完善的物流信息系统

一套完善的物流信息系统是产品退回物流管理有效与否的关键,但是这一点在许多企业中往往被各级主管所忽略。尤其是有关产品退回的物流信息往往不被信息系统部门考虑为优先发展的系统。

经整合过的供应链当中,供应链的每个成员都可在产品顺向链转移时跟踪产品,虽然有少数供应链的此项功能比较完好,但很难有逆向物流中心做到这一点。大多数企业都不能在自己内部跟踪逆向物流,能在自己企业外部跟踪逆向物流的那就更少了。

当然也有些企业较好地建立一些信息系统以压缩产品退回处理的周期。如某些工厂设计了人工系统以改善退回产品的处理过程。这一人工系统的基本方法是:他们使用的是三色系统,如果这件商品将被退回给工厂,则被贴上黄色;如果该商品要被放入处理品托盘,则被贴上绿色;如果系统显示红色,则这件商品另作处理,需进一步调查。这家公司尽量把被贴上红色的商品的数目控制到最少。由于处理决定是由系统做出的,它并不依赖于某个个体的判断,因此退回商品处理周期被大大缩短。此外,该公司还根据这套系统从跟踪退回的产品,检测处理周期和工厂绩效。公司的采购人员在和其他供应商谈判或商谈折扣时就能掌握比对方更完备的信息。最后,商店还能知道顾客有没有在退货时存在欺诈行为。

4. 建立集中式退回产品处理中心

在集中式的系统中,所有要进入逆向物流管道的退回产品都被带至处理中心,在那里经分类、加工,然后运至下一目的地。这个系统还使得企业能最大化处理退回商品的数量,这里的分拣人员均是分拣专家,他们拥有该领域的专门知识,可以为每件产品找到最佳的退回目的地。

一般来说,集中式退回物品处理中心是这样运作的:零售商把物品送回至一家或更多的集中退回物品处理中心,如果零售商规模很大,比如说是全国性甚至国际性的,那么它很可能拥有不止一家的集中式退回物品处理中心。一般来说,根据零售商和制造商的指导,集中式退回物品处理中心会对如何处理退回商品做出合适的决定。

通常,零售商店希望把尽可能多的空间用于产品出售区域,而不想把空间用于售出商品的回流区域。通过退回商品加工的集中化,零售商能使

第六章　绿色物流管理模式创新发展

本来完成退回商品加工的人员需求最小化。在集中式退回物品处理中心，一位经正常训练的雇员在很短的时间内往往能比好几位客户服务柜台的雇员做得更好。

从制造商的角度来看，集中模式能改善顾客服务。它可以加速协调过程、改进退回产品的认可制度，还可以部分地发展管理信息。由于退回商品被集中起来，因此，制造商更易于了解产品退回的趋势。

5. 实行零返回商品流策略

零返回商品流策略就是制造商和分销商不允许商品在退回商品的通道中流通，而是给零售商或其他下游企业一个商品退回额度（一般为3.5%~4%），由他们自行处置。这种策略一般能大大降低成本。实施这类政策的企业可以通过预先设定的退回产品之成本限额来减少退回成本的不确定性，从而改善企业计划，保证财务健康。

这种政策可以使企业免于接收退回商品，因而被一些消费品公司和电器公司所采用。很有意思的是，大多数零售商并不专门追踪退回商品处理成本。相反，商品购买者购买商品时，其价格的定价已经把退回额度因素考虑进去了，因此，零售商可以忽略退回商品处理成本。虽然"零返回商品流"策略使销售通道中的上游成员无需处理退回商品，但这项政策导致的结果是复杂的。比如，在一家消费品公司，"零返回商品流"政策看起来的确降低了与退回商品有关的处理成本，然而，应退回商品的大部分却进入了其他的流通渠道，比方说二手市场，不利于产品形象的提升。在评价"零返回商品流"政策时，我们常常不得不考虑它对"销售渠道"可能造成的影响。

6. 对退回产品实行资产恢复

资产恢复就是对退回的产品、过剩产品、过时产品等进行分级和处理，以达到降低处理成本和提高该类产品所有者回报率的目标，也就是尽可能地恢复产品的经济和生态价值，从而降低最终废品的数量。

对许多公司而言，资产恢复已经变成一项重要的商业活动。资产恢复对于公司盈利性的影响程度取决于公司在减少诸如环境问题这样的负面影响的同时从退回商品中可能恢复价值的大小。

资产恢复过程还包括销毁退回商品。当退回商品进入二级市场后，许多零售商和制造商仍然希望他们的商标和产品的形象不受到损害，所以他们常常要求销毁退回商品。这种销毁包括去掉制造商的名字或撕去价格标签。

（二）退回产品的处理方法

由于产品的特性、产品退回的原因、分销合同的责任划分以及产品的需求均不相同，所以企业对退回产品的处理方法也不同，但总体上对退回产品的处理可以归纳为以下七种方法。

1. 把产品退回至制造商

零售商会因为商品缺陷、营销回流、商品过时或过量库存等原因，把商品退回给制造商。这里的营销回流是指当生产商以某种优惠促销政策激励零售商下一个比往常更大的订单，但事实上零售商不能售完额外的商品，零售商此时需要能够退回这些商品。有时，为帮助零售商避免库存商品过时或库存商品过多，生产商也会允许商品的退回。比如在汽车业，两家主要的生产商每年都允许经销商退回一定比例的库存。这使经销商能把过时的商品从库存中处理掉，一方面盘活了空间和资金以购买其他的新产品，另一方面也使经销商更好地服务客户。

对制造商来讲，产品退回很可能是源于销售代理协议或类似的相关协议。在销售代理协议中，代理商并不拥有产品的所有权，因此，如果代理商产品没有卖完，往往需要制造商负责转移商品，而代销商品的库存一般不纳入零售商的产品退回的逆向物流系统中。相似的一种情形是，制造商将产品送至零售商，同时同意任何未卖掉的商品都可以充分信任地回收。但有一点不一样，产品退回时可以进入零售商的产品退回物流系统。

如果顾客退回了它所认为有缺陷的产品，并且制造商补偿给了零售商，制造商会要求零售商退回那样商品。制造商这样做出于两个方面动机。

首先，制造商想要分析产品出现缺陷的本质，以找出它的原因并在以后的生产中避免这样的缺陷，制造商也希望分别估计"无缺陷产品"和"有缺陷产品"的数量。通过检测退回商品，制造商能收集相关信息，以帮助选择处理方案的管理系统。制造商甚至可以把这些商品当作新产品再次出售。

其次，制造商收回该商品的原因还可能在于防止这件商品进入其他的处理通道，进而影响顾客对该商品的需求。为了保护品牌，制造商想保证不让有缺陷的商品当作新产品卖给毫无疑心的消费者，从而影响企业本身品牌的形象。此外，为了保护品牌的形象，制造商不想自己的产品出现在某些零售部门。

有时，制造商在为有缺陷产品弥补给零售商新产品后不要求收回该商品。制造商可能会要求零售商销毁该商品，或者可能允许零售商自行通过批发商或二级市场出售该商品。

2.将退回产品作为新产品出售

如果退回商品没有被使用过，零售商可能把它送至零售商店，作为新产品再次出售。当然产品需要重新包装。比如在汽车零部件这样的产业中，企业在重新包装上每年都要花费大量的人力与资金，通过重新包装，顾客就不会察觉到产品是二次出售的。

当然，在某些产业，有规章、法律及其他方面的明确规定，凡是顾客退回的产品，就不能当作新产品出售。在美国的小家电销售市场中，通常实行"无理由退货"的销售政策，零售商接受退货后，对无缺陷商品只能实行折价销售。在建筑材料市场，某些地方规定，出售曾被安装过的线圈断路器是非法的。出于这个原因，如果顾客退回了一只看起来未曾安装过的线圈断路器，零售商也不能将它作为新产品再出售。

3. 将退回产品打折扣出售

如果产品被退货，或是零售商的库存太大，商品可能通过"批发商店"出售。在服装业，由于顾客不可能把退回的服装当作新衣服，因此，"批发商店"就是零售商处理这类商品的唯一通道。一般来说，零售商会有大量的即将撤下商店柜台的处于销售季末的商品，而在"批发商店"，顾客有时甚至盼望能找到过季商品。因此，许多消费者习惯在打折的季节去购买某些商品。

比起其他的处理方式，通过"批发商店"销售这种方式拥有许多的优点，如采用这种方式的企业能维持对商品库存的控制，并了解产品在哪里出售。但"批发商店"出售也伴随着更大的风险和代价，对许多公司来说，可能会丧失公司的声誉和市场地位，而保护他们的公司声誉和市场地位是至关重要的。

"批发商店"的需求增长拥有一些不可预见的影响，而且"批发商店"还要求库存保持开放。但普通零售渠道的过量库存和其他任何二等质量产品并不足以使这些商店全年保持良好的库存。因此，有的工厂专门为"批发商店"生产商品。由制造商和其他品牌所有者经营的"批发商店"常能比把产品卖给零售商获取更高的利润。"批发商店"除了是退回商品的处理基地之外，还成为了重要的利润源。

4. 将退回产品卖给二级市场

当公司不能够自己售完某商品，又不能把它退给制造商，也不能通过"批发商店"出售时，该公司最后可能会选择通过二级市场销售。二级市场主要由专门从事低价购买清仓商品的公司构成，商品价格有时甚至只有原价的 1/10。

5. 将退回产品捐赠给慈善机构

如果产品只是表面有轻微破损，但仍然可以使用，零售商和制造商可能会决定把这些商品捐赠给慈善机构。此时，零售商通常不对这些商品收取任何费用，然而公司可以因此获得税收优惠，同时也为公司创造了良好的社会形象，提升了企业形象这一无形资产。

6. 将退回产品进行重造、整修后再出售

在认定商品已完全损坏并被回收再利用之前，许多公司都会尽量对这些产品重造或整修。根据商品类型及进入企业回收物流系统的原因的不同，企业在这方面所做的选择范围可以非常广。许多消费性的商品不能重造，一旦是使用过的，就不能对它做什么整修，所以不存在将该类退回产品进行重造、整修后再出售的问题。

然而，另外一些商品的特性使得它们有可能被整修，比如在电器业，如果顾客退回了一台据说不能正常工作的照相机给零售商，零售商会把这台照相机送给生产商或送到专门从事整修的第三方。此时若把该照相机出售，其价格与正常销售的照相机相比必然要低很多。因此，制造商此时往往不急于把这台照相机出售，而是找出故障，然后对其进行修理。之后，制造商可能通过"批发商店"把这台经过整修的照相机卖出，也可能把它卖给二级市场的公司，由它们把这台照相机作为修理或重造品出售。

一般来说，有缺陷的商品会被送到制造商的售后服务网络。如果顾客有一件需要维修服务的商品，该商品会被送至制造商那里维修。制造商可能有两种售后服务方式供顾客进行选择：要么等到制造商修好商品后再来取回，要么制造商立即给顾客另外一件该商品。在第二种选择下，顾客将得不到原来送去维修的商品。

7. 将退回产品中的物料进行回收、循环、掩埋

由于某些原因，企业可能禁止把退回物品卖给二级市场，也不允许丢弃，那么最后只好对其进行处理销毁。公司处理该类退回产品的目标依然是从商品中恢复最大的价值或者使销毁成本最小化。有些产品中的某些部件，比如线圈、电路板中含有少量可以回收的贵重材料，回收这些材料有助于抵消一部分的销毁成本。其他商品也可能包含对废品经销商来说有一

定价值的材料，如钢铁。若商品的材料对其他公司来说毫无价值的话，企业可能会开发该商品的其他用途，从而最大可能地恢复该商品的使用价值，而不必将它送至废物掩埋场。如对破损的塑料挂衣架进行分类，并把它们熔化，制成新的挂衣架，这也是许多消费品生产厂家经常使用的对退回产品中的物料进行处理的方法。

如前所述，一些制造商出于企业战略的需要，要求零售商销毁有缺陷的商品。此时，零售商就没有其他选择，只能按制造商的指示把商品送至废物掩埋场或焚化场。

第七章　智慧物流商业模式与支撑平台

第一节　智慧物流商业模式融合与转型

在电子商务物流与移动通信互联网的多重驱动下，传统物流原有的服务模式逐渐被新兴模式取代，进入创新协同多元发展的新态势。互联网作为第三方核心驱动力量，其在技术层面、运营商服务层面的全面介入，能够为转型中的物流商业模式注入更大活力，形成"互联网＋物流"商业新模式。

一、集聚服务营销模式

集聚服务营销模式主要提供"解决方案＋硬件设施＋物流软件"。物流企业根据客户需要解决的具体问题设计解决方案，在方案中明确列出需要建设的硬件设施、配套的物流软件、人员配备等。方案的制订过程就是咨询的过程，通过与客户的反复协商不断调整，得到客户认可的、可实施性强的解决方案。方案通过后就要寻找合适的合作伙伴来实施，包括硬件设施的提供商、建设方，以及软件的开发商等，全部由制订方案的企业负责落实和跟进。

这样的服务模式虽然显得很简洁，但风险基本由客户承担。因为服务提供方将业务大包大揽之后，任何一个环节的问题都会影响整个解决方案的实施，且合作伙伴的寻找缺乏监督，由一家之言来决定容易造成成本的增加。

由于集聚服务模式对客户来说相对省事，因此在目前及未来一段时间内还将作为主流的物流商业模式存在。客户可以通过严格筛选服务提供方来减少风险，同时加大对解决方案的审核力度，仔细评估方案的可行性、实施成本等，并加强在实施过程中的监管，使解决方案能够实现预期的效果。

二、基于技术形态的多元一体化物流模式

基于技术形态的多元一体化物流模式强调企业将非核心业务的所有物流运营业务外包给物流服务提供商或物流服务提供商集群，物流服务提供商利用自身资源进行业务重组，通过向企业提供附加值更高的服务来实现盈利。因此多元一体化物流模式也被称为第三方物流整体外包模式。以生产型企业为例，这种整体外包方式可以帮助企业实现从原料采购、生产物资流动到仓储配送、反向物流等过程的整体融合。

物流整体外包分为"n+1"模式和"n+n"模式。"n+1"模式即若干企业将自身原本的物流业务作为一个整体，交给独立的第三方物流企业运营，企业只负责产品生产和经营，无须组建新的物流企业。这样的优势在于多个企业联合将业务进行委托，可以享受到大企业的服务待遇，且降低了自身进行物流业务的成本。"n+n"模式与"n+1"模式的区别在于，第三方物流企业也是以集群的形式存在的，这样的情况往往出现在物流中心或专业的物流园区里。第三方物流企业集群的存在意味着每个物流企业更具功能

化、专业化，不同的业务需求可以交由不同的第三方物流企业完成。多个物流企业存在竞争也可以促进服务质量的提升。

物流整体外包由于涉及的民事主体较多，存在着潜在的法律风险，如合同纠纷、货物损毁、商业秘密泄露等。企业选用这样的模式进行物流运营，要采取适当的措施规避风险。首先是严格选择第三方物流企业，在外包过程中加强双方的信息沟通，通过采用互联网信息技术避免信息不对称造成的成本增加或商业泄密。其次是企业内部要提高法务部门的培训和管理，对外包合同进行严格审查，有条款不清晰的情况要及时协商，严格监控合同的签订和履行环节，同时及时办理物流货物相关保险。

三、开放型物流运营平台模式

开放型物流运营平台模式主要是通过 SaaS（Software-as-a-Service，软件即服务）服务平台提供创新的物流服务，收费的依据是用户数量。

SaaS 是一种外包租用的信息化方法，信息化所需的硬、软件平台均由第三方提供，企业只是租用其中所需的部分功能模块。通过这个平台，物流供应链的上下游企业可以按照自身的权限进行分工合作，各类物流信息也可以在平台上进行互联互通，将整个供应链的运作效率提到最高。而对于规模不大、资金不够充足的中小物流企业来说，这样的租用模式是非常有利的，其最大的好处在于节约成本，降低了企业的投资风险。此外，SaaS 解决方案可以进行快速部署，服务商将持续提供更多更好的服务，以稳定客户的续租率。

开放型物流运营平台采用五层架构，最底层是数据层，分为元数据库、文件系统和应用数据库三个层次，存储服务对象、物流业务数据和企业数据。访问层在数据层之上，又称为数据持久层，采用操作与数据分离的技术将服务与数据存储隔离开来。第三层是服务层，包括控制服务和商业服务两大类。其中，控制服务主要负责多个企业租用同类服务的并发访问与服务组合问题，商业服务则面向企业用户提供具体的报表统计、数据交换、运输管理、基础信息和安全服务等功能。表示层则是将服务层提供的各类服务进行有机组合，形成面向用户的各类服务系统。用户层通过浏览器、手机 APP 等终端实现人机交互，面向的对象有生产企业、仓储企业、运输企业、行业监管部门和其他物流企业用户等。

采用 SaaS 模式构建开放型物流运营平台同样存在一定的风险：一是 SaaS 提供商的选择；二是运营风险，包括稳定性、网络通畅性、海量数据的并发性、数据备份问题等；三是数据安全隐患。

四、多维度供应链综合模式

多维度供应链综合模式是以供应链为主线提供一整套物流服务，一般是以一个供应链链主企业为中心，向上下游延伸，涉及的服务有流通加工、报关、保税、物流运输、供应链金融等。

较大规模的物流企业可以向该模式发展业务，首先在本地区设立一定数量的物流分拨中心和物流节点，搭建保税物流平台，在全区形成完善的供应链服务网络，并在此基础上将业务拓展到其他省市乃至全国。

多维度供应链服务模式运用先进的互联网技术，整合供应链上下游资源，将商流、物流、信息流、资金流融合起来，创新性地提供各项专业化服务，如库存控制外包、分销管理外包、结算业务外包、客户管理外包等，同时涵盖进出口通关、供应商库存管理、物流金融等服务，能够使企业在供应链创新上有所突破，提高效益。

金融服务专注于为物流企业提供无抵押、无担保、零门槛的融资服务，采用国际主流的金融支付方式：信用卡、赊销（OA）买断和信用证（L/C）买断。其中信用卡融资服务是以虚拟信用卡作为表现形式，买家可以实现以赊销方式采购货物，服务方为买家提供相应的资金支持和付款担保，并为买家全程提供报关、物流、保险、金融等相关服务。赊销买断则是在出口企业接赊销订单时，为企业分担收款风险，提前"放款"。信用证买断是出口企业接信用证订单时，为企业审证制单、分担收款风险并提前"放款"。

通关服务是国际物流贸易的特色服务，以提供服务的企业名义完成全国各口岸海关、商检的申报，享受海关顶级资质和绿色通关通道。物流服务则主要进行物流方案的制订，根据客户的实际需求，全面分析海陆空各种物流方式的组合优劣，以降低物流成本为目的，提供最佳物流方案。退税服务可以为企业与个人正规快速办理退税，加快资金周转。外汇服务必须要与金融机构合作，在企业内部设置外汇结算网点，为客户提供外汇结算服务和外汇保值服务，提前锁定未来结汇或者购汇的汇率成本，防范汇率波动风险。

五、平台经济模式融合与转型

平台经济模式有零担平台和大宗货物平台，在此基础上再细分为快递平台、园区物流平台等，其中公路港平台可以作为两大平台模式的融合交汇点。

（一）零担平台

物流零担平台是在零担物流领域利用互联网技术、电子商务理念所形成的一个综合物流供应链服务平台。客户通过该平台的电子商务模式，可以用很简单的物流环节完成货物的订单、发运等业务，同时能够享受到平台所提供的比价、委托、跟踪、结算和理赔等全套物流服务。

零担平台最大的特色在于把所有的零担运输企业资源都集中到了一起，供客户自主挑选承担物流运输的企业。这样的模式给零担运输企业带来了很大的挑战，因为相同线路的报价、服务、时效等都被放在一起进行比较，加剧了企业之间的竞争。零担运输企业必须要把自身的综合服务能力提高到一定水平，才有可能争取到客户。

在服务对象方面，各类企事业单位和个人均是零担业务的受理客户，通过三大组织提供对应的服务项目。运输业务组织负责干线运输、跨城快递、多式联运代理和车辆配载；电子商务业务组织负责在线揽货、业务受理、专线定价和物流金融服务；供应链物流组织负责供应物流、分销物流、电子商务物流和退货物流。为实现上述服务，应建立完善的零担运输企业信息管理服务平台。平台提供零担运输管理、多式联运管理和供应链物流管理三个子系统。其中，零担运输管理包括订单管理、调度管理、配货管理、运输管理、仓储管理、提货管理和结算管理；多式联运管理包括公路、铁路、海运、空运和水运管理；供应链物流管理包括供应、分销、电子商务和退货管理等。

（二）公路港平台

公路港平台模式是以公路货运的车辆集聚节点作为基础创建综合性运营平台，在平台内提供信息交易、投融资、配套食宿休闲等服务。这一模式能对运力松散的现状进行集约化改造，促进物流设备资源的高效使用。公路港平台建设的基础是一定规模的网络布局建设，需要将网络线路延伸到公路上每一个节点，并且确保网络的通畅和高速。

构建物流运输的大数据平台（信息管理系统），使用互联网技术采集企业、货物、卡车、司机等各方面所有信息，并统一录入系统，实现物流信息的互联互通，使物流企业、客户和货车司机在任意一个公路港节点都能随时获得所需的信息，为及时掌握物流进度乃至调整物流运输策略提供参考，在一定程度上能够提高物流效率。运营系统主要负责对公路物流进行统一管理，通过标准化的业务代码和流程将公路运输的各个流程紧密衔接，打破运输企业之间的业务壁垒和信息壁垒，将公路运输资源整合起来，面向客户提供完整的公路运输服务。同时配套使用诚信系统，跟踪并记录运输企业在每一单业务之中的信用表现，逐渐形成完善的公路运输信用体系，为信息化交易提供安全保障。

（三）快递平台

快递平台有两种运营模式：直营模式和加盟模式。直营模式以顺丰、宅急送和 EMS 等为代表，线下接收货物，提供点对点快递服务。加盟模式整合了电子商务的大部分运力，通过全网优势将物流价格降得更低，将业务规模在所有网络区域进行最大化扩展。加盟模式的盈利方式有两种，一是面单费用，二是加盟站点抽成费用。从目前快递业的发展趋势来看，面单费用方式将逐渐缩小业务量，由更加典型的规模化盈利模式——加盟站点抽成方式所取代。

不管是哪种运营模式，在业务接单、运输与交付过程中，都可以植入互联网技术，提升快递业的技术水平和服务质量。可以建立物联网智能化分拣中心和取派件中心，在两个中心采用互联网技术手段，布设传感器监测、RFID 识别、定位等，全方位监控分拣、取件和派件作业流程。

在这一方案下，在各单位、小区和公共场所设立快递箱，由快递员从快递箱或个人手中收取货物，不管是哪个快递公司接的货物，一律送至取派件中心进行 RFID 条码打印和封装，然后送至分拣中心按照快递公司、目的地等具体内容进行分拣，再交由快递公司进行干线运输，运至目的地后同样通过统一的分拣、派送流程送达收件人手中。整个过程都在统一的"互联网+物流"管理平台下进行，实现对货物全流程的监管和控制。

（四）"最后一公里"平台

电子商务的蓬勃发展使物流"最后一公里"配送日益受到重视，因为这是唯一一个直接与最终用户打交道的阶段，服务质量好坏直接影响到用户对企业的印象，从而影响到企业的业务量。换句话说，越是离消费客户近的业务，越要注重服务质量的提升。

而"最后一公里"服务并非想象中的那样简单，往往会遇到很多不可控的因素。如收件人的地址高度分散，且配送时段收件人未必在收件地址或附近，增加了配送情况的复杂性。尤其是在日常配送时段，交通的拥挤又延长了配送时间，增加了配送成本。据统计，影响"最后一公里"服务质量的问题主要是两类：一是收件人不能正常收件导致投递延迟或失败；二是配送人员无法按时投递造成收件延迟。第一个问题导致物流成本增加，第二个问题导致用户不满意。

  为解决上述问题，可探索多种配送模式，具体可以分为共同配送和自助提货两种。共同配送主要是成立专业的末端配送公司，只负责对进入目的地区域范围的货物进行统一配送，不再由各个物流企业承担"最后一公里"的配送任务。这样的好处在于可以统筹安排各个城区的货物配送路径，减少单个物流公司在城市交通方面的配送压力和成本。

  自助提货是为了解决送货上门经常遇到收件人不在或无法联系的情况而产生的配送模式。实现自助提货可以有多种渠道。一是通过便民店设立提货点，常见的便民店有 24 小时便利店、药店、连锁餐饮店等。此法就是利用便民店分布广泛的优势，在无法正常投递的情况下将货物放在附近的提货点由收件人自提。二是建立物流专业提货点，一般设在人流密集的地方，如学校、商场、社区等。专业提货点可以接收来自用户的直接反馈，对改善服务质量更有好处。三是公共储物柜，即由物流公司或电商设置的公共物流收件设备，供大众自主取货。当货物投递到储物柜时，收件人会收到一组密码，通过该密码可以到对应的储物柜接收货物，储物柜也能及时将收货时间反馈给物流企业，完全实现自动化。四是私人收货箱。针对公共收货箱服务对象太多的缺点，私人收货箱实现了以家庭或单位部门为单位收取对应的货物。

  自助提货虽然有一定的便利性，但不能成为"最后一公里"配送的主要方式，原因在于降低了用户对便利性的体验。大部分用户之所以采用电子商务来购物，很大程度上是看中了送货上门的方便，如果不能送货上门，将会很大程度上降低电子商务的业务量,从而降低物流业务量。因此自助提货只能作为主动配送的有效补充手段而存在。

结合几种主流的"最后一公里"配送模式,在分析客户群聚类的基础上设计"最后一公里"配送模型。该模型以区域分拨中心作为"最后一公里"的起点,将无法送货上门的货物分拨配送到人工提货点和自动提货柜,通过不同的提货点服务不同的客户群体。

(五)园区物流平台

园区物流平台的建设包括对物流设施、业务、运输线路的深度整合,形成标准化的一体式平台。目前主要延伸出两种平台模式,一是直营自建模式,二是整合园区模式。

直营自建模式的服务对象是制造商、零售商和第三方物流公司,通过提供物流设施建设、定制建设、收购与回租等灵活的解决方案来提高供应链效率。其中设施建设主要是提供通用型物流仓储设施的设计、施工和管理,从选址、规格、标准等方面都与国际接轨。定制建设则是根据顾客的需求,选择合适的地点进行物流园区的开发建设,同时管理专用物流设施。对物流设施的收购和回租则可以提高资产回报率。

整合园区模式是指对物流园区的资源、业务和功能等组成部分进行调配和重组,有机融合公路港、零担干线的功能,统一管理体制和运行机制,形成产业聚集、结构合理的高效平台。整合后的园区采用"天网+地网"的架构,基于互联网和信息技术改造原来的传统资源配置和运输方式,在物流信息交易大厅对交易过程进行在线操作和管理,提高交易透明度和货物在途可视化程度,合理规避风险。

六、立体生态经济模式

立体生态经济模式是在平台经济模式的基础上发展而来,具体而言就是将多个平台模式进行建设和整合，包括运输干线整合、仓储圈地、配送运营、信息服务平台建设、金融服务等。

要搭建立体生态经济模式框架，首先要建立智能物流骨干网，即"地网"。电子商务在线上进行交易，货物的运输、交付等运营服务还需要靠线下的实体网络，智能化即是要用互联网技术手段，实现高效协同可视化的物流服务。骨干网的实体是物流园区网，在主要地市圈定物流园区，打造关键节点，以此为基础逐步建立二级、三级物流节点，形成立体式的物流骨干网络。具体规划可以依据订单类别制订物流计划，分析计划的密集度设计园区的格局。物流干线骨干则包括空运、铁路、公路和水运。空运骨干有各大航空公司的货运航班、快递航班和机腹舱运力；铁路骨干有普通铁路货运和高铁运力；公路骨干包括陆路干线和零担运力；海运和水运骨干为货船集装箱等。整合四大干线资源将是一个庞大的工程，但也是未来物流业发展的趋势所在。

第一层次是物流园区与干线骨干的整合，第二层次是基于大数据的物流供应链数据服务，第三层次是可视化的供应链运营平台，第四层次即最前端是24小时快递配送网络。科学的供应链运营流程如下：首先进行区域性市场需求分析，预测客户群类型、销量等，这需要以大数据为基础进行数据分析并进行精准预测；然后根据需求制订科学的库存计划，减少商品积压；根据订单的具体情况，驱动第三方物流企业如仓储、运输等共同协作确保运力满足需求；在末端配送时不光要满足一线城市的24小时送达，更大的挑战在于二、三线城市和农村的订单需求。

此外，完善的客户服务体系也是立体式经济模式不可或缺的一部分，由于目前的电子商务体系中，客服都是由卖家来做，而物流企业不由卖家掌控，导致客户服务往往不能令人满意。打造从需求到库存、下单到仓储运输、干线调拨到末端配送的全供应链可视化服务网络，实现立体生态经济模式的转型，是现代物流发展的趋势。

第二节 基于感知模式的预警机制

现代物流的发展导致了风险的增加,企业物流风险管理要以事前预警、预防和控制为主,对涉及的风险领域包括全产业链风险、业务流程风险、任务时间风险、作业安全风险和客户风险等不同的风险有不同的感知策略和应对机制,充分融入互联网技术的监控和分析功能,才能全方位将风险降低到最小。

一、基于全产业链的风险感知预警机制

要对物流全产业链风险进行提前感知和预警,首先要分析物流产业链风险的成因,进而找出风险出现的征兆,再根据对征兆的感知做出及时的预警。企业物流产业链风险的成因是多样的,有需求方面、环境方面、供应方面、运作过程方面、预防措施实施方面和制度控制方面等。

需求方面产生的风险来自于对需求的预测不准,如企业的主要业务来源于少数大客户、促销导致需求急剧增长、不可预测的季节性需求变化等。环境方面主要是一些不可控因素,如政策调整、自然灾害、火灾等。供应方面的风险来自于上游供货商,如产品供应不及时、供应的产品质量有问题、供货计划不符合市场需求等。运作过程方面的风险主要来自于物流系统的不稳定,使运作过程发生中断或延迟。预防措施实施方面指的是企业自身的风险管理制度不完善,实施不彻底,造成风险不可控。制度控制方面是对物流的规章制度、流程等的制定不完善、不合理导致执行不到位或影响物流过程。

根据企业物流风险的成因找出风险出现的征兆,并采用各种手段感知

征兆的出现，这是风险预警机制的主要功能。最主要的风险征兆是成本失控，具体表现在固定作业成本的突然大幅增加、总成本波动剧烈。为此要分层、分时严密监控每一单业务的成本，定期总结销售与成本的比例，一旦感知到任何一个成本指标异常都要引起足够的重视，及时分析指标异常的原因并进行调整，避免发生企业成本全面失控的局面，进而直接导致企业经营失败。

另一个征兆是物流效率变低，主要依据的指标是企业资产回报率、资金周转率、库存周转率、配送车辆运转率和订单处理速率等。短期的个别指标出现异常不一定意味着风险产生，而长时间大批量的指标出现异常，往往表示企业的物流系统运转出现了问题，是出现风险的征兆。与此相对应的是客户的满意度和客源量的降低，如果一个企业的客户满意度突然全面下降，或客源量突然显著减少，说明企业的服务出现了问题，存在业务量减少的风险。

企业管理混乱也是物流风险的征兆之一。由于企业某个时期内领导层的变动，管理人员、技术人员的岗位调整等，可能会造成管理混乱，如果不及时处理混乱的管理局面，也会导致风险产生。此外，外部环境的恶化也需要密切留意，尤其是政策环境的变化、与企业相关的合作伙伴破产、企业信誉下降、融资环境变化等都是风险的征兆。

全面感知和及时预警风险来临需要在企业内部建立基于全产业链的风险感知预警机制，该机制包括风险组织机制、风险指标监控机制、风险分析机制和风险处理机制。其中风险组织机制主要负责在整个企业风险管理中进行组织和决策，应由企业内部各个业务环节的骨干或专家组成，独立于企业的原有管理体系，在不干涉原有物流业务的运行的前提下独立开展风险的分析和预测，当预测出风险时将直接向企业最高领导层汇报。

风险指标监控机制是对风险进行全面感知的基础，主要任务是全面收集各类信息，包括企业内部的物流运作信息、成本信息、市场信息，以及企业外部的环境变化信息、合作伙伴企业的状况信息等,将原始的信息数据换算成风险征兆指标,并注意及时更新。风险分析机制是在指标监控的基础上对数据进行进一步的分析,并与预警值进行比对。若发现数据异常,则进一步评估造成的风险级别及其影响后果,并向企业发出预警。

风险处理机制是在预警发出以后,根据风险级别和内容采取对应的应急措施,将风险的成因遏制住,降低风险的产生概率,中断风险的发展。如果风险已经发生并造成了一定危害,则需要启动补救预案,采取一切手段减少损失。风险过后要研究改进策略,有针对性地改进风险产生的源头环节,避免同类风险的再次发生。

二、应急物流与联动指挥机制

应急物流主要指在突发公共事件的时候需要紧急调配各类物资而发生的物流业务。应急物流的运作速度很大程度上取决于事件造成的危害程度。

由于应急物流要求时间紧、货物量大,这就需要好的联动指挥机制做保障。

突发的公共事件一般分为自然灾害、事故灾害、公共卫生事件和社会安全事件。此类事件发生后往往需要大量的救灾物资,当地不可能在短期内提供到位,就需要从全国各地调配物资,并通过物流手段打包、分拣、装车、运输。这样一场大范围的物流活动,不是任何一家物流企业可以独立完成的。

应急物流指挥业务涉及货物制造基地、地方储备与加工企业、物流中心、配送中心和中转库。当事件发生时,指挥系统根据情况紧急程度制订应急方案,迅速计算出需要调配的物资种类、数量,并查看地方储备和加工企业是否能够满足应急所需。如果不能满足,则算出所缺货物数量并以就近为原则在全国范围进行调配。各地的货物制造基地保证物资的供应量和持续性，通过物流中心进行大宗货物的调运。中转库用于接收散货运输并发往铁路各通道，最后通过配送中心将到站物资分拣并送往需要地点。

为确保整个应急物流业务流程的顺利进行，联动指挥机制非常重要。首先要建立统一的应急物流指挥机构，明确职责权限范围，规范运行决策过程，快速判定事件等级，科学测算反应时间、运输工具数量和可调配状况等，并下发实施物流作业指令。

（一）应急物流预案构建机制

预案应该与地方实际情况相结合，具备可操作性。具体而言，应包括：预警程序，负责对突发事件的前期预警，提高应急反应能力；应急转换程序，把启动应急预案、应急转换、运行流程进行规范化；决策处理程序，对事件数据进行分析并优化预案，使其满足实际应急需求；预案管理，按照事件内容、紧急程度、影响范围等对预案进行分类管理，做到事件发生的第一时间就能找到对应的预案。

（二）事件处置与协调指挥机制

由于事件涉及的范围、部门的复杂性，往往无法依靠一个部门的数据就能做出决策，这就需要进行多个部门的联合讨论、会商方案、拟定或优化应急预案等，必须要有牵头的部门或组织实施这一步骤。在实施应急处置的过程中，指挥部门或组织必须保持与事件前方进行即时畅通的联系，了解事件的最新进展情况并及时调整调度方案，根据态势发展调整专家、人员和物资等并及时向相关部门下发指令。

（三）紧急通道构建与开通机制

每个地区都必须预留一定数量的物流应急通道，平时可以用于正常的交通物流运输通道，一旦紧急情况发生，则迅速转变为物流紧急通道，撤销所有普通的路障设施，并允许应急物资优先通过海关、收费站等关卡，提高物流运输效率，减少事件造成的损失。

（四）应急培训机制

参与应急物流的各层次人员，包括指挥、决策、组织实施、技术支持等方面的人员，都应接受相关知识培训，以及处理应急事件的心理培训。在应急事件处理过程中，物流的调配往往是先调拨后补手续，相关人员必须熟练了解整个流程，做到快速响应，与指挥系统进行协同配合。

三、基于业务分类的信息安全预警

物流企业提供的业务多种多样，业务不同，所遇到的安全问题也不同。要根据业务内容和流程制定对应的安全预警机制，采用合适的安全监测手段和技术，才能最大限度防止安全事故的发生。

（一）危险品运输安全预警

危险品运输涉及公路运输和城市运输。公路运输的特点是速度快，一旦发生事故基本上是毁灭性的；城市运输的特点是周边环境复杂，人流量大，危险品一旦泄漏后果不堪设想。因此危险品运输的安全预警重在监控，力求在第一时间发现异常并及时预警，为排除故障或疏散人群争取宝贵的时间。

为了对运输过程进行监控，必须在每辆车上安装信息监控终端，实现对数据的采集和分析。同时将预警的级别设置为三级，对应不同的预警级别有不同的应急联动处置方式。

第一级预警是对车辆及危险品运输环境（如车厢等）的监测，包括压力、温度、湿度、风力、加速度、震动、气体浓度等指标监测，终端上的传感器将数据采集到后，与预设的感应指标进行比对，若超过了警戒值，则立即向司机以及物流应急指挥调度中心发出预警信号。司机接收到预警信号后应马上停车查看，排除故障，若无法确定故障源则应通过各种通信方式与指挥中心联系，报告异常情况并表明无法在现场解决，由指挥中心派专家过来排除故障后再重新上路。

第二级预警是在车辆发生故障以后,通过故障信息上报和危险品的实时监测,密切注意危险品的安全状态。一旦发现有泄漏或发生爆炸的迹象,指挥中心要立即协调其他车辆分流。

第三级预警是车辆瞬时发生事故并损毁后,将事故的状况、危险品的状况上传至指挥中心,并由指挥中心协调各个部门处理事故,减少损失和更大的伤亡。

(二)交通事故预警

物流运输所面临的最大安全隐患就是交通事故。引起交通事故的原因很多,最常见的有疲劳驾驶、车辆故障、道路问题和天气恶劣等。可以根据这些事故成因设计物流交通事故预警系统。

交通事故预警系统以互联网技术中的物联网传感技术为基础手段采集和监控各类数据信息,通过对信息的分析判断是否出现安全隐患并做出预警。

驾驶人预警子系统主要是针对货车司机的疲劳驾驶,采用动态脑电仪传感器和摄像头相结合进行判断。脑电仪采集驾驶人的脑电波,与疲劳驾驶时的脑电波进行比对,若高于预警值则说明当前处于疲劳驾驶状态;摄像头主要进行人脸的监测,通过对表情的智能分析判断司机是否处于疲劳驾驶状态。两种技术相结合可以较为精准地做出判断,此时进行语音提示或报警蜂鸣,强制司机停止疲劳驾驶。

车辆防撞预警子系统通过传感器、检测器采集车辆与其他障碍物(人、车、物等)的间距、相对速度等数据,由车载处理器进行分析,得出是否会发生碰撞的结论,并及时发出预警。

车辆状况预警子系统则是采集轮胎温度、轮胎压力和车灯状况等车辆信息,实时监控车辆是否处于正常运行状态,若发现异常则发出预警,提醒及时进行维修。

道路安全预警子系统必须依靠多方共同监测,如路政部门检修、视频监控、行人报告、车载终端监控等方式,及时向交通部门反映道路安全问题并排除安全隐患。

交通气象预警子系统根据不同的天气状况,对物流车辆驾驶人以短信等方式发送预警信息,可根据不同车辆在不同天气状况下的制动距离确定预警等级,便于驾驶员调整运输路线或改变运输时间等。

四、基于时间窗的任务预警

物流作业是否成功除了保证货物质量以外,准时送达也是很重要的一项指标。通常将客户要求的最早送达时间和最迟送达时间构成的区间称为物流运输的时间窗。针对客户对时间窗的要求不同,可分为下面三类。

硬时间窗对运输时间最为苛刻,要求货物必须在时间窗范围内送达,若是比最早送达时间到达,则需要等待到最早送达时间才能完成货物交接;若是迟于最迟送达时间到达,则客户拒接货物,此次物流作业失败。对时间窗有如此严格要求的客户不多,一般是采用准时生产方式进行生产的制造企业,因为材料的送达时间对生产线是否能连续运转有较大影响。

软时间窗则是相对比较宽容的,货物尽可能在时间窗内交付客户,如果因为各种原因没有按时交付,客户也可以接收,但因为不按时交付所造成的损失(费用)则需由物流企业承担。如货物提前到达,则在最早交付时间到达之前会产生仓储费用;如货物延迟到达,则会对客户造成一定的损失(由客户进行评估)。

混合时间窗即包含了硬时间窗和软时间窗的时间约束模式,这种模式是针对客户而言的。对同一个客户,某一批货物的需求不是十分敏感,可以采用软时间窗,而另一批货物对时间要求严格,则采用硬时间窗。可见,无论是何种时间约束模式,只要是在时间窗范围之外交付货物,都会产生造成经济损失的风险，且这样的风险只由物流企业来承担，从而给物流企业带来巨大负担。

为了提高货物运输和交付的时效性，企业应采用物联网预警机制对运输任务进行时间控制。基本原理是将货物的时间窗信息存入对应的RFID标签内，出货时即扫描并存入车载终端的嵌入式系统，然后系统将对各个货物的运输时间、运输路径进行规划，当实际运输时间与规划时间有偏差时即提出预警，确保货物在时间窗内完成交付。运输过程主要包括干线运输和配送两个环节，要使系统能够准确规划或预计运输时间，就要以整个区域的各条干线（高速公路、一级公路、二级公路、铁路等）的平均运输时间作为参考。配送时间与客户所在的位置息息相关，需要解决城市路径选择、乡村路况预知等问题。

五、物流作业安全预警

物流作业的环节较多，包括包装、加工、仓储、运输、装卸、信息服务等环节。每一个环节都隐藏着人为的或自然原因造成的各类风险。一次作业事故所造成的损失对企业而言是非常巨大的，更严重的是将引起客户对企业安全作业的质疑，造成信任危机，进而引发客户流失的风险。

物流企业应对自身业务所涉及的各个环节中容易产生的风险进行成因分析，并设置相应的预警指标，采用物联网传感器技术采集指标值进行实时监控，只要发现指标值超出警戒线即可发出预警。

物流作业安全预警流程如下：根据各类风险指标，制定物流作业风险预警运行管理机制。无论是什么类型的作业，都通过统一的预警机制进行风险防范，有统一的风险监测与预警流程可供操作。当物流作业指令下发后，对应的风险预警系统开始运行。首先进行作业类型的确认，并明确该作业所面临的各类风险，根据风险所对应的预警指标启动相应的传感设备或车载、船载、机载终端设备等开始监控作业过程。当监测到某个或多个指标超出警戒值，则向作业操作人员发出预警信号，中断作业，同时向物流指挥中心发出预警，由现场人员或指挥人员排除风险隐患后再继续完成作业流程。

六、基于大数据网络的客户风险预警

物流企业客户风险主要是客户流失风险，其成因有以下几个方面：一是没有及时满足客户具体需求；二是服务质量不够好；三是服务价格与其他物流企业相比偏高。基于大数据网络的客户风险预警就是要在物流公共服务平台的背景下，通过分析海量的客户日常数据，关注客户对某个物流企业的应用趋势，发现客户有流失的倾向即向该企业发出预警，提醒企业及时采取措施挽留客户，尤其是大客户。此外，对数据的跟踪可以找到客户的喜好和需求，为客户进行精准服务，减少客户流失。

客户风险预警机制主要依赖于预警模型的运作，大数据网络客户预警模型分两个步骤建立：首先对客户历史数据进行分析，主要是已流失的客户数据，对其流失前一个时期的数据详细挖掘，分析出其流失的原因，作为客户流失的预警指标，并通过海量数据的统计结果设定指标的警戒值；然后通过实证研究，验证模型预测的准确性，逐步完善模型的各项指标，形成可操作性强的客户风险预警模型。

预测模型的核心是推理机制，海量数据的分析要用到数据挖掘技术。首先要运用知识简约法对客户数据进行精简，删除无效数据；然后用推理机制构建预测模型。推理机制可以采用支持向量机、最小二乘法、决策树、客观分析算法、数据分组处理网络等，根据实证研究可以选择精准性最高的推理机制。

能否为客户提供精准的服务是防止客户流失的有效手段，而服务是否

精准又依赖于大数据网络对客户行为的分析和预测。从客户第一次与企业有业务往来开始,详细记录每一次客户的业务操作,包括在物流平台上所点击、浏览的各类业务和服务信息,以及实际完成交易的每一次业务时间、内容、价格、满意度等。通过对此类信息的跟踪,逐渐摸清客户的需求,包括季节性业务特征、价位接受程度、业务类型喜好等,并在合适的时间通过手机客户端、站内短消息等方式发送信息推送,主动提供客户所需要的各类服务。

第三节　　支撑平台

以互联网为基础的电子商务公共信息服务支撑平台面向行业产业链,以互联网关键技术为支撑,并综合运用计算机、物联网、通信和数据库等现代信息技术,整合区域及跨区域物流信息资源,构建物流企业与制造、加工、服务等企业联盟体,形成集物流供应链、物流园区、制造业互为网络的服务体系,以"互联网+高效物流"电子商务公共信息服务生态环境建设为契机,探索物流网络体系建设及物流信息服务网点化、跨区域物流资源共享与互动、行业协同联动发展提供新的信息服务发展模式。

一、公共信息服务支撑平台架构

物流业是综合性的服务产业。当前物流需求量不断扩大,企业和个体用户对物流信息服务将提出更高的要求。目前,物流业发展由于受到信息化水平的限制,物流信息服务自动化和智能化水平低,大部分物流网点收发货仍采用人工上门服务的方式,耗费了大量的人力、物力和时间成本,这在很大程度上影响着物流信息服务运营机制的改善,不利于对物流信息

第七章 智慧物流商业模式与支撑平台

服务新的运营模式的探索，同时，也不符合低碳绿色物流发展的要求。

网点化物流网络系统是一个具有分布式、异构性的系统。结合物流"运输—仓储—配送—加工"等环节及其节点分散分布的特点，网点化物流网络系统自助服务为物流信息集成服务提供"描述—发布—发现—绑定—交互"的开放式系统集成管理思想，它通过物流网络节点、网点终端智能化自助服务代替人工服务提供收发货、货物运单查询、电子支付和自助咨询等服务，一方面有利于降低物流服务运营成本，另一方面有效地规范和控制物流"收发货—运输—仓储—配送"的环节管理，促进低碳绿色物流服务机制建设；从系统结构和特性方面来说，网点的分布式将成为解决网点化物流网络系统自助服务所面临的主要问题，因此，可以结合SOA系统框架的设计思想进行终端式物流网络化服务机制研究，开发基于SOA的网点化物流网络系统，形成自助服务机制。

网点化物流网络系统自助服务以SOA系统架构设计为参考，搭建物流公共信息服务支撑平台、前置网点化物流网络系统、自助服务终端二级体系架构，通过利用支撑平台服务器端的服务注册库来获取功能、地址、接口信息和参数等服务请求描述信息，以便定位网络服务实体，实现基于消息服务的应用服务调用，为参与物流业务活动的物流企业、制造企业、政府单位、金融企业及其他用户提供身份认证、物流信息发布、货物运单查询、物流服务在线交易、物流金融支付及物流集货、配送、仓储等网点和节点查询等应用服务，最大限度地以自助服务的形式将物流信息服务应用功能及模块进行统一标准化和集成化，形成终端式的网点化物流网络系统交互自助服务机制。网点化物流网络系统自助服务主要通过以下几方面来实现。

技术支撑。SOA架构支持下的网点化物流网络系统实际上是基于Web并采用面向对象的编程方法而开发的分布式异构系统，通过结合Web Service技术、面向对象技术、分布式处理技术和开放式系统集成技术实现系统多应用集成，形成网点化物流网络系统自助服务。

功能划分。网点化物流网络系统自助服务依托 SOA 架构将有关的应用服务功能进行服务实体划分，然后进行组织集成，围绕与网点化物流网络系统管理相关的信息服务进行多个服务实体划分，形成系统管理、数据连接、通信服务、数据分发管理、终端管理和自主业务管理六大逻辑模块。

数据存储与管理。网点化物流网络系统采用多级分布式的存储方式进行数据存储，同时采用统一的数据交换机制实现对支撑平台中心数据库、前置数据库、终端数据库和空间数据库进行统一的管理和交换，通过对各个网点物流及其分支节点的数据进行接入、格式等标准化来提高其在网络上的应用效率，并利用将结构化数据进行文本化的数据定义方式来对数据规则进行分离，以实现数据资源的充分共享，从而提高网点化物流网络系统的自助服务能力。

数据传输与交互。网点化物流网络系统自助服务的信息传递过程实际上是基于消息的数据传输与交互的过程，通过采用 Web Service 技术在系统完成数据信息文本化后，利用远程调用和基于 SOAP 消息的数据传输和交互方式，将描述的数据文本内容进行 SOAP 消息包封装，然后通过 http、FTP 等网络协议进行消息传输，实现数据的传输与交互。

二、节点型物流网点桌面服务

从目前情况来看，物流行业正处于从提供运输、仓储等功能性传统物流服务模式向以客户为中心提供一体化物流综合性服务模式转变的阶段，物流增值服务日渐完善，服务功能不断丰富，管理服务逐渐兴起，信息服务、金融服务融合发展，可以向客户提供个性化的定制服务，实现从完成客户指令到实行协同运作。

节点型物流网点桌面服务是在人工服务辅助的基础上利用计算机、信息技术和网络技术为物流用户提供远程服务，以数据服务器为依托，将操作系统远程共享到用户终端，用户可以直接进行操作和数据输入，服务器可以同步进行处理并将结果反馈给用户。物流网络中的各节点以物流云网点接入的方式与物流服务提供者——中心服务器端建立连接，并获取相应的物流信息服务。节点型物流网点桌面服务在物流网络体系管理和物流信息服务中的应用，使得物流服务提供者能够利用Web站点和物流自助终端为物流用户和需求者随时随地提供桌面访问服务及更新和维护物流从下单到收货的过程环节节点信息，并为用户提供查询及获取物流订单基本信息、发货时间节点、运输配送节点及收货确认等信息服务，形成客户服务与物流运作协同机制，实现差异化、个性化的物流服务。

节点型物流网点桌面服务需要有一整套支撑体系支持其正常运转，其中有：后台数据中心，用于部署虚拟桌面；互联网网络协议；专用的虚拟桌面客户端及对应的管理系统。物流企业和用户可以通过物流网点设定的自助服务终端实现收发货物、配送查询、单号追踪、信息查找、在线交易等应用服务，服务器端在接收到服务请求后启用线程调用，快速为远程自助客户端提供应用服务响应，实现物流网点虚拟自助服务。

基础设施与数据资源管理主要是数据存储与处理的相关基础设备，如服务器、存储器、路由器、交换机等，结合管理虚拟资源与数据的机制，使用桌面服务不必自己再搭建专门的基础设施。服务业务应用管理主要负责提供交付给用户的虚拟桌面服务功能，如接受用户接入并分配虚拟桌面，定制相关的应用和管理服务，对客户端的接口、硬件等的接入管理等。桌面服务交付协议负责对数据输入、传送、接收等交互行为进行标准化约定，同时保证网络的优化与数据安全等。桌面服务客户端包括硬件终端和软件终端，硬件终端可以布设在物流网点供公众使用，软件终端可以是应用插件、手机APP等，支持在个人电脑、手机或平板电脑等移动设备上使用。桌面服务运营管理主要管理运营方面的事务，包括用户权限、安全和费用等。

为了满足物流企业及用户实时获取桌面服务和不同类型网络终端访问的需求，在物流企业内网和公共网络上接入服务可以采用B/S或C/S等模式，同时在数据资源方面必须采取共享的方式，通过统一管理服务器来调度资源，为每个接入用户分配专用虚拟机，通过映射、映像等技术加载与部署虚拟桌面。

三、基于北斗卫星导航系统的区域位置服务

位置服务是通过卫星导航定位获取当前移动物体的位置信息，并以此为基础给客户提供相关联的位置服务。生态型物流公共信息服务支撑体系的建设包括：通过基于北斗的区域位置服务来进行定位数据的收集和提供与位置相关的海量数据信息服务，其中包含地理位置信息、安全警报等；通过基于北斗的车载系统进行定位信息采集，并提供追踪、警报等信息服务；在技术上采用位移追踪法和多图层叠加技术，提高了动态定位的可行性和位置信息数据挖掘，同时可以在GIS地理信息系统中应用优化的人工智能校检、多层次模型拓扑预测计算的方法提高定位精度和提供动态可视化定位服务。

北斗系统是我国自主研发的具有全天候、全方位的导航定位服务和授时功能的卫星导航定位系统。在生态型物流物联网公共信息服务支撑平台的研究与应用中，基于北斗的区域位置服务的实现主要由北斗地面控制中心、北斗运营服务中心系统和物流监控管理中心完成，即利用面向物流研发的北斗终端接收北斗卫星信号来获取定位信息，并将定位信息定时传送到物流监控管理中心。物流监控管理中心接收到北斗终端发来的定位信息后再将定位信息解译、转换，并存储于服务器中的数据库中，当物流企业、生产企业、政府部门、物流金融机构及其他参与物流信息服务的用户使用区域位置的服务界面提出监控终端、轨迹回放等服务请求时，物流监控管理中心的平台相应区域位置服务模块将提取相应的数据进行处理，最终把

结果返回到界面呈现给用户，为用户展现物流"运输—仓储—配送—加工"等一系列物流供应链环节管理的定位导航服务、地理位置信息查询、轨迹查询、运输追踪、仓储精准监控、精准物流作业等功能应用，实现服务性的基于北斗的区域位置服务。

四、嵌入式产品商业网络服务

物流业作为与工业和制造业紧密结合的产业，其对经济发展有着重要的促进作用。近年来，受到信息技术以及物流需求变化的影响，物流业逐渐发展成为生产性的服务产业。尤其是受到卫星定位、GIS、传感器等物联网技术应用和互联网电子商务的影响，物流业从传统的运输发展为提供统一的整体解决方案，通过互联网向用户提供更多的增值业务服务。在物流供应链的各个环节，物流企业可为生产、制造、加工、商业服务等企业提供集中采购、运输、仓储、零部件加工组装等服务。信息服务平台的搭建及公共信息服务模式的实现能有效地整合物流产业"采购—运输—仓储—加工"等环节的信息资源，实现物流信息服务系统集成化协同效应。在电子商务及信息技术快速发展的环境下，依托嵌入式产品提供便捷的商业网络化服务的新的物流增值运营模式是转变传统物流服务模式的必然趋势。

计算机、数据库、互联网和物联网等技术在物流业中的应用，使物流企业不得不重新引进、整合新的资源与工具，并为之构建全新的商业模式。当前智能嵌入式产品是互联网的主要操作终端，而随着移动通信与计算机网络技术的快速发展，越来越多的移动设备如智能手机、平板电脑、便携式计算机等又成为物流网络商业服务的重要工具，因此，对基于嵌入式产品的物流网络商业服务创新与物流网络商业模式的研究与探讨，有利于推动物流业信息化发展的步伐，同时也有利于提高物流网络商业服务能力。

嵌入式物流产品主要以嵌入式数据库为支撑，并以物流商贸、在线金融支付和交易等电子商业化的形式为物流企业和用户提供服务，主要包括客户机设备、移动计算和嵌入式移动数据库三部分。客户机设备提供运行的载体，移动计算可有效扩展网络商业信息服务的范围，在同步和复制技术的基础上，嵌入式产品可与数据库服务进行有效连接，以便保持网络商业服务的信息同步。通常在应用嵌入式移动数据库技术的支持下，可以将数据库嵌入到智能设备中的软件系统中，从而使智能设备在脱离固定计算机环境的情况下具备信息采集、发布和自动化分析的能力，并能使用户快速查询所需的信息，提高信息服务的处理效率和便捷性。

通常嵌入式产品的移动数据库系统主要由数据库服务器、移动支持系统、移动客户机、本地数据库和嵌入式移动数据库管理系统五部分组成。其中，数据库服务器可用于对本地数据的维护；移动支持系统主要用于对分布式事务进行处理、控制和管理嵌入式产品与嵌入式数据库之间的数据交换，同时提供无线联网、同步/复制和位置指示等功能服务；移动客户机直接与服务器进行连接，并在对本地数据管理和无线通信的基础上提供数据处理、交换和存储等功能应用。受网络通信延迟性的影响，其可靠性较低；本地数据库作为数据库的副本，直接受数据库服务器的管理；嵌入式移动数据库管理系统主要负责请求和应答的数据传递处理，为嵌入式系统访问提供服务。嵌入式物流产品商业网络服务是在共用网关编程接口技术、开放式 API 编程技术等技术的支持下通过利用智能手机、平板电脑、便携式计算机等移动设备参与物流商业网络服务，物流企业和用户可通过移动设备在互联网环境下进行信息发布、在线交易、货物运单跟踪等，形成嵌入式物流产品商业网络服务模式。

五、链条式产品溯源服务

物流产品溯源主要是从供应链的分析开始，贯穿整个供应链的始终。

第七章　智慧物流商业模式与支撑平台

供应链的每个环节都会受到溯源问题的影响。随着社会经济的发展,产品生产供应链也越来越复杂,用肉眼难以对产品信息进行识别。信息技术的发展为物流溯源体系的完善提供了可能,尤其是条码技术的出现,使更多实时有用的信息能够记录下来,并上传到后台系统,为数据同步提供了技术支持。但是,单一的条码技术在企业物流管理过程中存在着局限性,无法对货物的运输动态进行实时掌控和识别,且在大批量货物仓储过程中也难以对货物一一进行条码扫描识别等。

链条式产品溯源服务是将产品的生产过程看作是一个紧密联系的链条,从原材料、生产、深加工、运输、零售等环节进行严密跟踪,形成一个完整的溯源网络体系。链条式产品溯源服务作为物流全过程环节管理的重要组成部分,对探索生态型物流公共信息服务模式有着重要的意义。生态型物流公共信息服务支撑平台通过互联网与物联网等先进技术整合物流信息资源,建设集"生产—运输—仓储—配送—加工"于一体的信息化物流基础平台,使物流管理全过程中每个环节均可形成链条式的物流产品信息服务循环体,为企业与企业、产品上中下游的互联互通提供载体。

链条式产品溯源服务的形成主要是通过 FRID 技术、二维码技术、传感技术,以及融合北斗导航技术、GIS 技术对物流产品溯源进行深入的挖掘、应用创新和研发,实现运输过程中定位追溯、货物识别、车辆动态、物流监管、售后追溯、信息采集的管理。将信息识别与定位追踪相结合,在很大程度上提高了物流溯源的识别、信息采集能力和应用范围,实现了物流运输管理过程中实时采集车、货的定位信息,以及对车、货进行信息识别。同时,定位信息、识别信息在地图上通过可视化的方式展现,提高了物流安全监控管理的可靠性。此外,还可以运用二维码技术对车、货进行二维码扫描生成相关信息,通过手机终端子系统接入,随时掌握车、货的信息动态,提高物流溯源的管理能力。

链条式产品溯源服务中的"供应商—制造商—分销商—零售商"等各

个供应链环节与操作员、客户之间是互联互通的。基于各种异构系统采用中间件技术实现异构系统的接入和信息资源共享,加强了企业与企业之间的关联,通过采用物联网技术、北斗定位技术、GIS技术等打造信息化的物流公共信息服务支撑平台,以整合物流信息资源,提高对企业产品流通的管理,增强产品流通过程中各环节的契合度,使物流产品上中下游的联系更为紧密。

六、交互式联动互助服务

现代物流业是一种综合性的服务产业,打破了行业间的界限和壁垒,将生产制造、采购、运输加工、仓储、商贸、金融和信息等融合为一体,形成交互式的联动互助服务链,对推动区域经济发展、促进产业结构调整和转变经济发展方式有着重要的意义。计算机、数据库、互联网、物联网等信息技术在物流业的日益广泛应用加快了物流业的发展速度,加深了物流相关产业融合的深度和广度,有效地推动了物流业向规模化和集约化发展。目前,部分地区在沿海港口、沿边贸易区、机场等交通运输枢纽已初步形成了具有交互联动效应的物流产业集群。这些集群的建设都将促进物流业向集约化方向发展。物流规划与管理的节约化发展以及物流产业的逐步集群必然催生出越来越多的专业化物流服务提供者,他们借助物流公共信息服务平台,面向各行各业进行物流信息服务能力的发布,以支持企事业单位和用户对物流服务的查找和选择,形成跨行业、跨地域的交互式联动互助服务机制。

随着物流市场需求的不断扩大,以及物流业与其他产业的联动发展,对物流信息服务能力的要求也越来越高,许多企业和用户对专业化、一体化物流服务及物流增值服务提出了更高的需求。在服务要求方面,由仓储等单一的物流功能服务转变成为集多项功能服务于一体的集约化物流服务,越来越多的制造企业、生产加工企业和商贸企业逐渐将自身的物流服务交给专业的第三方物流服务提供商外包。

低碳物流、绿色物流及"互联网+"技术应用为物流服务产业的发展提供了新的发展理念和技术支撑，即在云计算、物联网等信息技术和生态型物流公共信息服务支撑平台的支持下，整合现有物流信息资源，结合企业及用户的个性化需求，把分散的、由不同物流服务提供商提供的多项物流服务，通过一种新的服务理念和服务流程进行整合，形成交互式联动互助的新型物流服务模式和服务机制，以加强物流与其他产业之间、企业与企业之间等的联动性，以及提高物流信息服务的互助性，从而创造新的物流信息服务体系和服务理念。

在交互式联动互助服务的物流公共信息服务模式框架下，基于物流产业集群范围内的制造企业、加工企业、供应商、经销商等和车船货代公司、运输公司、仓储公司等一系列物流服务提供商都将会通过生态型物流公共信息服务支撑平台建立起交互联系，并通过支撑平台发布其个性化、一体化的物流服务需求、物流信息资源和物流服务能力，通过虚拟化后形成虚拟物流信息服务数据资源池，作为物流信息服务桥介、服务供需关系和服务交互中介的物流物联公共信息。服务支撑平台可为企业和用户提供相应的物流信息发布、在线交易、货物跟踪、决策支持、物流金融支付等物流服务；根据企业及用户发布的物流服务需求，将不同物流服务提供商提供的物流资源和能力进行整合，形成符合企业及用户需求的物流信息资源向客户提供服务，并在物流服务的全生命周期通过物联网和计算机网络平台对物流服务质量进行全程监控，从而为企业及用户提供交互式物流信息服务。

物流企业在向生产制造企业提供物流服务的过程中，要真正地融入企业的物流管理流程和机制中，将自己定位为生产制造企业物流管理的重要组成部分，成为生产制造企业物流计划可靠的执行者和管理者，改变传统的在物流服务过程中的合作关系不稳定、提供服务功能单一、双方之间存在很强的利益博弈关系的合作局面，构建具有交互式联动互助的物流信息服务机制，共同参与供应链竞争，帮助生产制造企业调整、优化乃至制订相关的物流服务解决方案，从而在战略合作的基础上实现真正的产业联动发展。

企业及用户对物流服务的要求越来越体现出快捷化、个性化、按需服务、多服务聚合、高服务质量和满意度等，这在客观上就要求整合先进的物流服务理念和新一代的信息技术，通过为区域物流产业集群构建具有交互式联动的第三方物流信息服务平台，通过市场的运作机制集聚大量的物流服务提供商和用户信息，通过一种全新的交互式联动互助服务模式和机制在物流服务提供商和企业及用户之间建立一种可信的快速交流、交易渠道，并支持后续的服务协同运作和服务绩效评价过程。交互式联动互助服务作为一种创新的物流服务模式，通过创新物流服务理念和应用先进的信息技术，能够整合分散、异构的物流资源和物流能力，根据企业及用户的需求按需提供物流服务。与传统的物流服务模式相比，物流交互式联动互助服务模式具有以下特点。

整合：在"互联网+"环境下，对物流资源、物流能力以及物流市场需求进行整合，为物流服务供需双方提供便捷、低成本的物流公共信息服务交易渠道和平台。

集成：围绕企业及用户一体化的物流服务需求，交互式的物流联动互助服务通过服务聚合等方式有效集成了不同物流服务供应商提供的物流服务和能力，以透明、高效的方式为企业及用户提供个性化和一体化的物流信息互助服务。

协同：构建的生态型物流公共信息服务支撑平台为物流业务运作过程的协同提供广阔的平台，从而使物流服务提供商之间、服务提供商与用户之间在服务过程中实现了信息、流程和管理的协同，以确保物流服务执行过程中全程的监控和管理，尽可能提升服务的质量。

七、移动式感知物联设备接入服务

北斗、GIS 技术、传感器技术、嵌入式技术、无线通信网络技术等的快速发展及其在物流行业领域中的应用为物流业资源信息融合，以及实现物流资源和信息服务网络数据传输与共享提供了可靠的技术支撑，与物流物联网相关的感知数据采集终端、控制终端等一系列感知物联网设备也得到了深入研究与广泛应用，形成的移动式感知物联融合网络体系打破了传统单一的网络结构，为移动式感知物联设备提供移动、有线和无线等多种接入方式，解决了以往异构网络间的网络通信地址不统一、格式复杂、分组多样难以转换、路由难以选择等难题。

移动式感知物联网采用 RFID 技术、传感器技术、移动通信网络技术、自组网路由技术等融合移动网络节点形成移动式感知节点及自组网，实现移动式感知物联网设备接入和数据传输与共享。对生态型物流公共信息服务模式的探讨及其支撑平台的建设为移动式感知物联设备的接入提供了标准的软硬件接口，感知数据采集终端、北斗终端、控制终端等硬件终端设备为软件提供运行支撑，通过非面向对象的、带有特定和复杂的 API 的系统架构与物流公共信息服务平台相关的事务处理相结合，以保持分布式数据的一致性和并发效率的提高以及数据传输的有效性，实现硬件设备通过通用、标准的 I/O 接口可以便捷地接入支撑系统平台进行数据信息交互，从而提高移动式感知物联设备软硬件接入的开放性。

基于物联网移动感知环境，由各类感知设备和移动传输网络形成移动式感知节点，并结合具有异构性物流公共信息服务支撑平台实现物流地理信息空间数据、物流环节管理业务数据、物流金融服务信息数据、物流感知设备数据等的采集与存储。硬件终端接入服务、应用服务和业务授权共同构成物流移动式感知设备接入服务体系。其中，感知应用服务为物联网硬件设备提供初始化认证、鉴别和监控等功能；由应用服务和业务授权组成的统一资源调度模块为物流移动式感知设备接入及数据信息资源利用提供动态访问控制功能和安全保障支撑。此外，中间件技术可为物流移动式感知设备接入提供桥介支撑和数据通信服务。物流移动式感知设备接入服务的实现主要体现在以下几方面。

多硬件终端异构标准化接入服务。研究解决通过 SOA、Web Service 标准化技术，实现基于中间件技术支持多异构终端系统接入。SOA 进一步屏蔽底层技术平台，以客户更易于理解的业务语言进行系统建模、编排设计和部署等，以标准化的服务形式实现应用之间的交互与集成，从而提升系统的综合服务能力，降低运营管理成本。Web Service 是一种互联网上松散耦合的软件技术，它提供了简单的服务器技术集成方案，规定了服务描述、发布和通信交互的规范，利用 Web 技术和 XML 格式的消息编码，实现服务的远程访问。

虚拟化基础资源封装技术。虚拟化基础资源封装技术是不受物理限制的逻辑抽象，包括统一的资源描述和标准的资源封装。资源描述有助于资源的整合，方便资源之间的访问；资源封装则将整合之后的资源进行能力化的封装，以便上层使用。通过单机虚拟化、多机虚拟化、网络虚拟化、计算存储虚拟化等技术对分布式基础服务资源进行透明化整合，经过整合封装后的资源屏蔽了硬件资源的差异性，能够按照需求灵活分配给用户，提高资源的利用率和复用性。

统一数据交互方案。异构设备有不同的接口、不同的数据格式，必须依靠统一数据交互方案来保证设备之间的正常通信。数据交互主要包括横向和纵向两个方面。横向来说，各层设备之间必须保证彼此不发生冲突，协同工作共同提供服务。纵向来看，各层之间也必须保证数据准确传输，资源服务正常提供。统一的数据交互方案保证了平台在纵向、横向两个方面的数据交互，实现了平台的松耦合、可配置和易测试。

参 考 文 献

[1] 谢晓东. 零售企业连锁发展的物流管理模式创新[J]. 中国航务周刊，2024，(20)：81-83.

[2] 段逸萱. 电子商务环境下物流管理的创新发展探讨[J]. 中国储运，2024，(04)：120-121.

[3] 张磊，冯金垚. 数字经济下危化品物流管理创新发展策略[J]. 长春金融高等专科学校学报，2024，(02)：78-84.

[4] 王超维. 新文科视域下创新和发展高职院校物流管理专业课程思政建设的探究[J]. 物流工程与管理，2024，46（02）：116-118.

[5] 白西. 电子商务环境下物流管理的创新发展[J]. 中国航务周刊，2023，(48)：85-87.

[6] 邹文峰，王馨，黄辉亮. 电子商务环境下现代企业物流管理的创新发展研究[J]. 商业经济，2023，(06)：71-73+186.

[7] 周于楠. 大数据对物流供应链创新发展的影响与应对策略[J]. 中国商论，2023，(08)：96-98.

[8] 崔艾嘉. 电子商务环境下物流管理的创新发展研究[J]. 物流工程与管理，2023，45（03）：78-80.

[9] 张域莹. 电子商务环境下物流管理的创新发展研究 [J]. 中国商论，2022，（19）：51-53.

[10] 李勤玲. 应用型本科高校新文科专业校企合作创新发展研究——以郑州经贸学院物流管理专业为例 [J]. 创新创业理论研究与实践，2022，5（18）：116-118.

[11] 赵婷婷. 盘锦职业技术学院物流管理专业开放教育和高职教育融合发展下的人才培养模式创新研究 [J]. 中国储运，2022，（04）：178-179.

[12] 陈文亮，郑明静. 绿色供应链视角下福安茶叶物流管理的创新升级研究 [J]. 太原城市职业技术学院学报，2022，（03）：48-51.

[13] 蔡东方. 大数据背景下电子商务物流服务模式的创新 [J]. 黑河学院学报，2021，12（08）：48-50.

[14] 王晓秒. 电子商务时代下物流管理创新发展路径研究 [J]. 商业观察，2021，（21）：76-78.

[15] 陈绮. 电子商务环境下物流管理创新发展路径研究 [J]. 商场现代化，2021，（12）：50-52.

[16] 马小雅，翟立艺，周宛蓉. 地方高校物流管理专业教育与创新创业教育融合发展研究 [J]. 物流科技，2021，44（06）：171-173.

[17] 朱遵宇. 电子商务时代物流管理创新发展路径研究 [J]. 商业文化，2021，（16）：60-61.

[18] 王高峰. 数字贸易背景下河南省跨境物流人才培养探索研究 [J]. 高教学刊，2021，（10）：151-154+159.

[19] 孙竟译. 现代物流管理创新推动电商平台发展的路径研究 [J]. 湖南邮电职业技术学院学报，2021，20（01）：112-115.

[20] 何月明. 自主创新视角下物流标准对物流服务质量的影响研究 [D]. 中国计量大学，2021.

[21] 王鹏. 浅析精益物流在铁路客车制造企业中的应用 [J]. 中国市场，

2021,（01）：175+180.

[22] 付蒙.安克创新科技公司销售物流管理优化研究[D].湖南大学，2020.

[23] 龚雅玲."互联网+"驱动物流业创新发展的传导路径及其效应研究[D].江西财经大学，2019.

[24] 赖文燕，蔡影妮.现代企业管理[M].南京：南京大学出版社：2019.

[25] 毛海军.江苏物流创新典型案例[M].南京：东南大学出版社：2019.

[26] 黄倩.高校物流管理专业人才创新能力培养方法研究[D].合肥工业大学，2018.

[27] 雷强.呼石化成品油铁路发运物流管理案例研究[D].大连理工大学，2015.

[28] 李引.科技进步与创新对现代物流管理的影响研究[D].渤海大学，2014.

[29] 周国华.物流企业服务创新的影响因素研究[D].华中科技大学，2012.

[30] 王文辉.供应链环境下制造企业物流能力评价体系研究[D].河南理工大学，2012.

[31] 汪玉春.汽车制造企业精益物流管理创新及应用研究[D].天津大学，2009.

[32] 姜世戬.江西中小企业物流模式创新研究[D].南昌大学，2005.

[33] 邬文兵，詹荷生，毛荐其.基于物流管理创新的企业发展模式分析[J].中国流通经济，2000,（06）：11-12.